日米グローバル経営史
● 企業経営と国際関係のダイナミズム

西村成弘 [著] NISHIMURA Shigehiro

GLOBAL
BUSINESS
HISTORY OF
JAPAN AND
THE U.S.

法律文化社

はしがき

　本書は，19世紀末から21世紀初頭までのアメリカと日本の企業経営の歴史を，両者の相互に絡み合う関係に注目して叙述した，新しい試みの経営史テキストである。その特徴は，長期間にわたる日米両国の経営史を統一的な視点で描くために，大企業（近代企業）の形成・発展・変容を中心におき，それと相互前提するものとして人口，市場，技術，国際関係の変化を取り上げていることである。また，各時代のトピックスの理解を進めるとともに，企業経営の歴史的な流れが容易に把握できるように叙述していることも特徴である。

　本書は大学における経営史関連科目のテキストとして使用されることを念頭に書かれているが，未来のビジネス・パーソンだけではなく現に活躍されているビジネス・パーソンにもぜひ読んでいただきたい。日々の慌ただしい変化の先にある大きな時代の流れ，すなわち歴史観を会得することができれば，ビジネスの最先端でなされる判断がより正しいものになるだろう。本書を，そのような歴史観を身につけるための一つのきっかけとしてほしい。

*

　編集者の梶谷修さんに経営史の教科書を書きませんかと誘われたのは，もうずいぶん昔のことで，おそらくミネルヴァ書房から共訳書『ビジネス・ヒストリー』を出版した2014年頃だったように思う。頭の片隅にはずっと，経営史研究者として教科書を書いてみたいという思いがつねにあったが，ようやく10年後にそれを実現することができた。

　10年間といっても，同じペースで執筆作業が進んだわけではもちろんない。すでに経営史については多くの素晴らしいテキストが版を重ね，あるいは新しいコンセプトのテキストが世に問われる中で，いったいどのようなテキストを構想すればよいのか，悩んでいた時間が長かった。しかし，どのようなきっかけであったかは思い出せないが，書くべきことを書くのではなく，書きたいことを書けばいいのではないかと思うに至った。知識は一人だけのものではなく共有されるから知識なのであり，また，議論されつねに問いなおされるのが知

識であり，そのようなプロセスこそ大事である。そうであるならば，一研究者として，皆が正しいということを考えて書くのではなく，むしろ自分の世界観・歴史観を全面に出してテキストを編んだほうが，活発な議論や批判を通して学会や社会に貢献できるのではないかと考えるようになったのである。

＊

　書きたいことを書くと決めてからは，作業は比較的早く進んだ。もちろん，内容が議論や批判に耐えられるものであることを確かめるために多くの文献や資料にあたる必要もあったが，それが本当に自分の書きたいことであるのかどうかに悩むこともたびたびあった。しかし，前任校である関西大学や同志社大学の経営史の授業においてドラフトを用いて授業をするなかで，そのような悩みも次第に解消することができた。ゼミの志望理由書に先生の講義は面白いと書いてくれたり，長時間であっても真剣な顔つきで講義を聞き続けてくれたりした多くの学生に，本当に励まされた。彼らがいなければ，このテキストは日の目をみなかっただろう。また，本年4月から勤務する神戸大学では，自由で刺激的な知的環境のなかで本書出版の最終準備を進めることができた。ここに謝意を記しておきたい。

　法律文化社の梶谷さんには長い助走期間の初期から根気強く見守り励ましていただき，田引勝二さんには急な仕事にもかかわらず最後の最後まで丁寧に対応をいただき，感謝申し上げたい。優秀な編集者に助けてもらわなければ，やはりこの本は日の目をみなかっただろう。

　学生，編集者，そしていちいちお名前は記すことはできないが，他にも多くの方々の支えを得て，本書は世に出る。学生のみならず広く社会人の方々にもこの本を手にしていただき，知識が共有され，議論や批判が活発に起こることを期待したい。

2024年6月29日　英国ヨークにて

西 村 成 弘

目　　次

はしがき

序章　第２次グローバル経済下の日米企業 ……………………………… 1

　1　この物語のゴールはどこか？　　1

　2　日本とアメリカ　　2

　3　日米企業経営史を論じるための枠組み　　3
　　(1)国際比較・国際関係史　　(2)近代企業　　(3)内部化理論とバリューチェーン
　　(4)資源配分における専門経営者の優位性

　4　構　成　　6

第Ⅰ部　工業化と近代企業の形成

第1章　アメリカにおける大企業の形成 ……………………………… 13

　1　第１次世界大戦期までの経済成長　　13
　　(1)工業化の始まり　　(2)市場の拡大と統合　　(3)発明と特許制度

　2　19世紀の企業活動　　16
　　(1)ペンシルバニア鉄道　　(2)スプリングフィールド兵器廠

　3　近代企業産業の形成　　19
　　(1)アメリカ最大企業100社　　(2)ビッグ・ビジネスの経営組織　　(3)USスチー
　　ル　　(4)スタンダード・オイル　　(5)アメリカン・タバコ

第2章　日本の工業化と企業 ……………………………………………… 31

　1　第１次世界大戦以前の経済成長　　31
　　(1)持続的な経済成長　　(2)工業所有権制度と発明活動

iii

2 第1次グローバル経済下の日本　34

　　(1)輸出入の動き　　(2)外資の進出と技術移転

3 企業勃興と企業経営　36

　　(1)最大企業の特徴　　(2)大阪紡績　　(3)日本鉄道　　(4)三井物産

第3章　「アメリカの世紀」の始まり 47

1 消費者資本主義と耐久消費財の普及　47

　　(1)1920年代の経済成長　　(2)研究開発の内部化

2 企業経営の革新　50

　　(1)流れ作業による大量生産：フォード　　(2)多角化と事業部制組織：デュポン
　　と GM　　(3)ウェルフェア・キャピタリズム：GE

3 海外直接投資の始まり　60

　　(1)債務国から債権国へ　　(2)海外直接投資と多国籍化

第4章　国際関係の中の第2次産業革命 63

1 1920・30年代の日本経済　63

　　(1)重化学工業化の進展　　(2)国際経済関係

2 大企業の成長　68

　　(1)日本の巨大企業　　(2)重化学工業化と大企業の成長

3 統合企業の経営　70

　　(1)日本製鉄　　(2)東京電気と日立製作所　　(3)日本窒素肥料　　(4)森永製菓と
　　資生堂

────────────

第Ⅱ部　20世紀型大企業の成熟

────────────

第5章　ニュー・ディールと第2次世界大戦 83

1 大恐慌から第2次世界大戦までのアメリカ経済　83

目　次

(1)マクロ経済の動き　　(2)研究開発

2　ニュー・ディール政策　　86
(1)金融封じ込め　　(2)市場秩序の回復　　(3)政府と企業との関係

3　戦時生産体制　　87
(1)大企業の生産能力　　(2)労働組合の定着　　(3)研究開発体制の形成

4　大企業の経営　　89
(1)US スチール　　(2)GM　　(3)GE　　(4)航空機製造企業

第6章　連続と断絶 ……………………………………………… 98

1　市場と経済の動き　　98
(1)市場と工業生産　　(2)研究開発

2　戦時期の企業経営　　101
(1)統制と管理　　(2)財閥の展開　　(3)三菱重工と中島飛行機　　(4)東京芝浦電気の軍需生産

3　復興期の企業経営　　108
(1)戦後改革　　(2)経営管理の進展　　(3)トヨタ自動車の生産システム

第7章　パクス・アメリカーナと大企業 ………………………… 114

1　市場と生産の拡大　　114
(1)「豊かな社会」の実現　　(2)科学技術政策と連邦政府の役割

2　IMF・GATT 体制　　117
(1)通貨の交換性回復　　(2)貿易体制の構築

3　巨大プロジェクト　　119
(1)原子力開発　　(2)宇宙開発　　(3)IBM システム360

4　大企業の展開　　123
(1)GE における事業部制の展開　　(2)コングロマリットの出現　　(3)多国籍企業化

v

第**8**章　高度成長と企業経営……………………………………………131

　1　マクロ経済の動き　131

　　　(1)経済と市場の成長　　(2)製造業の成長　　(3)高度成長に寄与した要因

　2　国際経済関係　133

　　　(1)国際収支の天井　　(2)技術導入と研究開発の進展

　3　企業経営の展開　137

　　　(1)企業間関係　　(2)経営管理手法の進化

　4　重化学工業企業の展開　140

　　　(1)鉄鋼：川崎製鉄　　(2)自動車：トヨタ自動車　　(3)家電：松下電器産業

第Ⅲ部　グローバル化の中の日米企業

第**9**章　ニクソンショックから日米摩擦へ……………………………151

　1　1970年代のアメリカ経済　151

　　　(1)スタグフレーション　　(2)国際資本取引の自由化　　(3)研究開発

　2　アメリカ企業の競争力低下と日米経済摩擦　156

　　　(1)鉄鋼産業：USスチール　　(2)自動車産業：GM　　(3)電機産業：GE

　3　アメリカ企業の新たな動き　164

　　　(1)ハイテク企業の胎動　　(2)サービス企業の展開

第**10**章　ジャパン・アズ・ナンバーワン………………………………168

　1　安定成長　168

　　　(1)高度経済成長から安定成長へ　　(2)製造業の成長

　2　輸出主導型経済　171

　　　(1)成長パターンの変化　　(2)輸出産業

　3　オイルショックと企業経営　173

目　次

(1)「減量経営」と ME 化　　(2)同質的競争

4　産業と企業の動向　175

(1)自動車産業　　(2)半導体産業　　(3)汎用コンピュータ　　(4)経営戦略と組織

第11章　リストラクチャリングからニュー・エコノミーへ……186

1　1980・90年代のアメリカ経済　186

(1)新自由主義による経済再編　　(2)大量生産体制の変容　　(3)IT 産業の成長とニュー・エコノミー

2　大量生産体制の動揺　191

(1)自動車産業におけるリエンジニアリング　　(2)リストラクチャリング

3　IT 産業のグローバル展開　198

(1)半導体産業における日米逆転と再逆転　　(2)マイクロソフトとインテル
(3)グローバル生産ネットワークの構築

第12章　製造業のグローバル展開 ……………………………………203

1　バブル経済から「失われた10年」へ　203

(1)印象的な日本企業の動き　　(2)マクロ経済の動き　　(3)研究開発

2　プラザ合意と日本経済の変化　206

(1)バブル経済の形成と崩壊　　(2)本格的な多国籍化

3　製造業企業の展開　209

(1)自動車産業　　(2)エレクトロニクス産業　　(3)化学産業

第13章　ネットワーク化と統合化 ………………………………………220

1　ファンド資本主義　220

(1)国内市場の成長　　(2)金融資産の蓄積とファンド

2　研究開発とイノベーション　222

(1)研究開発投資の拡大　　(2)特許の拡大

3　複合企業の苦悩　224

vii

(1)代表的アメリカ企業の変化　　(2)アクティビストファンドとGE　　(3)M&A
による事業再編

4　サービス化とネットワーク化　　229
(1)IBM　　(2)IT プラットフォーマー

第 14 章　「失われた」成長 ……………………………………237

1　2000〜20年の日本経済　　237

2　国際経済関係の変化　　238
(1)貿易構造　　(2)投資で稼ぐ国

3　日本企業の変容　　240
(1)日本のトップ企業　　(2)日本企業の所有者　　(3)投資抑制

4　複合企業・統合企業の苦悩　　245
(1)エレクトロニクス産業の構造変化　　(2)総合電機企業の解体

5　グローバル競争優位の確立　　248
(1)専業企業の展開　　(2)グローバルマーケットをつかむ　　(3)複合経営

人名索引　　257
事項索引　　259

序章

第2次グローバル経済下の日米企業

1 この物語のゴールはどこか？

　経営史は，企業をはじめとするミクロの経済主体に焦点を当て，その行動や成果の変遷を戦略や組織・管理・会計といった諸点から分析し記述するものである。その目的はさまざまあるが（たとえば企業の歴史を一定の観点から分析して記述し集合知の一部として保存することも目的であるし，歴史的文脈から実践的な課題解決の道筋を得ることもできる），経営史を通して私たちが暮らす21世紀の経済社会を理解する手掛かりを得ることも目的としてよいだろう。経営史は千差万別の個別企業を取り扱い，経営の一般性・普遍性よりもむしろ特殊性・個別性を強調する傾向にあるので，個別企業の過去を振り返っても未来はみえてこないという意見もあるかもしれない。しかし，企業もマクロ経済を構成する主体の1つであり，特に19世紀末以降の大企業体制（大企業が各国経済あるいは世界経済において中心的な役割を果たしている状態）にあっては，支配的な力をもつミクロの経済主体は，マクロ経済から影響を受けるのと同時に，マクロ経済にも無視できない影響を与えている。ミクロとマクロの相互前提関係を考慮するならば，経営史を通してマクロ経済の発展を追い，21世紀の社会経済の課題について認識を深めることも可能であろう。

　では，この経営史テキストが説明し理解を進めたいテーマは何か。それは「失われた30年」である。全労連（全国労働組合総連合）の調査によると，1997年を100とした時の日本の実質賃金指数は，2016年において89.7であり，20年間に賃金がほとんど伸びないどころか減少した。主要国の実質賃金が伸びている中で「先進国」日本の賃金が減少したことは衝撃的な事実である。なぜ私たちの賃金はここ20年間で減少したのか。日本は幕末開港以降の近代化・工業化

の中で発展し，第2次世界大戦後には高度経済成長を実現し，先進国への経済的キャッチアップを達成し，これからはむしろ世界的にイノベーションを主導する国になったのではなかったか。

21世紀初頭の日本経済や日本企業の不調は，さまざまな論点を通して議論され，対策も考えられている。たとえば，経営者やコーポレート・ガバナンスの問題，組織の問題，労働者のスキルの問題，あるいは働き方の問題などである。それぞれの議論はいずれも重要であることは間違いない。しかし，上に挙げた論点はどちらかというと現時点での問題とその対処施策について論じられているのに対して，本書では企業を取り巻く環境や競争，戦略と組織の歴史的変遷から今日の苦悩を読み解いてみたい。

2　日本とアメリカ

本書は，日本とアメリカの19世紀末から2020年頃までの経営史の叙述を目的としている。およそ140年という長期にわたる企業経営の発展を叙述するにあたり避けて通れないのは，グローバル化の進展である。**図表序-1**は資本主義下におけるグローバル化の歴史を示したものである。この図は，国境を越えてヒト・モノ・カネという経営資源がより活発に移動し各国の経済活動の相互依存が高まることをグローバル化の進化と考え，そのような経営資源の移動がグローバル企業（多国籍企業）によってなされていることを示している。多国籍企業に先導されたグローバル化には，歴史的に第1次グローバル経済と第2次グローバル経済の2つの波がある。第1次と第2次のグローバル化を推進した主要な企業のタイプに違いはあるものの，各国経済間の相互依存関係の深まりの中で互いの国の企業が影響を及ぼし合い，経営発展を遂げてきたことは共通している。これは第2次グローバル経済下における企業経営を理解する上でも，重要な考え方の1つである。

各国経済間の関係の中でも，（とりわけ日本にとっては）日米経済関係は世界で最も重要な経済関係の1つである。日本に開港を迫ったのはアメリカであり，第2次世界大戦以前においても貿易のみならず海外直接投資（Foreign Direct Investment, FDI）を通してアメリカは日本経済と日本企業の経営に重要

な影響を与えてきた。
戦後になると，日本の
企業経営者はアメリカ
に多くのことを学び，
大学においてもアメリ
カ経営学が教えられる
ようになった。高度成
長期以降，日本はアメ
リカ市場に繊維・鉄
鋼・自動車・家電を大
量に輸出し，自国の経

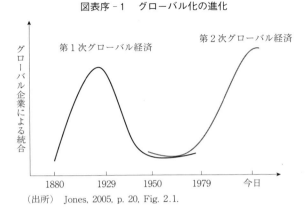

図表序-1　グローバル化の進化

（出所）Jones, 2005, p. 20, Fig. 2.1.

済成長につなげた。日本がアメリカへのキャッチアップを成功させ，1970年代後半になり「ジャパン・アズ・ナンバーワン」ともてはやされるようになると，アメリカの企業経営者はむしろ「日本的経営」を学ぶようになった。そして90年代になると新しく生まれたIT企業のみならず従来の大企業も復活し「日米再逆転」が論じられるようになった。逆に日本企業はバブル経済の後遺症に苦しむ中でコーポレート・ガバナンス改革などアメリカ式の企業改革を進めた。しかし，2020年代の日米経済は成長性においても賃金の伸びにおいても対照的な状況にある。日米企業は長期にわたり直接的・間接的にグローバル市場で競争し，互いに影響を与えてきた。本書では，日本企業とアメリカ企業がどのように影響を与え合い，経営を発展させてきたのかを叙述したい。

3　日米企業経営史を論じるための枠組み

　140年以上にわたる日本企業とアメリカ企業の経営史を余すことなく叙述することは，いくら紙面が足りているとしても不可能なことである。多面的な視角からの分析と議論は学会をはじめ集合知として蓄積され理解が進むものであるから，単著としては明確な視角から事実を分析・総合して集合的な理解の一助とするほかない。本書は次の4つの枠組みで日米の経営史を分析しまとめることに挑戦する。

1 国際比較・国際関係史

　経営史や経済史の研究は長らく一国枠組みで行われてきた。裏を返せば，日本経営史（経済史）やアメリカ経営史（経済史）の研究はすでに豊富に蓄積されてきているので，本書は，これまでの研究を用いて日米両企業の経営史の比較を行う。国際比較する場合，同じ発展段階において比較する方法と，同時代で比較する方法があるが，本書では後者のやり方に従う。

　また，日米両企業の国際関係にも注目する。企業は財やサービスの輸出，さらに資本の輸出を通して国境を越えて事業を拡大し，進出先の経済や企業に影響を及ぼす。日米企業間においても，第2次世界大戦以前から相互に影響を与えながら両国の企業経営が進んだ。国内市場だけではなく外国市場，あるいはより広くグローバル市場における競争において両国の企業がどのように関係してきたのかをみる。これまで経営史学では国際関係経営史として国際的な企業間関係が論じられてきたが，本書でもこの枠組みを用いる。

2 近代企業

　マクロ経済に無視しえない影響を与えているミクロな経済主体のうち，大企業は他の経済主体に比べても格段にその影響力が大きい。アメリカの経営史家アルフレッド・D・チャンドラー・ジュニアはそのような大企業（近代企業）がアメリカ経済成長のエンジンとなっていることを『経営者の時代』を通して明らかにした。チャンドラーは，近代企業を，技術と市場の変化により可能となった大量生産と大量流通を実現するための制度としてとらえたが，本書においてもそのようなチャンドラーの見方に従う。

　大企業（近代企業）を大量生産と大量流通を実現するための制度として把握すれば，日米の大企業を比較しそれぞれの特徴や相互関係を明らかにすることが容易になる。アメリカと日本は市場の規模・範囲・特質が異なるから，アメリカ企業と日本企業にはそれぞれ異なる組織が形成されると考えられる。さらに，製品輸出，資本輸出（多国籍化），研究開発による新製品の創出も新規市場の拡大であるといえ，それぞれの企業の組織はそのような戦略によっても規定されると考えられる。

序章　第2次グローバル経済下の日米企業

［3］　内部化理論とバリューチェーン

　チャンドラーが優位性を論じた近代企業は，原材料の調達，生産，流通や販売といった複数の機能を内部化し，専門経営者が管理的調整を行う統合型の企業であった。19世紀末にアメリカで出現した近代企業は，確かに半世紀以上にわたり優位性を維持していたが，1980年代になると「選択と集中」によって専業化し，自社がコアコンピタンスとしない，すなわち優位性をもたない機能やプロセスは外部化するようになった。ここに大企業の優位性がなくなったとするチャンドラー批判の1つの根拠があるのだが，21世紀の今日においても大企業は現に存在し，100年前と変わらず，いやそれ以上にマクロ経済に重要な影響を及ぼすようになっている。

　大企業の中には，原材料の調達，製造，流通と販売の一部分のみしか内部化（所有）していないにもかかわらず，すべてのプロセス（バリューチェーン／サプライチェーン）をコントロールして高い利益を得ている企業がある。たとえばアップルは製品の設計と研究開発，そしてアップルストアでの販売しか内部化しておらず，部品の生産や組立はすべて外部化しているが，バリューチェーン全体を支配することで巨額の利益を得ている。特に世界各国の最終消費者（グローバル市場）をしっかりと掌握している企業，代表的なものとしてはGAFAMと呼ばれる巨大テック企業は，各個人に設定されたアカウントを通して直接消費者を掌握しており，それがバリューチェーンにおける優位性となっている（読者の中にマイクロソフト，アップル，グーグル，フェイスブック，インスタグラム，アマゾンのアカウントのどれももっていないという人は少ないのではないか）。このように考えると，大量生産と大量流通を実現する制度としての大企業は，形を変えて存在し続けているのであり，そのような観点から歴史の流れを分析する必要がある。

　今日においては統合型の企業よりもバリューチェーン上で競争優位をもつ専業企業の方が優位性をもっているのだが，もちろんチャンドラーが分析したように統合型の企業が優位性をもち，大きな利益を稼いだ時代があった。長期にわたる企業経営の発展をみる場合は，それぞれのタイプの企業がより大きな利益を得る条件に注意を払わなければならない。言い換えれば，それぞれの時代において最も支配的な利益獲得の方法は何であったか，ということである。財

5

の生産・販売によってより大きな利益を獲得できた時代には統合企業が優位性をもち，新しい製品，より高い品質，より効率性の高い生産方法を追求することが求められた。他方で現在においては，ITCを用いた顧客管理とバリューチェーンの高付加価値プロセスの掌握により，より大きな利益を得ることができている。この差は何であるかを考えることは，経営史研究として重要なテーマであろう。

４ 資源配分における専門経営者の優位性

チャンドラーの『組織は戦略に従う』は，アメリカ企業における事業部制の導入を描いている。チャンドラーはデュポンやGMにおける1920年代の事業部制の導入とその後の展開を通して，多角化した大企業では本社のトップマネジメントが戦略的意思決定を担い，事業部のトップが現業に関する戦術的な意思決定を行うといった，分権化がなされるようになったことを示した。トップマネジメントによる戦略的意思決定とは資源配分に関する決定であり，大企業が支配的な経済においては，金融市場ではなく専門経営者によって社会的な資源配分が担われていることを示している。

しかしそのような資源配分における専門経営者の優位性は，機関投資家（ファンド）の成長とともに次第に失われてきている。今日では専門経営者ではなく機関投資家やアクティビストが企業経営に対する発言権を強め，資源配分を行う事例が目立つようになってきた。このような変化は，アメリカにおいては1980年代以降，日本においては2000年以降に起こったようにみえる。資源配分の機能が専門経営者から金融市場へと（再び）移りつつあること，統合企業の優位性が揺らぎ「選択と集中」が進められていること，そしてグローバル化は，相互に絡まり合いながら進む現象である。

４ 構　成

本書は19世紀末からおよそ2020年までの日米経営史を，３つの時期区分に分けて叙述していく。

第Ⅰ部は19世紀末から両大戦間期までの期間で，グローバル化の進化の時期

区分でいうと第1次グローバル経済の時代に該当する。第1章はアメリカ，第2章は日本というように，アメリカ（奇数章）と日本（偶数章）を交互にみている（以下の章構成も同じ）。近代企業は19世紀末にアメリカで形成されたが，日本の大企業はどのような特徴をもっていたのか，果たしてチャンドラーが明らかにした垂直統合企業であったのかを分析し，国際比較する。また，日米の大企業の異同については，工業化の特徴と国内市場・国際市場（貿易）からその要因を考察していく。

第Ⅱ部は大恐慌期・第2次世界大戦期から1970年のニクソンショックまでを範囲とする。この時代は第1次グローバル経済と第2次グローバル経済の狭間にある，グローバル化が後退した時期である。この時期には，アメリカと日本のいずれにおいても，大企業が経済の主軸となり成長を導いた。いわばチャンドラーの描いた統合型大企業の成長が経済成長に結びついた時期である。そのような20世紀型大企業の日米それぞれにおける特徴を考察していく。

第Ⅲ部はニクソン・ショックから2020年までの期間であり，第2次グローバル経済が進んだ時期である。70年代になると日米企業がアメリカ市場をめぐって直接競争するようになった。国際競争が激化する中で，アメリカ企業は次第に競争優位を喪失し，企業経営にも困難をきたすようになった。企業価値を上げるために，アメリカ企業は多国籍企業化し，複合経営を進めコングロマリット的な経営を行う企業も出現した。日本企業はこの間，アメリカ市場に対する集中豪雨的な輸出により成長を果たした。その後，アメリカ企業は80年代のリストラクチャリング，90年代のIT産業の急成長とグローバルな競争優位の確立へと歩を進めていく。他方で日本企業は80年代後半のバブル景気を経て90年代の「失われた10年」そして「失われた20年」「失われた30年」の中で低成長を続けていく。第2次グローバル経済下において，なぜ日米企業はかくも対照的な動きをみせているのか考察する。

なお，各章の冒頭にはテーマや内容，筆者が特に注意を払っている点を述べた小文とキーワードを掲載している。章末には「Check Points！」として重要なポイントを箇条書きにしている。また，読みやすさを優先して参照文献については逐一注を付さず，各章末にまとめた。内容を理解する上での参考にされたい。

参考文献

Chandler, Jr. Alfred D. (1962) *Strategy and Structure: Chapters in the History of the Industrial Enterprise,* The MIT Press.（有賀裕子［訳］『組織は戦略に従う』ダイヤモンド社，2004年）

Chandler, Jr., Alfred D. (1977) *The Visible Hand: The Managerial Revolution in American Business,* The Belknap Press.（鳥羽欽一郎・小林袈裟治［訳］『経営者の時代——アメリカ産業における近代企業の成立』上・下，東洋経済新報社，1979年）

Jones, Geoffrey (2005) *Multinationals and Global Capitalism: from the Nineteenth to the Twenty First Century,* Oxford.（安室憲一・梅野巨利［訳］『国際経営講義——多国籍企業とグローバル資本主義』有斐閣，2007年）

Langlois, Richard N. (2007) *The Dynamics of Industrial Capitalism: Schumpeter, Chandler, and the New Economy,* Routledge.（谷口和弘［訳］『消えゆく手——株式会社と資本主義のダイナミクス』慶應義塾大学出版会，2011年）

宇田理（2002）「ポスト・チャンドラー時代の経営史にかんする一考察——日本におけるチャンドラー・モデル批判をめぐって」（『商学集志』第72巻第2号）。

橘川武郎（2006）「経営史学の時代——応用経営史の可能性」（『経営史学』第40巻第4号）。

中川敬一郎（1981）『比較経営史序説』（比較経営史研究1）東京大学出版会。

宮本又郎・阿部武司・宇田川勝・沢井実・橘川武郎（2023）『日本経営史［第3版］——江戸から令和へ・伝統と革新の系譜』有斐閣。

○ウェブ資料

全労連資料〈https://www.zenroren.gr.jp/jp/housei/data/2018/180221_02.pdf〉

本書全体に関わる統計

○出版物

National Science Board (2000) *Science and Engineering Indicators 2000, Volume 2, Appendix Tables,* Arlington, VA: National Science Foundation.

United States Department of Commerce, Bureau of the Census (1949) *Historical statistics of the United States, 1789-1945: a supplement to the Statistical abstract of the United States,* USGPO.

アメリカ合衆国商務省［編］（1986）『アメリカ歴史統計・第Ⅰ巻』原書房。

特許庁（1985）『工業所有権制度百年史（別巻）』発明協会。

宮崎犀一・奥村茂次・森田桐郎［編］（1981）『近代国際経済要覧』東京大学出版会。

三和良一・原朗［編］（2007）『近現代日本経済史要覧』東京大学出版会。

山澤逸平・山本有造（1979）『貿易と国際収支』（長期経済統計14）東洋経済新報社。

○定期刊行物

The White House, *Economic Report of the President: Transmitted to the Congress, together with The Annual Report of the Council of Economic Advisors*, USGPO, 各年版.

United States Department of Commerce, Bureau of the Census, *Statistical Abstract of the United States*, USGPO, Washington, DC, 各号.

経済産業省経済産業政策局調査統計部『機械統計年報』各年版。

通商産業大臣官房調査部『機械統計年報』各年版。

特許庁『特許行政年次報告書』各号。

○ウェブ資料

United States Bureau of Labor Statistics ウェブページ〈https://www.bls.gov/〉

United States Patent and Trademark Office ウェブページ〈https://www.uspto.gov/learning-and-resources/statistics〉

財務省貿易統計ウェブページ〈https://www.customs.go.jp/toukei/suii/html/time.htm〉

総務省統計局 人口推計，長期時系列データ「我が国の推計人口（大正9年〜平成12年）」

内閣府Webページ（国民経済計算）〈https://www5.cao.go.jp/j-j/wp/wp-je12/h10_data01.html〉

第Ⅰ部

工業化と近代企業の形成

第1章

アメリカにおける大企業の形成

　　19世紀後半は，アメリカ大企業が形成されるための条件が徐々に整えられた時代である。本章では，市場，技術，組織，社会基盤がどのように生み出され，近代企業の形成を促したのかを考える。また，初期のアメリカ大企業（21世紀初頭においてもグローバル企業ランキングの上位に位置していた）の事業展開と経営の特徴についてもみる。

　　本章で明らかにする鉄道業や兵器廠で生み出された組織の原理や生産方法はアメリカ大企業を構成する要素となったが，各要素が結合されて内部で管理的調整が行われる統合企業が一般的になるのは，もう少し先の1920年代以降のことであった。

キーワード：互換性部品生産方式　管理的調整　大量生産と大量流通
　　　　　　近代企業

1　第1次世界大戦期までの経済成長

1 　工業化の始まり

　アメリカにおいて近代的な工場制度が成立したのは，1830年代北東部ニューイングランド地方の綿工業においてであった。「アメリカ産業革命の父」と呼ばれるサミュエル・スレーターは，当時「世界の工場」といわれたイギリスから技術を移植して機械制綿紡績工場を建設した。ボストン近郊には紡績に加え力織機によって機械化された織布工程を統合した近代的な紡織統合工場（ボストン製造会社）が建設され，当時の産業の中心地となった。

　1840年代になるとアメリカ中西部において鉄鋼業が盛んになり，南北戦争（1861～65年）後には北東部だけではなく全米各地で工場制が普及した。80年代になると，綿工業や鉄鋼業だけではなく，製靴業，時計製造業，楽器製造業，農機具工業，非鉄金属工業，火器工業，車両・馬車製造業，木工業，ゴム工業

第Ⅰ部　工業化と近代企業の形成

にまで工場制が拡大した。

　このような工場制の拡大は，国民所得の変化にも現れている。米商務省の歴史統計（USDC, 1949）によると，製造業分野における国民所得は1859年には約5億ドルであったが，99年には約27億ドル，第1次世界大戦後の1919年には約143億ドルへと拡大し，国民所得全体に占める割合も11.3％から19.6％，25.8％へと上昇した*。広大な国土をもつアメリカは巨大な農業国でもあり農業所得も大きいが，19世紀後半から20世紀初頭にかけて製造業中心に経済が成長したといえる。

　対外経済関係も工業化の進展を反映している。貿易の商品構成をみると，南北戦争以前は原綿の輸出が圧倒的に多く，イギリスをはじめとするヨーロッパの工業国に食料や工業原料を供給する農業国型の貿易構造であった。しかし，1870年代後半以降になると，機械，石油，石油製品，板材など完成品や資本財を輸出するようになり，貿易収支も黒字基調へと転換した。このような貿易財の変化は貿易相手国・地域の変化とも関連しており，ヨーロッパ諸国の比重が下がる一方で，カナダや中南米地域，アジア諸国の比重が高まった。

　＊概数は四捨五入しており，増加率等の数値と一致しないことがある（以下同）。

［2］　市場の拡大と統合

　19世紀末に出現するアメリカ大企業は，巨大な国内市場において大量生産と大量流通を統合し，その後の成長とグローバル化の最初のきっかけをつかんだ。国内市場の規模と特徴を把握することは，アメリカ大企業の形成と展開を理解する上で重要なステップである。

　アメリカ合衆国（大陸）の人口は1850年には約2,300万人であったが，その後継続的に増加し，1900年には約7,600万人，15年には約1億50万人となった。このような驚異的な人口増加，特に1880年代から1914年までの人口増加は，東欧・南欧からスラブ系・ラテン系の「新移民」が大量に流入したことで実現された。「新移民」は，不熟練・低賃金労働力を求めていた成長しつつあった鉱工業，鉄道業，都市建設業などで労働に従事しアメリカ経済の成長に貢献した。他方で「新移民」を雇用する企業は，さまざまな価値観や文化的背景をもつ不熟練労働者を組織して作業を行わせることが必要となり，生産過程への機

械の導入や新たな管理方法の開発など，旧来の労働過程・生産過程を変革していくことになった。そして何よりも，生産過程に組み込まれた大量の「新移民」は，アメリカ企業が大量生産する安価で標準化された製品を購入する肥沃な市場を形成したのである。

　しかし，大量生産・大量流通を行う大企業が形成されるためには，単に人口が多いだけではなく，ある程度均質な特徴をもつ統合された国内市場が必要であった。広大な北米大陸の各所に形成された地域市場を結びつけようとする動きは18世紀後半からみられた。アメリカ合衆国の独立から1810年代までは道路整備に努力が払われ，20年代から30年代にかけては東西を結ぶ運河の建設が進められた（エリー運河など）。40年代からは鉄道建設が盛んに行われるようになった。鉄道は，運河のように河川の水位や天候の影響を受けることなく安定的で規則的な貨物と旅客の運搬を行うことができ，大量生産・大量流通を実現するための重要な条件を提供した。鉄道運賃は50年前後にはトン・マイル当たり6セント程度であったが，1900年には0.7セントにまで低下して貨客の往来が容易になり，地域市場が全国市場として統合された。

　鉄道企業は長距離かつ複雑な路線を効率的に運営するために大量の従業員による組織的労働を統制しなければならず，近代的な経営方法を開発した（後述）。また，巨額の資金を必要とする鉄道建設は，ニューヨーク株式市場をはじめとする金融市場の発展にも大きく貢献した。

　物流の社会基盤が整備されると同時に，情報通信基盤も整備された。1851年に設立されたウェスタン・ユニオンは鉄道路線に沿って電信網を全米に広げ，鉄道運行のための情報基盤としただけではなく，広く一般に情報通信サービスを提供し，統合された国内市場の形成を促した。

③　発明と特許制度

　アメリカの工業化を促進した制度的要因の1つに特許制度がある。1787年の合衆国憲法は，自然権思想に基づいて発明を行った者に対してその所有権を認めており，この憲法の規定に基づき90年にアメリカ特許法が制定された。アメリカ特許法はイギリス特許法と比較して手続きや費用においてリベラルであり，多くのアメリカ人が制度を利用して技術を開発し，事業を企てた。

第Ⅰ部　工業化と近代企業の形成

図表1-1　アメリカ特許登録件数の推移（1851～1940年）

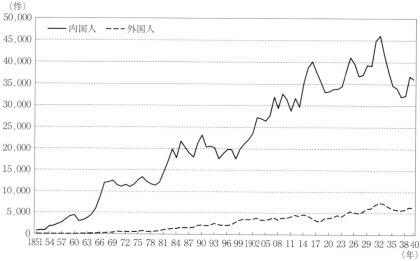

（出所）　USPTO ウェブページより筆者作成。

　発明活動は1850年以降に活発になり，50年代半ばには登録件数でイギリスを凌駕した。特許登録件数の伸びをみると（図表1-1），1860年代前半と80年代，そして1900年以降に大きな伸びがみられる。この期間は石油，電気機械，化学，自動車などの分野で技術革新が連続して起こる，いわゆる第2次産業革命の時期にあたる。イギリスと比較すると後発工業国であったアメリカの急速な工業化と経済成長は，このような新産業に支えられた。

2　19世紀の企業活動

1　ペンシルバニア鉄道

　19世紀末に大量生産・大量流通を行う大企業が形成されたとき，大規模な事業を統括する組織が必要であった。幸運なことに，大企業の経営者たちは，その組織編成の原理をアメリカ鉄道企業に求めることができた。

　1830・40年代の初期の鉄道は，約50マイル離れた2地点間を結ぶ短距離鉄道であり，1人の総括監督の下で50人の鉄道員が働いていた。このような簡素な

第 1 章　アメリカにおける大企業の形成

図表 1-2　大鉄道の組織略図（1870年代）

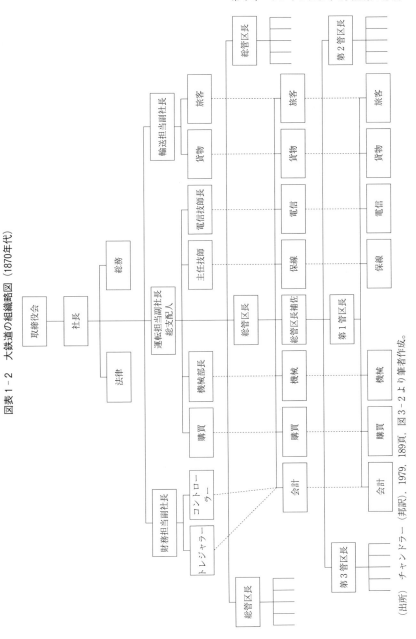

(出所) チャンドラー（邦訳），1979, 189頁, 図 3-2 より筆者作成。

第Ⅰ部　工業化と近代企業の形成

管理組織により運営されていた初期鉄道は次第に統合されていき，50年代になるとペンシルバニア鉄道，ニューヨーク・セントラル鉄道，ボルチモア・オハイオ鉄道，エリー鉄道の４大地域間幹線鉄道が形成された。複雑な路線網を運営するようになった幹線鉄道は，荷物の積み込み，積み替え，車両の連結や切り離しの調整に多大な努力を必要とした。また幹線鉄道間での競争が激化するにつれ，輸送量増大，速度アップ，そして効率化のために管理組織を整備することが必須となった。

　幹線鉄道各社が取り組んだ組織改革の中で最も注目されたものが，1857年のペンシルバニア鉄道社長ジョン・エドガー・トムソンによる改革である（**図表 1-2**）。トムソンの組織改革の際立った点は，第１にライン・アンド・スタッフ制の組織を構築したことである。このうちライン組織は現業を担当し，列車の運行や貨客の移動に責任をもっていた。ライン組織の最小の単位は管区であり，いくつかの管区を統括する総管区長，そして総管区長を統括する運行担当副社長・総支配人というふうに分権化され，階層的に管理されていた。またスタッフ組織は保線や技術などについて規準を設定し現業部門に助言する責任を負っていた。第２に本社部門を設置し，トップ・マネジメントが日常業務から離れて会社の全般的政策の策定に専念するようにした。そして第３に現業部門から寄せられる会計情報を分析し経営効率化の手段として用いるようにした。こうしたトムソンの体系的な管理方式により，ペンシルバニア鉄道は最初の近代企業とも呼ばれている。

2 　スプリングフィールド兵器廠

　アメリカ大企業，特に製造企業の成長の技術的な基盤となったのは，互換性部品生産方式，いわゆるアメリカン生産システムであった。この生産方式は，専門工作機械や専門工具を用い，作業の標準化と部品の互換性を特徴とするもので，大量生産の前提となる生産技術であった。

　互換性部品生産方式は，19世紀初頭のマサチューセッツ州スプリングフィールド兵器廠における軍用銃の生産に起源をもっている。ここでは，フライス盤（刃物を回転させて金属を削る工作機械），タレット盤（複数の刃物を取り付けたタレットを回転させる工作機械），自動旋盤といった精密加工用工作機械やリミッ

ト・ゲージなど精密測定機器が開発され，軍用銃の生産に用いられた。

　兵器廠で開発が始まった生産技術は，19世紀初頭にはコルト，ウィンチェスターなど銃器製造会社に移転し，19世紀後半になると時計，ミシン，タイプライター，自転車，機関車といった興隆し始めた機械工業へと移転しアメリカの工業化に貢献した。そして20世紀前半にはフォードをはじめとする自動車メーカーが互換性部品生産方式に基づく自動車の大量生産を実現した。

　互換性部品生産方式を自動車工業に伝えた人物にヘンリー・M・リーランドがいる。1843年にバーモント州に生まれたリーランドは熟練工としてスプリングフィールド兵器廠で働き，精密機械技術と互換性部品生産方式を身につけた。兵器廠からコルトなどを経て1902年にヘンリー・フォード・カンパニーに移り（ヘンリー・フォード自身はこの会社を辞めて翌年フォードを設立），チーフエンジニアとして高級自動車キャディラックを開発した（会社の名前もキャディラックに改称）。キャディラックは1908年にウィリアム・C・デュラントに買収されて GM の子会社となり高級車の生産を続けたが，第1次世界大戦時にデュラントがリバティ・エンジン（航空機エンジン）の生産を拒否したために退社した。同年，リーランドはリンカーン・モーターを設立してリバティ・エンジンを生産し，第1次大戦後には自動車生産を開始した。リンカーン・モーターはフォードに買収されるが，リーランドは路線の対立から1922年にフォードを辞めた。技術と企業家精神をもった機械工であったリーランドが，東部で発達した互換性部品生産方式を中西部（デトロイト）に広め，アメリカの工業生産力を急速に引き上げたのである。

3　近代企業産業の形成

[1]　アメリカ最大企業100社

　19世紀後半からアメリカでは巨大な産業企業が成長し始めた。すべての産業において巨大企業が形成されたわけではなく，技術的な条件や市場の特性によって偏りがあった。

　1917年における資産規模で見た最大企業100社の分布をみると，20社は一次金属産業（鉄鋼，銅，アルミニウム）に属しており，17社は石油製品・石炭製品

第Ⅰ部　工業化と近代企業の形成

図表1-3　資産規模で見たアメリカ最大企業20社（1917年）

(100万ドル)

順位	企　　　業	産業分野	資産
1	US スチール	一次金属	2,449.5
2	スタンダード・オイル（NJ）	石油製品	574.1
3	ベスレヘム・スチール	一次金属	381.5
4	アーマー	食品	314.1
5	スイフト	食品	306.3
6	ミッドベール・スチール	一次金属	270.0
7	インターナショナル・ハーヴェスター	機械	264.7
8	デュポン	化学製品	263.3
9	US ラバー	ゴム製品	257.5
10	フェルプス・ドッジ	一次金属	232.3
11	GE	電気・電子機器	231.6
12	アナコンダ	一次金属	225.8
13	アメリカン・スメルティング＆リファイニング	一次金属	221.8
14	スタンダード・オイル（NY）	石油製品	204.3
15	シンガー・ミシン	機械	192.9
16	フォード	輸送機器	165.9
17	ウェスチングハウス・エレクトリック	電気・電子機器	164.7
18	アメリカン・タバコ	タバコ製品	164.2
19	ジョンズ＆ラフリン・スチール	一次金属	159.6
20	ユニオン・カーバイト	化学製品	155.9

(出所)　チャンドラー（邦訳），1993，551-556頁，付表 A.1より筆者作成。

分野で事業を行っていた。工業化の基礎となる天然資源の採掘・加工・販売を行う分野に対して巨額の投資がなされ，大企業が成長したのである。これら天然資源関連企業は，資源賦存の偏りから早くから海外直接投資を行い，事業をグローバル化した。

　また，100社のうち14社は輸送機械産業，10社は化学産業・化学関連製品産業，3社は電気・電子機器産業に属していた。これらの産業は，いわゆる第2次産業革命の分野であり，科学的知識を応用した新製品の大量生産と大量流通を実現した企業が多かった。12社は食品および食品関連製品産業に属していた企業であったが，この分野にはアメリカの巨大な農業生産を基盤としてその加工と販売を行う企業が多かった。

　図表1-3は1917年時点における最大企業20社を示したものである。最も資産規模の大きかった企業は US スチール（一次金属）であり，2位以下の企業

20

第1章 アメリカにおける大企業の形成

図表1-4 GEの経営組織（1892年）

（出所） GE, 1953, Fig. 1より筆者作成。

を圧倒していた。上位20社にランクインした企業に共通する特徴の1つは21世紀初頭まで世界の製造業をリードし続けた「100年企業」であることである。1位のUSスチールの他，2位のスタンダード・オイル・オブ・ニュージャージーと14位のスタンダード・オイル・オブ・ニューヨーク（石油製品。現エクソンモービル），4位のアーマーと5位のスイフト（いずれも食品），8位のデュポン（化学），11位のGE（電気・電子機器），16位のフォード（輸送機器）などが該当する。これら大企業は早くから事業をグローバル化していた。たとえばアメリカの石油精製品（灯油）の70％は輸出されていた。またスタンダード・オイルは海外で製油所を保有し，1907年には55社の外国企業を管理していた。

2 ビッグ・ビジネスの経営組織

製造設備に大規模な投資を行い，何万人もの労働者を雇用して効率的に製品を製造・販売するためには，管理組織の整備が必要であった。アルフレッド・チャンドラー・ジュニアは，19世紀末に形成された大企業の多くは，複数の事業単位，つまり工場，あるいは製造や販売など複数の職能を内部化しており，階層的に組織された管理者によって調整されていること，トップ経営者は企業の所有者ではなく専門経営者（俸給経営者）となっていること（所有と経営の分離）を指摘し，そのような企業を近代企業と定義した。

1892年にエジソン・ゼネラル・エレクトリックとトムソン＝ヒューストンが合併して設立されたGE（General Electric Company）の組織図をみると，生産（製造・電気部），販売，経理，財務，法務といった職能が内部化され，トップ・マネジメント（社長）によって統合されていることがわかる（図表1-4）。

第 I 部　工業化と近代企業の形成

このような管理組織は，ヒト・モノ・カネ・情報といった経営資源の流れを内部でうまく調整し，製品やサービスの価格と品質において競争力を高めることを目的としていた。有効な管理組織の構築に成功した企業は，組織をもたない中小規模のライバル企業に比べてより安い価格と高い安定した品質を市場に提示することができ，市場シェアを高めるとともにさらに企業規模を拡大していった。19世紀末にアメリカで形成されたそのような企業はまた，国境を越えて世界各国の市場で競争力をもつようになり，早くから海外市場に進出し事業をグローバル化した。この時代，管理された統合企業であることが，市場競争において優位に立ち，利益を拡大させるために必要であった。

3　US スチール
1）市場と技術の変化

　アメリカの鉄鋼業は19世紀後半に成長を遂げ，1890年代には鉄鋼生産高で「世界の工場」であったイギリスを凌駕した。急成長の要因は３つあった。第１に，五大湖周辺で豊富に産出される鉄鉱石と石炭の存在である。第２に，国内市場が拡大したことである。19世紀における鉄道網の拡大はレール，鉄道車両，鉄橋など大量の鉄鋼製品を必要とした。19世紀末からは高層建築をはじめとする都市建設に伴い建設用資材の需要が拡大し，20世紀に入ると自動車生産の拡大に伴い自動車用鋼板の需要が伸びた。第３は，成長する市場に事業機会を見出し，鉄鋼生産に革新をもたらし，大規模な鉄鋼生産を組織した無数の企業者活動であった。

　1880年代に，鉄鋼生産技術と生産組織において大きな革新があった。80年代までは錬鉄（れんてつ）時代といわれるが，この時代の生産方法の特徴は，鉄鋼生産プロセスに手作業の製錬工程が含まれていたことである。鉄鋼の製造方法を簡単に示すと，まず鉄鉱石とコークス（石炭を蒸し焼きにしたもの）を溶鉱炉に入れて銑鉄（せんてつ）を作る（製銑工程）。銑鉄はパドル炉において手作業で攪拌され，錬鉄（炭素含有量が少ない）が製造された（錬鉄工程）。錬鉄は圧延機によって最終製品に加工（圧延工程）され，市場に供給された。原料から最終製品までの３工程は必ずしも統合される必要はなく，錬鉄時代においては小規模の企業が単一の工程を担い，工程間の調整は市場を通じてなされていた。そして1880年頃から鋼鉄（こうてつ）

第1章 アメリカにおける大企業の形成

時代が始まる。革新が起こったのは錬鉄工程である。平炉・転炉が開発され，溶鉱炉から銑鉄を湯のまま平炉・転炉に流し込み鋼（炭素含有量を増やしたもの）を製造することが可能となった（製鋼工程）。錬鉄時代には工程間を素材が移動するときには一度冷めた鉄を再加熱する必要があったが，鋼鉄時代においては熱経済的にも3工程の結合が効率的であった。したがって，銑鋼一貫工場という生産単位が形成され，優位性をもつようになった。

2）カーネギーの企業者活動と管理組織

USスチールは，ペンシルバニア鉄道でその才能を見出されたアンドルー・カーネギーが起業したいくつかの鉄鋼企業に源流をもつ。カーネギーは自らが設立した企業やライバル企業を統合し，銑鋼一貫体制を構築した。第1に，資本的な結合を通して一貫体制が目指された。1875年にはクローマン・カーネギー（製銑企業）とエドガー・トムソン・スチール（製鋼・圧延企業），ユニオン・アイアン（加工企業）を資本的に結合し，86年には3社を合同してカーネギー・フィプスとした。第2に，場所的に統合された銑鋼一貫体制が構築された。1880年にはエドガー・トムソン・スチールが第1号溶鉱炉を完成させ，90年にはカーネギー・フィプスがキャリー・ブラスト・ファーネスを買収して溶鉱炉4基を獲得した。96年には傘下のアレゲーニー・ベッセマー・スチールに溶鉱炉4基を設置した。

カーネギーは銑鋼一貫体制を構築すると同時に，製鉄原料の調達から生産，販売までを内部化・統合し，財の流れを調整することで競争優位を得ようとした。原燃料部門では1882年にH・C・フリック・コークスを，92年にオリバー鉄鉱山の株式を買収し，輸送部門では96年にピッツバーグ・ベッセマー＆エリー鉄道を，98年にはスペリオル湖合同鉄鉱山の汽船を買収しピッツバーグ汽船を設立した。販売部門では1880年代後半に代理店制度を採用し，82年にはボストンに販売営業所を開設し，販売部門を内部化した。そしてこれら複数の職能部門を機能別管理組織で統括した。

1892年にカーネギーはカーネギー・フィプス，カーネギー・ブラザース（エドガー・トムソン・スチール）など関連企業を合同してカーネギー・スチールを設立した。同社はペンシルバニア州ピッツバーグ地区に3つの銑鋼一貫工場をもつ統合企業で，全米鉄鋼生産シェア25％を占める巨大企業であった。しか

第 I 部　工業化と近代企業の形成

し，1898年以降に市場の焦点が 2 次圧延完成品市場に移ると，対応が遅れた
カーネギー・スチールの経営は苦しくなった。カーネギーは過剰設備を処理し
価格維持によって収益を確保するため企業合同を選択し，カーネギー・スチー
ルを J・P・モルガンに 5 億ドルで売却した。モルガンはカーネギー・スチール
と自身の支配下にあった鉄鋼企業を合同し，1901年に US スチールが設立さ
れた。

　カーネギー・スチールは内部に原燃料調達・輸送・製造・販売の各機能を統
合した企業であったが，US スチールはカーネギー・スチール，フェデラル・
スチールなど10社・213工場を抱える持株会社であった。生産体制，販売組織，
原燃料部門も傘下企業のものをそのまま継承しており，統合されていなかっ
た。管理機構が整備されるのは1920年代に技術革新が進み新たな競争の局面が
現れてからであり，それまではルースな連合体のままであった。

　US スチールが20年間にわたり全社的な管理機構を欠いても事業が継続でき
たのは，カルテル価格による独占的な利益を確保できたからである。1880年か
ら始まったピッツバーグ単一基点価格制は，ピッツバーグ基準価格を決定し，
これに受け渡し地点までの鉄道運賃を加えて価格を決定するもので，1924年ま
で（一部製品は27年まで）継続された。ピッツバーグ基準価格は限界企業の原価
に基づいて US スチールが決定するもので，生産性の高い同社に巨額の利益を
もたらした。圧倒的なマーケットシェアをもつことが，US スチールがカルテ
ル価格制度を維持する根拠であった。

4　スタンダード・オイル

1）ロックフェラーの企業者活動

　石油産業は，1850年代のペンシルバニア州タイタスヴィルでの原油噴出に事
業機会を見出した企業家の行動から始まった。タイタスヴィルには多くの企業
家が集まり，いわばオイル・ラッシュの様相を呈した。19世紀末から20世紀初
頭にかけて，石油市場は明かり取りのための灯油からガソリン，軽油，潤滑
油，重油へと，自動車産業発展の強い追い風を受けて成長していった。その
後，原油の供給地はテキサス州，オクラホマ州，カリフォルニア州といった新
興油田地帯へと広がっていった。

第1章　アメリカにおける大企業の形成

　ジョン・D・ロックフェラーが初めて友人と事業を立ち上げたとき，それは石油関連企業ではなくクラーク＆ロックフェラーという穀物取引を行う会社であった。しかしタイタスヴィルでの原油噴出のニュースに接すると，ロックフェラーは1863年にすぐさまエクセルシア精油社を設立し石油産業に参入した。65年にはロックフェラー＆アンドルーズを設立し，70年にオハイオ・スタンダード・オイルを設立した。

　ロックフェラーの事業拡大は，水平統合戦略と垂直統合戦略によってなされた。石油製品は品質がほぼ一定で価格（原価）の低さが競争を左右する。ロックフェラーは規模の経済の実現のため，事業規模の拡大を進めた。その方法は，まずはクリーブランドに最大規模の精油所を建設することにより，規模の経済を実現して自らが最も低価格な生産者となることであった。次いで低価格を武器に，競争相手である石油精製企業を自社の株式との交換や現金による買収を通じて吸収し，精製規模を拡大した。このような水平統合戦略に加え，ロックフェラーは垂直統合戦略により，原油生産から精製，そして販売までの一貫した財の流れを統合した。川下部門の統合（前方統合）では，早くから販売部門（卸売）に進出し，各地域の石油仲買業者や卸売企業を買収して傘下に収めた。川上部門の統合（後方統合）では，長距離パイプラインの敷設で先行したタイドウォーター・パイプラインに対抗して1878年にナショナル・トランジットを設立し，最終的にはタイドウォーターを傘下に収めて原油輸送部門を支配した。さらに80年代になるとスタンダード・オイルは原油生産にも進出し，垂直統合を完成させた。

２）トラストと持株会社による管理

　このようにロックフェラーは M&A（Mergers and Acquisitions，合併および買収）を駆使しながら原油生産から石油製品の精製，販売までを統合したのであるが，各プロセスをどのように結合するか，つまりヒト・モノ・カネ・情報の流れを内部でどのように調整するかが課題であった。1872年に，ロックフェラーは傘下の精油部門やパイプライン部門を担う企業計40社をスタンダード・オイル同盟として組織した。この同盟は利益共同体としての性格をもち，79年には全米精製能力の90％を支配するほどに巨大ではあったが，共同体を構成する各社の動きを効率的に調整するには限界があった。

25

第Ⅰ部 工業化と近代企業の形成

　企業による株式の保有，つまり持株会社が認められていなかった当時の条件下において，ロックフェラーはトラスト（信託）形式を用いたスタンダード・オイル・トラストを1882年に結成した。トラスト形式の利用は顧問弁護士であったサミュエル・ドッドが考案したものであった。まずロックフェラーを含む受託人団（9名）を選び，ロックフェラー傘下の40社の株式を信託する。受託人団はトラスト証券を発行し，傘下企業は持分に応じて信託証券を受け取る。そして受託人団の下でグループ企業の効率的な管理を行う，という仕組みであった。

　しかし，巨大企業とその管理方式は，アメリカにおいては19世紀末以降，常に司法との緊張関係の下にあった（21世紀の現在も司法や規制当局との緊張関係の下にある）。ロックフェラーの巨大な石油事業とトラスト形式によるグループ企業の管理は独占問題をひきおこし，1892年にはスタンダード・オイル・トラストがオハイオ州最高裁判所から解散命令を受け，約20社の独立系企業となることを余儀なくされた。

　1899年になると，ニュージャージー州法が改正され持株会社が認められるようになり，ロックフェラーはグループ企業の司令塔としてスタンダード・オイル・オブ・ニュージャージー（持株会社）を設立し，効率的な管理を行おうとした。トラスト形式にせよ持株会社方式にせよ，ロックフェラーは産油から販売までのすべてのプロセスを調整し，差別化の難しい市場において競争優位を得るための管理組織の構築に取り組んだのである。

　ところが，19世紀末から20世紀初頭の革新主義時代において反独占の運動が強まり，スタンダード・オイルはシャーマン反トラスト法違反の廉で連邦最高裁判所から解体命令を受けた。この2度目の解体命令により，ロックフェラー系企業はエクソン，モービル（スタンダード・オイル・オブ・ニューヨーク），ソーカルなど40社に分割され，それぞれ独立企業となった。なお，エクソンとモービルという2つのロックフェラー系企業は，1999年に合併してエクソンモービルとなった。

第1章　アメリカにおける大企業の形成

5 　アメリカン・タバコ

1）デュークとボンザック

　1880年，ジェームス・ブキャナン・デュークは父親から W・デューク・サンズとそのタバコ事業を引き継いだ。初期のタバコ市場は刻みタバコと噛みタバコが主流であったが，60年代になると紙巻タバコ（シガレット）が出現し，新たなマーケットを形成するようになった。デュークは81年に紙巻タバコ市場への参入を決意したが，すでにこの市場にはアレン＆ギュンター，W・S・キンブル，キニー・タバコ，グドウィンが積極的な販売活動と販売チャネルの確立によって先行しており，4社で80％のシェアを占めていた。デュークは83年に自社製品の価格引き下げと積極的な宣伝・販売活動を行い，なんとかブランドを確立することができた。そのような W・デューク・サンズがライバルを追い抜き瞬く間に紙巻タバコ市場で圧倒的な地位を得るまでに成長したのは，紙巻タバコの大量生産体制をいち早く構築したからである。

　ジェームズ・A・ボンザックは1881年に自動紙巻機（ボンザック・マシン）の特許を獲得した。紙巻タバコの製造は当初手作業で行われており，熟練労働者でも1日当たり3,000本以上のタバコを仕上げることは難しかった。しかしこの革新的なボンザック・マシンは3人で運転ができ，毎分200〜220本の紙巻タバコが生産可能であった。これは熟練工40〜50人の作業量に相当した。ボンザック・マシンによる製造原価の低下はすさまじく，紙巻タバコ1,000本当たりのコストが76年の96.5セントから95年には8.1セントへと12分の1以下になった。このような革新的な機械にもかかわらず，デュークのライバル企業は導入に懐疑的であった。84年，W・デューク・サンズは他社に先駆けてボンザック・マシンの導入を決定し，翌年にはボンザックと秘密協定を締結し，有利なライセンス条件を獲得した。

　ボンザック・マシンの導入を決定した W・デューク・サンズは，1884年にノースカロライナ州ダーラムに工場を建設するとともに，翌年には株式会社化（資本金25万ドル）して事業基盤を整えた。生産拡大は目覚ましく，82年に743万本であったものが87年には4億6,657万本，89年には8億3,400万本へと増加した。89年の生産量は，第2位のアレン＆ギュンターの5億1,700万本をはるかに上回るものであった。

27

第Ⅰ部　工業化と近代企業の形成

2）統合企業の優位

　W・デューク・サンズが紙巻タバコの大量生産を実現するためには，ボンサック・マシンの導入だけではなく，原材料の安定的な調達と製品の大量販売を実現するための組織が必要であった。同社は原料となる葉タバコの購買組織を作り，原料の安定的確保を行った。また，主要な都市に直営の流通センターを設置するとともに，卸売業者・小売業者に代わって宣伝活動を行い全米でのマーケティングに責任をもつ体制とした。機械制生産の導入，購買（調達）組織と販売組織の設置，大量宣伝活動という垂直統合戦略による財の流れの調整を実現したことで同社は大企業となったのである。

　W・デューク・サンズが垂直統合戦略によって急成長したことは，同じ紙巻タバコ市場で競争するライバル企業が注目するところとなり，同様の戦略をとるようになった。その結果市場競争が激化し，1890年1月に競合するW・デューク・サンズ，アレン＆ギュンター，キンブル，キニー・タバコ，グドウィンが合同してアメリカン・タバコが設立された。同社は全国の生産量の90％以上を占める独占企業となった。

　5社が合同したアメリカン・タバコは，USスチールの事例のように傘下企業のルースな連合体にとどまったのでもなく，またスタンダード・オイルのように持株会社によりグループ企業を管理したのでもなく，合同に参加した企業のもっていた各機能を統合し管理組織を形成した。製造部門では，各社のもっていた生産設備を集中し，4工場と3子会社（特殊なタバコ製品の生産を担当）に整理した。葉タバコ部門でも各社の調達組織を統合し，販売部門でも同様に各社の販売組織を統合した。アメリカン・タバコは葉タバコの調達，加工，そして販売という一連の流れを内部で統合し，集中的に管理したのである。

　他方でアメリカン・タバコは，その巨大さと効率性ゆえに，スタンダード・オイルと同様に独占規制との緊張関係を強いられた。しかし結局，1911年に最高裁判所はアメリカン・タバコが反トラスト法に違反していることを認定し，14社に分割されることとなった。14社のうち紙巻タバコ製造部門は4社に分割され，市場は新たに生まれたレイノルズ（キャメル——代表的なタバコのブランド名。以下同），ロリラード，リゲット＆マイヤーズ（L&M），アメリカン・タバコ（ラッキーストライク）による寡占的な競争構造となった。

28

第1章　アメリカにおける大企業の形成

Check Points！

①移民流入による人口の継続的な増加，鉄道網・電信網の整備による全国市場の統一，誰でも参加しやすい特許制度の整備は，アメリカの工業化の重要な条件であった。

②19世紀後半にペンシルバニア鉄道で作り上げられた巨大なライン・アンド・スタッフ組織と体系的な管理方式，スプリングフィールド兵器廠で生まれた互換性部品生産方式は，後に生まれる近代企業が大量生産・大量流通を実現するときに用いられた。

③19世紀末から20世初頭には，すでに鉄鋼業，石油産業，タバコ産業においてはビッグ・ビジネスが形成された。いずれも原料の調達から生産，流通と販売までの一連の財の流れを内部化・統合することにより競争優位と市場における独占的地位を得た。

参考文献

Chandler, Jr., Alfred D.（1977）*The Visible Hand: The Managerial Revolution in American Business*, The Belknap Press.（鳥羽欽一郎・小林袈裟治［訳］『経営者の時代——アメリカ産業における近代企業の成立』上・下，東洋経済新報社，1979年）

Chandler, Jr., Alfred D.（1990）*Scale and Scope: The Dynamics of Industrial Capitalism*, Harvard University Press.（安部悦生・川辺信雄・工藤章・西牟田祐二・日高千景・山口一臣［訳］『スケール・アンド・スコープ——経営力発展の国際比較』有斐閣，1993年）

General Electric Company（1953）*Professional Management in General Electric, Book One.*

Hounshell, David A.（1984）*From the American System to Mass Production, 1800-1932: The Development of Manufacturing Technology in the United States*, The Johns Hopkins University Press.（和田一夫・金井光太朗・藤原道夫［訳］『アメリカン・生産システムから大量生産へ　1880-1932』名古屋大学出版会，1998年）

Jones, Geoffrey（2005）*Multinationals and Global Capitalism: from the Nineteenth to the Twenty First Century*, Oxford.（安室憲一・梅野巨利［訳］『国際経営講義——多国籍企業とグローバル資本主義』有斐閣，2007年）

Khan, B. Zorina（2005）*The Democratization of Invention: Patents and Copyrights in American Economic Development, 1790-1920*, Cambridge University Press.

安部悦生・壽永欣三郎・山口一臣・宇田理・高橋清美・宮田憲一（2020）『ケースブック　アメリカ経営史（新版）』有斐閣。

石井正（2005）『知的財産の歴史と現代——経済・技術・特許の交差する領域へ歴史からのアプローチ』発明協会。

岡田泰男・永田啓恭［編］（1983）『概説アメリカ経済史』有斐閣。

塩見治人・溝田誠吾・谷口明丈・宮崎信二（1986）『アメリカ・ビッグビジネス成立史——産業的フロンティアの消滅と寡占体制』東洋経済新報社。

第Ⅰ部　工業化と近代企業の形成

鈴木圭介［編］（1988）『アメリカ経済史Ⅱ　1860年代-1920年代』東京大学出版会。
鈴木良隆・大東英祐・武田晴人（2004）『ビジネスの歴史』有斐閣。
橋本毅彦（2013）『「ものづくり」の科学史──世界を変えた《標準革命》』講談社学術
　　文庫。
湯沢威・谷口明丈・福應健・橘川武郎（2000）『エレメンタル経営史』英創社。

第2章

日本の工業化と企業

　日本では1886年頃に最初の企業勃興がみられ，比較的大規模な企業も出現した。本章では，アメリカのように巨大な国内市場を有していなかった明治・大正期の日本において，どのような企業経営が行われていたかを検討する。前章でもみたように，チャンドラーが研究対象とした近代企業は大量生産と大量流通を内部化・統合し管理的調整を行うことで競争優位を実現する企業であったが，当時の日本の大企業では，どのような管理がなされていたのであろうか。

　また，19世紀末から第1次世界大戦期にかけては，先駆的なグローバル企業が国境を越えて事業を展開する第1次グローバル経済と呼ばれる時代であった。このような国際環境が日本企業の展開に対して及ぼした作用も，グローバル化と企業経営の発展を考える上では外せないポイントである。

キーワード：近代企業　総合商社　日本鉄道　綿工業

1　第1次世界大戦以前の経済成長

1　持続的な経済成長

　明治維新を経て近代的な政治経済システムを急速に整備しつつあった日本において，持続的な経済成長が始まったのは1881年の松方デフレ（緊縮財政による不況）終息後のことであった。経済成長とともに人口増加率も継続的に増加し始めた。

　日本の人口は1885年には約3,800万人であったが，1914年には約5,200万人へと増加した。これは年平均1.1％の人口増加率であった。1721年（江戸時代中期）から1846年（江戸時代後期）までが0.02％，46年から81年（明治14年）までが0.4％であったのと比較すると，年1.1％の増加率は歴史的な出来事であっ

31

第Ⅰ部　工業化と近代企業の形成

た。人口増加は日本経済の生産力が増加する人口を養える程度にまで高まったことを示すとともに，企業活動の観点からみるとより多くの，そして新規の財を販売できる市場が拡大したことを意味している。しかし市場の規模は，アメリカと比較すると小さかった。1885年のアメリカの人口はすでに約5,700万人であったが，1915年には約1億人にまで増加した（第1章参照）。人口でみた場合，日本の市場規模はアメリカの約半分であった。19世紀後半に拡大し始めた日本市場の大きさと特性は，形成された日本企業の事業展開や管理組織を特徴づける外部要因となった。

　1885年から1913年までの経済成長の特徴を実質GDP（1934〜36年平均価格基準）でみると，約47億7,000万円から約90億8,000万円へと拡大している（年平均成長率は2.5％）。産業ごとの成長をみると，農林水産業などの第1次産業は約18億5,000万円から約26億9,000万円へと生産額が拡大したが，生産額全体に占める構成比は38.7％から29.6％へと低下した。これに対して構成比を拡大させたのが第2次産業である。第2次産業は鉱工業，建設，交通・通信・公益事業の生産額を足したものであるが，約5億7,000万円から約24億6,000万円へと成長し（年平均成長率は5.5％），構成比も12.0％から27.1％へと上昇した。このような工業生産の拡大は，この時期に日本の産業革命が進んだことを示している。第3次産業は卸売業や小売業などの商業やサービス業等であり，その生産額は約23億5,000万から約39億3,000万円に拡大した（年平均成長率は2.0％）。構成比は49.3％から43.3％にまで低下したが，依然として最大の付加価値生産部門であった。

2　工業所有権制度と発明活動

　日本の工業化を牽引したのは江戸時代から続く在来産業と，外国からの技術導入に基づく近代産業の2つのセクターであった。しかし，工業化は単に在来技術による生産を拡大させたり，外国技術に基づきそれを忠実に再現して製品化したりすることだけで実現されたのではない。いずれのセクターにおいても，従来の技術を改良したり，あるいは導入した外国技術を消化吸収し改良を加えて現地（日本）市場に適合的な製品とする技術開発の取り組みが行われた。これが経済成長の原動力であった。

第 2 章　日本の工業化と企業

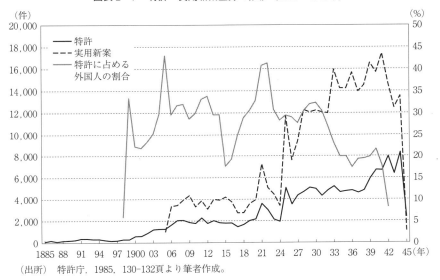

図表 2-1　特許・実用新案登録の推移（1885〜1945年）

（出所）　特許庁，1985，130-132頁より筆者作成。

　技術開発の取り組みは，工業所有権制度によって促進された。新技術や新しい事業アイデアの保護制度は1884年の商標条例の制定に始まり，翌85年には専売特許条例が制定され，後に特許法となった。また，88年には意匠条例が制定され，デザインの保護がなされるようになった。このうち特許法は，革新的な技術に一定期間の排他的実施権を認めるもので，発明の保護と発明のインセンティブ，そして発明の社会的な普及による工業力発展を目指すものであった。1905年になると，新たに実用新案法が制定された。特許法が技術的に高度な発明を保護するのに対して，実用新案法は物の組み合わせや小発明を保護するものであり，技術水準が西洋諸国と比較してまだ低かった日本の状況に合わせて国内の発明活動の活性化を期待して制定された。この時期に制定された特許法，実用新案法，意匠法，商標法は工業所有権 4 法として今日まで日本経済の成長を支えている。
　工業所有権 4 法のうち，新規の工業技術を保護する特許と実用新案の伸びをみたものが**図表 2-1** である。特許登録件数の推移をみると，1899年以降に拡大していることがわかる。この拡大の一部は，それ以前は認められていなかっ

33

第Ⅰ部　工業化と近代企業の形成

た外国人の特許登録が始まったことでも説明できるが，内国人（日本国内に住所をもつ人）の発明活動が活発化したことが重要である。さらに1905年の実用新案法施行後は特許を超える件数の実用新案が登録されており（ほとんどが内国人の考案によるもの），国内における発明活動が拡大したことがわかる。

2　第1次グローバル経済下の日本

1　輸出入の動き

　19世紀後半から第1次世界大戦までの期間は第1次グローバル経済と特徴づけられ，国境を越えるヒト・モノ・カネの移動を妨げる障壁や国家による規制が緩く（パスポートや労働ビザが制度化されるのは1920年代になってからである），先駆的な大企業がグローバルに事業を展開した。グローバル企業は，国境を越えて経営資源を移転させ，各国の経済成長に多かれ少なかれ影響を与えた。明治時代の日本経済と企業経営も，当然この第1次グローバル経済の影響下にあったのである。

　工業生産が拡大した産業革命期には，日本経済や世界貿易の拡大を上回るテンポで日本の貿易が拡大した。1882年から91年までを100とした場合の1902年から11年の値は，世界の輸出入が186であったのに対して日本の輸出は418，輸入は488と伸びが大きかった。GDPに占める貿易額の比率も次第に大きくなった。1886年の企業勃興期の比率は14％であったが，日清戦争後（96年頃）には21％，日露戦争後（1906年頃）には25％にまで大きくなった。日本経済の貿易依存度が高まり，経済成長が国際経済に大きく影響される構造がすでに第1次大戦期以前に形成されていたのである。

　貿易関係を通した日本経済と諸外国との結びつきにも変化があった。工業化が始まった頃は対ヨーロッパ貿易が重要な位置を占めていたがその比重は急減し，対アジア貿易，対米貿易の比重が増した。1912年時点において，対欧米貿易では機械の輸入先としてのイギリスは引き続き高いシェアを維持（機械輸入の60％）していたが，その他の製品では英仏貿易の比重は低下し，英仏に代わって米独の台頭がみられた。日本とアメリカの貿易における結びつきをみると，日本はアメリカから繊維原料を輸入し（アジア諸国から62％，アメリカから28

第 **2** 章　日本の工業化と企業

図表 2 - 2　第 1 次世界大戦以前における主要外資系企業（進出時点）

年	日本社名	外国企業（出資比率）	国籍	主な日本側出資者
1893	ニューヨーク・スタンダード日本支社	スタンダード・オイル・オブ・ニューヨーク（100%）	米	
1899	日本電気	ウェスタン・エレクトリック（54%）	米	岩垂邦彦，前田武四郎
1899	村井兄弟商会	アメリカン・タバコ（60%）	米	村井吉兵衛
1900	ライジングサン	サミュエル・サミュエル社（100%）	英	
1901	シンガー・ミシン日本支社	シンガー・ソーイング・マシン（100%）	米	
1902	大阪ガス	アンソニー・N・ブレイディ（55%）	米	浅野総一郎
1905	東京電気	GE（55%）	米	田村英二，藤岡市助
1907	日本製鋼所	アームストロング＝ヴィッカーズ（50%）	英	北海道炭鉱汽船
1907	帝国製糸	J&P コーツ（60%）	英	村井兄弟商会
1909	極東ダンロップ日本支社	ダンロップ・ファー・イースト（100%）	英	
1909	芝浦製作所	GE（24%）	米	三井合名
1910	日本オキヂェーヌ及アセチレース	エア・リキード（100%）	仏	
1913	リーバー・ブラザース尼崎工場	リーバー＆ブラザース（100%）	英	

（出所）　宇田川・中村，1999，67頁より筆者作成。

%），加工した繊維製品を輸出した（アジア諸国向け39%，アメリカ向け38%）。また，アメリカからは鉱物性燃料（石油）を輸入しており，その比率は全輸入の61%を占めていた。

2　外資の進出と技術移転

　外国企業による直接投資は，1899年の条約改正までは制限され，居留地外での経済活動は禁止されていた。条約改正後，外国企業の進出が徐々に始まったが，その規模は GDP からみると無視できる程度であった。

　しかし，いくつかの産業部門においては日本経済の成長に長期的な影響を与えた投資も行われた。**図表 2 - 2** は第 1 次世界大戦以前に日本に対して直接投資を行っていた企業の一覧である。電気機械産業ではウェスタン・エレクト

第 I 部　工業化と近代企業の形成

リック（岩垂らと日本電気を設立）と GE（1905年に東京電気，09年に芝浦製作所に資本参加）が早くから直接投資を行うとともに日本企業に技術や経営方法を移転し，電機・電子産業の成長に貢献した。また，石油（スタンダード・オイル・オブ・ニューヨーク，サミュエル・サミュエル），タバコ（アメリカン・タバコ），ミシン（シンガー・ミシン）といった大量生産・大量流通を実現した産業分野の企業が進出していることがわかる。さらにアメリカ企業とイギリス企業で占められていることもこの時期の特徴である。

　外国企業による直接投資と並行して，外国からの技術移転も進んだ。技術移転促進の条件の１つは特許制度による技術の保護である。日本政府は1899年に工業所有権保護同盟条約（パリ条約）に加盟し，特許法を改正して外国人や外国企業も日本特許を取得できるようにした。この改正を契機に，外国人による特許出願が開始された。1899年に登録された外国人特許は99件（特許登録の5.8％）であったが1911年には753件（同33.1％）にまで拡大した（図表２-１）。外国企業は特許を取得して革新的な技術を保護し，商品を輸入しあるいは現地生産を行った。外国人・外国企業が登録した特許とその内容は『特許公報』などを通して日本人企業家の知るところとなり，それはまた日本人・日本企業による技術開発を刺激し，経済成長に貢献することとなった。

3　企業勃興と企業経営

1　最大企業の特徴

　日本において最初に企業設立がブームとなった時期（第１次企業勃興期）は1886年から89年にかけてであった。その後，日清戦争後の95年から99年にかけても企業勃興がみられた（第２次）。1900年頃には綿紡績業において機械制大工業が定着した。

　企業勃興期において形成された大企業の特徴をみたものが**図表２-３**である。この表は，第１次企業勃興期直後の1902年と日露戦後期の11年における資産規模でみた最大企業上位20社の一覧である（金融企業と官営企業を除く）。第１次企業勃興期の中心企業であった1902年の最大企業をみると運輸企業が11社（うち鉄道９社）と圧倒的に多く，鉱業企業が３社であった。鉄道業や工業は巨額の

36

第**2**章　日本の工業化と企業

図表2-3　大企業の推移（資産規模）

(千円)

	1902年			1911年		
	企業名	事業	資産総額	企業名	事業	資産総額
1	日本鉄道	運輸	48,523	三井物産	商業	102,243
2	九州鉄道	運輸	46,393	日本郵船	運輸	57,884
3	日本郵船	運輸	41,456	三菱合資	鉱業・機械	39,670
4	村井兄弟商会	タバコ	28,158	北海道炭鉱鉄道	運輸・鉱業	36,143
5	山陽鉄道	運輸	26,297	東京電灯	電気・ガス	34,642
6	三菱合資	鉱業・機械	23,882	鐘淵紡績	紡織	33,967
7	関西鉄道	運輸	22,360	大阪商船	運輸	28,419
8	北海道炭鉱鉄道	運輸・鉱業	20,094	日本製鋼所	金属	26,867
9	三井物産	商業	12,983	東京瓦斯	電気・ガス	25,581
10	鐘淵紡績	紡織	11,456	東洋汽船	運輸	21,369
11	三井鉱山	鉱業	11,289	富士瓦斯紡績	紡織	21,115
12	大阪商船	運輸	10,516	三井鉱山	鉱業	18,248
13	北越鉄道	運輸	6,773	宝田石油	鉱業	17,480
14	阪鶴鉄道	運輸	6,137	三重紡績	紡織	15,626
15	南海鉄道	運輸	4,754	古河鉱業	鉱業	13,533
16	東京瓦斯	電気・ガス	4,428	大阪電灯	電気・ガス	12,900
17	総武鉄道	運輸	4,335	日本石油	鉱業	12,859
18	三重紡績	紡織	3,851	王子製紙	製紙	12,057
19	東京電灯	電気・ガス	3,715	名古屋電灯	電気・ガス	11,994
20	大阪紡績	紡織	3,712	大日本人造肥料	化学	11,355

（出所）　阿部・中村，2010，134頁，136頁より筆者作成。

投資を必要とするため，資産規模で測ると上位にくる。従業員規模でみると上位20社は紡績企業が8社（うち綿紡績企業6社），運輸企業が6社，鉱業が6社であった。次いで1911年の最大企業をみると，鉄道企業がリストから外れていることがわかるが，これは07年に鉄道が国有化されたためである。最大企業は三井物産で，運輸（商船），鉱業，紡績企業が上位にあった。従業員規模でみると上位20社の中には鉱業企業が8社，綿紡績企業が7社あった。1902年から11年にかけて，商業，鉱業，そして紡績業において大企業が成長したといえるだろう。

　これら最大企業を所有の点から財閥系企業（家族・同族所有）と独立系企業（財閥系以外）に分類すると，前者には鉱山，商社，（図表2-3の対象外ではあるが）銀行業における最大企業が多い。他方，紡績業や鉄道では独立系の企業が多い。大規模操業を行うために設備や労働力に対する巨額の投資が要求される

37

第Ⅰ部　工業化と近代企業の形成

鉱業に対してリスク資金が提供できたのは，当時の日本においてはもっぱら財閥であった。他方，新しい技術に基づく大規模工業や，システム運営に高度な技術が求められる鉄道業においては，新技術に事業機会をみた企業家に対して地方資産家などが資金を提供し，大企業が形成された。

　鉱工業に限定して上位100社の産業分布をみると（1914年），軽工業に属する企業が61社，重化学工業企業が29社，鉱業企業は10社であった。軽工業の中でも繊維企業は31社と多く，鐘淵紡績（2位），東洋紡績（3位），富士瓦斯紡績（ガス）（8位），内外綿（19位），尼崎紡績（20位）など上位を占めていた。軽工業分野で繊維に次いで多かったのは水産・食料品企業で，台湾製糖（5位），大日本製糖（6位），明治製糖（13位），塩水港精糖拓殖（16位）といった製糖企業が上位にあり，大日本麦酒（18位）といった新しい食品分野の企業も大規模化した。鉱業・重工業分野での最大企業は，川崎造船（1位），北海道炭礦汽船（4位），日本製鋼所（7位），三井鉱山（9位），日本石油（10位），久原鉱業（くはら）（11位），宝田石油（ほうでん）（12位），大日本人造肥料（14位），富士製紙（15位），王子製紙（17位）などであった。

２　大阪紡績

　衣食住の「衣」のもととなる糸をつむぐ紡績業は，機械制による大量生産を実現するとともに資本・賃労働関係を社会的に定着させ，先進諸国において工業化を牽引した。日本においても産業革命期に綿紡績業が拡大し，鐘淵紡績や大阪紡績の経営規模が拡大した。日本の工業化の中心にあった紡績企業の特徴を検討する前に，まずはアメリカにおける紡績業の経営をみておこう。

１）アメリカ紡績業との比較

　アメリカでは18世紀末から19世紀にかけてニューイングランド地方で機械制綿紡績業が発展し，大規模経営が行われていた。たとえば1813年にフランシス・C・ローウェルによって設立されたボストン製造会社は大量の労働者を雇用し綿紡績から織布までの一貫生産を行った。同社は株式会社形態をとったこと，単身雇用を行ったこと（それまでの繊維業界は家族単位で雇用していた），若い女子工員を雇用し寄宿舎制度によって労務管理を行ったことなど，当時としては画期的な経営を行った。

第**2**章　日本の工業化と企業

しかし，ボストン製造会社をはじめ同地域で発展した初期の大規模工場は近代的な経営管理には影響を与えなかった。というのも，これら紡織企業では原材料（綿花等）の購入，製造（製糸，紡織），そして販売という一連のプロセスを統合して，工程間を流れる財の流れを調整しなかったためである。企業自体は大規模であるが，完成した綿糸製品，綿布の価格や原綿の価格に対して支配力をほとんどもたなかった。綿糸や原綿の価格は国際市場における需要で決まり，企業はそれらの価格を受容する存在でしかなかったのである。また，トレジャラー（経理担当重役）の会計記録も商人の用いるタイプのものであり，製造業者が用いるような原価を計算するものではなかった。

２）大阪紡績と日本の紡績業

日本における近代的な紡績業は江戸時代末期にさかのぼることができる。最初の紡績工場は1867年に設立された薩摩藩鹿児島紡績所であり，この工場には五代友厚がイギリスで買い付けたプラットの精紡機が備え付けられていた。これを先駆けとして，明治前期には綿糸の輸入防遏（ふせぎとめること）の目的で2,000錘（紡績工場の規模を測る単位）規模の官営紡績所がいくつか設立された。しかし，これら初期の紡績企業は経営上の困難を抱えていた。それは2,000錘という規模の小ささが原因であった。規模の経済性を発揮できる10,000錘規模の最初の工場は，1882年に設立された大阪紡績であった。

大阪紡績は綿製品の輸入防遏と綿工業の確立を目指した渋沢栄一が設立を主導した。適切な綿紡績技術や工場のレイアウト，操業技術に関する専門知識は紡績企業の成功には必須の事項であったが，渋沢はこれを当時ロンドンで経済学を学んでいた山辺丈夫に託した。山辺は渋沢に懇願され，綿紡績技術を身につけるためにロンドンを離れ，ランカシャー地方のブラックバーン市の紡織工場で職工として働き，知識を身にしみ込ませた。大阪紡績は工場の立地を大阪府西成郡三軒家に定め，山辺の主導によってレンガ造り３階建ての工場の建設と機械の導入と据え付けが行われた。

３）経営戦略と管理組織

大阪紡績は綿工業先進国のイギリスから機械を導入しようとしたのであるが，どのような機械を選択するかが問題であった。当然，他の条件を無視して最先端の機械を導入すればよいというものではない。山辺は，原料としてイン

39

第 I 部　工業化と近代企業の形成

ド綿，厚地綿布用の太糸が市場の主流をなしていたこと，そして熟練労働者が少ないという日本の綿紡績業の環境に合うことからリング精紡機を選択した。これは日本紡績業の発展を決定づけたといわれるほど重大な決断であった。製品と原料に適合的な機械を選択することで技術的な困難が解決され，10,000錘紡績は成功に向けて動き出したのである。

　紡績工場の操業には多数の労働力が必要であり，工場に配置された機械を操作し原綿を糸に加工するためには秩序ある作業が必要である。山辺は打綿，紡績，絽場にそれぞれ職工と付属職工を配置し，機械10台当たり１名の主任で監督を行わせることを想定した職制を整えた。また，部分的に出来高制を取り入れた賃金システムを導入し，労働者のインセンティブを高めようとした。生産性を高めるため1883年には昼夜２交代制を導入し，若年女性労働者を中心とした紡績工の引き抜き競争が激化すると92年には寄宿舎を設置し，大規模工場を操業するための良質の労働力を安定的に確保しようとした。

　機械制紡績工場を確立した大阪紡績は，1890年になると大阪織布会社を合併した。この会社は大阪紡績の株主が設立した織布企業であったが，これを統合することで大阪紡績は兼営織布に乗り出し，綿糸とそれを原料とする綿布の２つの製造事業を行うようになった。91年になると大阪紡績は綿糸と綿布を中国や朝鮮半島市場に輸出するようになり，インド紡績糸と競争を繰り広げた。さらに1906年には金巾製織を合併し兼営織布体制を強化した。そして14年に三重紡績と合併し，東洋紡績となった。

　先にみたように，東洋紡績は1914年における鉱工業の資産規模において３位の巨大企業であった。東洋紡績は規模においても工業化に果たした役割においても日本の経済成長に大きな貢献をした企業であるが，アメリカの綿工業大企業と同じく，管理の点では統合企業ではなかった。綿糸生産と綿布生産は内部化していたものの，原綿の調達や完成した綿糸・綿布の販売は内部化せず商社や有力な問屋を通して行っていた。しかし，調達と販売を内部化していないとはいえ，原綿から製品販売に至る流れは商社を媒介して調整されていた。さらに業界団体である紡績連合会（1888年に大日本綿糸紡績同業連合会，1902年に大日本紡績連合会と改称）はインド綿花運賃の割引実施や政府・議会への関税免除の陳情などの活動を行い，日本綿糸の競争力を高めた。結果として19世紀末まで

40

第 2 章　日本の工業化と企業

輸入されていた綿糸は国産化に成功し，1890年代以降は国際市場で競争力をもつようになって輸出が開始され，日本は綿糸輸入国から綿糸輸出国へと大転換を果たした。時代は下るが，戦間期には商社による紡績企業・産地機業家と国内外の製品市場を有機的に結びつける機能がより力を発揮し，日本綿業が世界市場においてランカシャーの綿業を圧倒するようになった。

3　日本鉄道

　鉄道は，人の移動や物流の社会的基盤として近代的経済成長の初期には国内市場形成の契機となり，その建設には莫大な資本が必要であることから金融市場の形成を促した。また，鉄道の運営には多くの労働者の働きを体系的に統制する組織や手続きが欠かせないことから，近代的な管理が発達した。第 1 章でみたように，アメリカでは広大かつ複雑な路線で貨客の積み込み・積み替え，車両の連結・切り離しを効率的に行うために内部で管理的調整が行われるようになり，輸送量増大，速度アップ，そして経営効率化をめぐる幹線鉄道間の競争を通して管理組織が洗練され，最初の近代企業としての鉄道企業が形成された。

　市場が異なる日本ではどのような管理組織によって鉄道業が営まれていたのか，日本鉄道を事例として検討しよう。1906年の鉄道国有化までの初期の鉄道の経営を明らかにすることは，日本における大企業の特徴（近代企業の形成）を明らかにする上でも重要である。

1）営業網の拡大

　日本鉄道は1881年に設立された日本で最初の民間鉄道会社であり，東京―高崎，青森間を予定路線としていた。日本鉄道は現在の東北本線，常磐線，高崎線など JR 東日本の多くの路線の建設を行い，92年には全線が開通した。次第に事業規模を拡大し広大な路線網をもつようになった日本鉄道は，設立から1906年の国有化までの約四半世紀に鉄道建設と運営のための管理組織の整備に取り組んだ。

　日本鉄道の1897年の事業規模は，営業マイル数が784マイル（約1,260 km。現在の東北新幹線の東京―新青森間は713.7 km）で，鉄道システムを運営する従業員数はすでに 1 万人を超えていた。営業収入は623万円余り，経常収支は347万円

41

第Ⅰ部　工業化と近代企業の形成

と業績も良かった。国有化前年の1905年には，営業マイル数は859マイル（約1,382km）と10％程度伸長し，従業員数も1万3,000人余りに増加した。他方で営業収入は1,458万円，経常収支も818万円へと2倍以上に増えた。つまり効率的な運営が行われるようになり，労働生産性は484円から844円へと大きく上昇したのである。

2）管理組織

営業開始から国有化までの管理組織の構築は試行錯誤の過程であった。1881年（設立時）の管理組織と制度は官営鉄道のものを導入して使用していた。当初は職能別管理組織の構築が目指されたが，設立間もない頃は建築課と器械課の業務は官営鉄道に委託していた。83年に上野―熊谷間が仮開業したときには階層的な組織を作り，翌年には会計課に取調係が設置された。取調係は後に計算課（アメリカ企業ではコントローラー）となり，原価計算や会計情報による事業計画の策定を行った。85年には鉄道局に保線と運転部門の自社での管理を願い出て経営の自立化を目指したが，結局うまくいかず，運転業務を88年に鉄道局に委託し，さらに運輸部門の監督と保線部門も鉄道局に委託した。

1892年の全線開通を契機として官営鉄道へのさまざまな業務委託を解除し，体系的な管理組織の構築が目指された。運輸課幹事補であった神原伊三郎が立案した運輸課への地方管区制の導入が決定され，運輸課以外の職能部門も地域的に分権的された組織が作り出された。その後，日清戦争による急速な産業発展（企業勃興）に伴う輸送市場の拡大や，市場拡大を見越した第2次鉄道ブームが起こり，日本鉄道も1896年には土浦線，墨田川線を開業し，97年には両毛鉄道を買収して経営を拡大した。

ところが，経営規模が拡大し1898年の営業収入が伸びたにもかかわらず，経常収支は288万円余りと前年よりも低下してしまった。株主の不満を受けて経営幹部の入れ替えが行われ，同年に改革派の曾我祐準が社長となり，翌年9月までに事務系・技術系のミドル管理者層の総入れ替えが行われた。そして，曾我は1903年にアメリカの鉄道企業に倣った地方管区制を全社的に導入した。**図表2-4**は改革された日本鉄道の組織図を示しているが，曾我自身が「此の職制は米国鉄道会社の職制に準拠して拵へたものです」と言うように，1875年にペンシルバニア鉄道のジョン・エドガー・トムソンが導入した分権的管理組

42

第 2 章　日本の工業化と企業

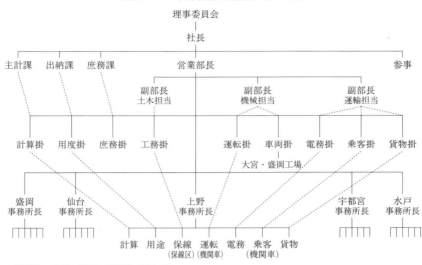

図表2-4　日本鉄道の組織図（1903年）

（出所）中村，2003，130頁，図4-7。

織と極めて似ているものであった（中村，2003，131頁）。また，曾我は長期的な経営戦略を立案する部門として参事を新設した。これは現業から独立した本社において長期的な経営戦略を策定するというトップ・マネジメントの機能を実現するための組織であり，ペンシルバニア鉄道と同様の機能が日本鉄道においても意識的に追求されたのである。日本鉄道は単にアメリカ鉄道企業から組織原理や組織図をそのまま導入したのではなく，自ら事業管理方法の改革・改善を進めていく努力の中で，外国の事例が参照され，日本の市場環境に合うように修正されて導入されたことにも注意が必要である。

　広大な路線をもつ日本鉄道は1906年の国有化の前までに分権的な管理組織を導入し事業を行ったが，他の鉄道企業は依然として集権的な職能部組織で管理されていた。というのも，中小の鉄道は分権的組織を導入するほどには営業距離が長くなかったためである。市場や技術的な条件に合わせて事業組織や労働組織がつくられていたのである。

第Ⅰ部　工業化と近代企業の形成

4 　三井物産

1 ）日本の貿易を担う総合商社

　1911年の日本の最大企業ランキングで 1 位であった三井物産は，井上馨と益田 孝によって1874年に設立された貿易商社である先収会社を起源としている。先収会社は76年に解散したが，その事業を引き継いで設立されたのが三井物産であった。三井物産の取扱製品は極めて幅広く，また多数の取引相手地域を有しており，まさしく日本を代表する総合商社であった。

　開港直後の日本の貿易は，外商（外国商館や中国商人ネットワーク）によって支配されていたため，三井物産の初期の課題は外商のもつ商権をいかに奪うかという点にあった。外商との競争を通して，日本の貿易総額に占める三井物産の取扱高は，日露戦争後に約20％にまで高まった。また，三井物産は三井財閥内の各事業の一手販売権を獲得して業容を拡大するとともに，商業上のリスクを管理する組織を形成していった。

　近代企業の成長について日米比較の観点から考察する場合，総合商社を他の製造業との関係で把握し，日本経済の成長に果たした役割や企業システムへの貢献を考えなければならない。そのような観点から注目する必要があるのは，綿紡績業とのつながりである。三井物産や内外綿といった商社は，繰綿の輸入や綿糸輸出の取扱比率を増加させていった。三井物産は鐘淵紡績と，1892年に設立された日本綿花は摂津紡績，平野紡績，尼崎紡績，天満紡績，日本紡績と密接な関係を構築した。綿紡績企業と密接な関係を築くことで，商社は紡績会社への原綿や繰綿の供給，また完成品である綿糸の販売活動を担った。

　このような紡績企業との関係は商社の事業範囲を広げた。三井物産は1892年にボンベイ出張所を設けてインド綿を買い付けて大阪紡績に納入した。インド綿の獲得は，前述のような日本の紡績業の国際競争力の強化に貢献した。また，三井物産はニューヨーク支店を通して高級糸用のアメリカ綿の買い付けも行った。

2 ）財の流れの調整者

　このような商社との関係において，紡績企業は，原料の調達部門と販売部門を専門知識と競争力をもつ商社に委託し，自らはもっぱら生産部門を担当し生産性の向上にエネルギーを費やした。チャンドラーのいう近代企業のように調

44

第 2 章　日本の工業化と企業

達―製造―販売という一連の財の流れを内部化し管理的に調整するのではな
く，日本では一連の財の流れを，競争力のある商社との関係を構築することに
よって調整したのである。もっとも，競争相手の多い国際的な繊維関連市場で
は，巨大企業といえども管理的調整によって得られる優位性をもって原綿価格
や綿糸価格をコントロールすることに限界があったことが，アメリカと同様に
日本でも繊維産業において統合企業が形成されなかった理由であろう。

　総合商社の展開をもう少しみておこう。第 1 次世界大戦は日本の輸出を刺激
し輸出額が増大したが，これをきっかけとして1910年代後半から20年代にかけ
て商社の設立ブームが起こった。財閥系企業も商事分野に進出し，1917年に古
河商事（古河財閥），浅野物産（浅野財閥），久原商事（久原財閥），そして三菱商
事が設立された。三菱商事は，財閥内の鉱業生産物の販売を行っていた部門を
分社化することで設立された。また，鈴木商店は積極的な経営で事業を拡大
し，1918年段階で三井物産を抜いて最大の総合商社となった。

　しかし，1920年の戦後恐慌が日本を襲うと商社ブームはあっけなく終焉を迎
え，多くの商社が破綻した。古河商事は大連での豆粕取引に失敗して破綻した
（損失額約2,600万円）。また，久原商事（同84万円），浅野物産（同700万円），茂木
商店（約7,000万円）も破綻あるいは改組された。1927年になると一時は最大の
総合商社であった鈴木商店が破綻した。

Check Points！

①アメリカと比較すると約半分の市場規模しかない日本経済は，貿易依存度を高めてグ
　ローバルな財の流れの中に身を置くようになった。

②明治・大正期の日本で大規模化し経済成長を牽引した企業は，金融を除けば，総合商
　社，鉱業，鉄道，そして綿工業であった。しかし，チャンドラーが指摘したような内
　部化・統合化された近代企業ではなかった。

③内部化された統合企業は形成されなかったが，貿易を担う総合商社と結びつくことに
　よって，紡績企業は財の流れの調整に基づく優位性を得ようとした。

④広大な営業エリアをもつ鉄道企業（日本鉄道）では，アメリカ（ペンシルバニア鉄
　道）と同様の，分権化された階層組織が導入・形成された。

参考文献

Chandler, Jr., Alfred D.（1977）*The Visible Hand: The Managerial Revolution in*

第Ⅰ部　工業化と近代企業の形成

American Business, The Belknap Press.（鳥羽欽一郎・小林袈裟治［訳］『経営者の時代——アメリカ産業における近代企業の成立』上・下，東洋経済新報社，1979年）

Jones, Geoffrey（2005）*Multinationals and Global Capitalism: from the Nineteenth to the Twenty First Century,* Oxford.（安室憲一・梅野巨利［訳］『国際経営講義——多国籍企業とグローバル資本主義』有斐閣，2007年）

安部悦生・壽永欣三郎・山口一臣・宇田理・髙橋清美・宮田憲一（2020）『ケースブック　アメリカ経営史（新版）』有斐閣。

阿部武司（2022）『日本綿業史——徳川期から日中開戦まで』名古屋大学出版会。

阿部武司・中村尚史［編著］（2010）『産業革命と企業経営　1882〜1914』（講座・日本経営史2）ミネルヴァ書房。

安藤良雄［編］（1979）『近代日本経済史要覧（第2版）』東京大学出版会。

石井寛治・原朗・武田晴人［編］（2000）『日本経済史2　産業革命期』東京大学出版会。

宇田川勝・中村青志［編］（1999）『マテリアル日本経営史——江戸期から現在まで』有斐閣。

加藤健太・大石直樹（2013）『ケースに学ぶ日本の企業——ビジネス・ヒストリーへの招待』有斐閣。

経営史学会［編］（2004）『日本経営史の基礎知識』有斐閣。

特許庁（1984）『工業所有権制度百年史（上巻）』発明協会。

中岡哲郎（2006）『日本近代技術の形成——〈伝統〉と〈近代〉のダイナミクス』朝日新聞社。

中村尚史（2003）「明治期鉄道企業における経営組織の展開——日本鉄道株式会社を中心として」（野田正穂・老川慶喜［編］『日本鉄道史の研究——政策・金融／経営・地域社会』八朔社）。

西川俊作・阿部武司［編］（1990）『産業化の時代（上）』（日本経済史4）岩波書店。

深尾京司・中村尚史・中林真幸［編］（2017）『近代1——19世紀後半から第一次世界大戦前（1913）』（岩波講座・日本経済の歴史第3巻）岩波書店。

深尾京司・中村尚史・中林真幸［編］（2017）『近代2——第一次世界大戦期から日中戦争前（1914-1936）』（岩波講座・日本経済の歴史第4巻）岩波書店。

宮本又郎・阿部武司・宇田川勝・沢井実・橘川武郎（2007）『日本経営史［新版］——江戸時代から21世紀へ』有斐閣。

宮本又郎・岡部桂史・平野恭平［編著］（2014）『1からの経営史』碩学舎。

第**3**章

「アメリカの世紀」の始まり

　第1次世界大戦終結から大恐慌に至る1920年代のアメリカでは，自動車や家電など高価な耐久消費財（複雑な組立製品）が普及し，消費者資本主義が形成された。拡大する国内市場に対して，大企業は多様な新製品を大量に効率よく生産・流通・販売できるように組織を整えた。そのような管理組織を整備した統合企業が，この時代には成長したのである。本章では，20世紀大企業のドミナント・スタイルとなったフォードの流れ作業方式やデュポンや GM の事業部制，および大企業の成長を促進した諸制度を理解する。

　また，アメリカ市場で技術と管理能力を培った大企業は，その優位性を用いて多国籍化した。資源の安定的な確保を目指し後方統合のために進出する企業や，現地で生産・販売を行う企業（前方統合）があり，さらに100%所有子会社を設立して進出する企業もあれば，特許保有を通して技術製品を国際的に展開する企業もあった。

キーワード：多角化　事業部制　研究開発　消費者資本主義　海外直接投資

1　消費者資本主義と耐久消費財の普及

[1]　1920年代の経済成長

　第1次世界大戦期から大恐慌までのアメリカは，1921・22年の戦後恐慌期を除き，消費支出の拡大と安定的な国内投資により経済成長を実現した。大企業の経営と密接に関連するアメリカ市場の量・質両側面における変化をまず確認しよう。

1）国内市場の成長

　第1次グローバル経済は世界大戦の勃発を契機として後退局面に入り，国境を越えるヒト・モノ・カネの流れに対する規制が徐々に強まった。1921年には

47

第Ⅰ部　工業化と近代企業の形成

移民規制が始まるが，アメリカの人口は拡大し続けた。15年に約1億人であった人口は20年に約1億600万人，25年に約1億1,500万人，30年には約1億2,300万人にまで拡大した。物価の安定と完全雇用に近い低失業率と賃金上昇は，人口増加と相俟ってアメリカの購買力を高め，企業は肥沃な国内市場に依拠して成長することができた。

　1920年代には，国内市場の規模が大きくなっただけではなく，都市化により市場の質も変化した。都市人口の割合は，1880年には28.2%であったが（19世紀のアメリカ人の多くは農村部に住んでいた），1920年には51.2%，30年には56.2%にまで上昇し，アメリカ人の半数以上が都市部に居住するようになった。さらに，都市に住むようになったアメリカ人の消費も変化した。それは耐久消費財の普及と電化に現れている。自動車（自家用車）の普及率は1920年には26%であったが，35年には55%にまで高まった。都市部においてマイホームを保有する人の割合は10年には38%であったが，20年には41%，30年には46%にまで高まった。住宅建設は，建材や建設サービスだけではなく，自家用車や電化製品をはじめとする耐久消費財の消費を促した。

　1920年代には都市部を中心に電化が急速に進んだ。1910年に10%に満たなかった電灯普及率は，20年には都市部で47%，全米で35%（農村部は2%）にまで上昇し，30年には都市部で85%，全米で68%となった。電化された都市部では電灯のみならず電化製品の普及が進み，さらにラジオの普及は大量生産・大量消費を支える新しい広告メディアを提供した。企業はさまざまなメディアを通して新しい商品やサービスの購入による生活の快適さと便利さをアピールした。また，割賦販売制度も普及して消費を後押しした。消費すること自体が楽しみとなることで経済成長が促進される消費者資本主義は，大量生産と大量販売を統合した大企業にも当然，プラスの影響を与えるものであった。

　2）生産の拡大

　民間所得は，1915年に約290億ドルであったものが20年には約610億ドルへと成長し，戦後恐慌で21・22年には低下するものの，それ以降は安定的な成長をみせて30年には約620億ドルに達した。産業別にみると，民間所得の成長を牽引したのは製造業と建設業であり，製造業は1915年の約64億ドルから20年の約170億ドル，29年の約180億ドル（30年には約160億ドルに減少）へと成長し，建設

業は15年の約10億ドルから20年の約22億ドル，29年の約32億ドル（30年には約29億ドルに減少）と成長した。製造業では自動車産業と自動車関連産業が成長の中心であり，鉄鋼業でも革新的な技術を採用することで26年以降生産性が上昇し，高品質な鋼板を自動車産業に供給した。

製造業が成長する中で，従業員に占める非生産従業員（ホワイトカラー）の割合が増加した。ホワイトカラーの割合は電機産業では21.0％，化学産業では24.4％に達した。繊維産業におけるホワイトカラーの割合が5.4％と低かったことと比べると，電機や化学といった第2次産業革命の中心となる新産業において階層的な管理組織が形成されて事業が行われるようになったこと，また，次項で述べるように現業から相対的に独立して研究開発に従事するエンジニアや科学者が増加したことを示している。1920年代に出現したこのようなホワイトカラーの所得は相対的に高く，都市中間層として消費者資本主義の重要な構成要素となった。

２ 研究開発の内部化

消費者資本主義の拡大と自動車，電気機械，化学という第2次産業革命の中心をなす産業の成長の基礎には，企業による研究開発投資の拡大と自社内部における研究開発の組織化があった。

19世紀の科学研究の多くはイギリスやドイツで行われていたが，科学研究に裏付けられた先進的な技術を大規模に工業化したのはアメリカとドイツであった。アメリカでは，1900年にGEが中央研究所を設置して，産業における科学研究所の先駆けとなった。03年にはデュポン（第2節参照）が現業部門から独立した中央研究所を設置し，22年には133人，29年には572人，40年には1,350人の研究専門職（化学者と管理者）を擁するまでに成長した。07年にはAT&T（American Telephone & Telegraph）が研究所を設置し，25年にベル研究所となった。これらアメリカ大企業の内部に設置された研究所の水準は高く，何人もの科学者・エンジニアがノーベル賞を受賞するほどであった。19年からの20年間に，アメリカ製造企業の内部に新たに1,150の研究所が設立され，33年には約1万1,000人，40年には約2万8,000人の研究者が雇用されていた。

組織的な研究開発の拡大は，特許件数にも表れている。前出の図表1-1は

第 I 部　工業化と近代企業の形成

1851年から1940年までの90年間における特許登録件数の推移を示している。外国人権利者によるものも徐々に増加するが，内国人（アメリカ人企業家や企業など）による特許取得の傾向をみると，第 1 次世界大戦から1920年代にかけては，増減はあるもののそれ以前の時代と比較しても異次元の研究開発活動が行われるようになったことがわかる。1920年の登録件数（内国人）は約3,400件であったが，29年には約 3 万9,000件に伸長した（特許は出願から登録まで数年間の審査があるので，32年の約 4 万6,000件が大恐慌前の最も活発な発明活動を示す数字であろう）。

　もちろんすべての研究開発が大企業の内部で行われていたわけではない。しかし，技術を含む経営資源を市場から調達するよりも組織内部において準備する（内部取引する）方が合理的な場合，企業は研究開発や原材料調達，製造・加工，マーケティングや流通・販売，関連サービスを内部化する。内部化の優位性は，企業内部においてモノや情報の流れを管理的に調整することによって実現するコスト優位性だけではなく，市場におけるシェアが大きい場合は技術や品質あるいは価格をコントロールしやすく，超過利潤を獲得できることである。1920年代のアメリカにおいては自動車，電機，化学，鉄鋼，石油，非鉄金属，セメント，タバコといった寡占的な産業において，少数の管理された統合企業が成長した。なかでも電機産業や化学産業においては，企業は研究開発から流通・販売までのプロセスを内部化して，新製品を次々と市場に供給したのである。他方，綿工業や家具製造業など競争的な産業では，統合企業の成長はほとんどみられなかった。

2　企業経営の革新

1　流れ作業による大量生産：フォード

1 ）自動車大国アメリカの始まり

　第 1 次世界大戦から大恐慌までのアメリカ経済の成長を支えた産業の 1 つは，自動車産業であった。自動車生産は第 1 次世界大戦から1929年まで拡大し続け，工場出荷台数は15年の年間約90万台から20年の約190万台へ，そして29年には約446万台にまで拡大した。乗用車の登録台数も15年の約230万台から20

50

年の約810万台，そして29年の約2,310万台へと大きく伸長した。

　数万点に上る部品の組立を必要とする自動車の大量生産を世界で初めて実現し，自動車産業だけではなく大量生産を行う他産業に影響を与えたのは，ヘンリー・フォードであった。フォードは大衆車という新しいセグメントにねらいを定め，互換性部品生産方式と移動組立方式を組み合わせて自動車の大量生産を実現した。フォードが自動車生産において革新的な生産方法を実現したことは注目すべきことであるが，同時にフォードをはじめとしてアメリカ自動車産業企業は部品生産の大部分を内部化していること，広大な国内市場で大衆車を販売するためにデトロイトの工場と地方の分工場をつなぎ，部品の調達から製造・販売までの一貫的な管理を行ったことにも注意が必要である。

2）T型フォードの大量生産

①フォードの設立

　機械エンジニアであったH・フォードはいくつかの自動車企業を起業したが（第1章参照），自動車の大量生産方式を確立し今日のフォードにつながるのは1903年に設立されたフォード（Ford Motor Company）である。フォードの社長は資金を提供した銀行家ジョン・グレイで，H・フォードは副社長として自動車の開発と生産を進めた。

　フォードは1903年に850ドルのA型を発売し，以降も新しいタイプの自動車を開発し発売していった。しかし，高級車の開発を重視する株主の1人であるマルコムソンと大衆車の開発を目指すH・フォードとの間で方針をめぐる対立が起こり，フォードはマルコムソンの保有する株式を買い取り自ら社長となった。フォードは大衆車であるN型（500ドル）の開発に資源を集中し，1907年にはN型車の量産を行うべくピケット・アベニュー工場に新たな設備を入れた。N型車の生産にあたっては，エンジニアであるW・E・フランダースとC・E・ソレンセンを雇用し，互換性部品生産方式が導入された。部品加工のための専用工作機械が開発され，工程レイアウトも変更された。

②大量生産方式

　N型車の売上は好調であったが，H・フォードはN型よりも大型で馬力があり，より軽量で安価なT型の導入を考え始めた。T型車の開発は1907年に開始され，翌年10月に第1号車が完成した。試作車が生産された段階から大量

第Ⅰ部　工業化と近代企業の形成

の注文が入ったＴ型車は，27年に生産が中止されるまでの18年間に約1,500万台が生産された。人類がこれまで経験したことのない自動車の大量生産を実現するため，フォードは09年にＴ型車のみ（しかも黒色のみ）に生産を集中すると発表し，単一車種の大量生産の実現に足を踏み出した。

　Ｔ型車製造を行うにはピケット・アベニュー工場は手狭であったので，フォードは1908年にハイランドパーク工場の建設に着手した。10年には鋳造工場を建設し，ピケット・アベニュー工場から機械設備を移転して操業を開始した。さらに買収した工場からプレス加工設備を移動し，12～13年には熱処理工場を建設した。こうして，１つの工場の中に鋳造→機械加工→部品組立→最終組立という自動車の一貫生産体制を構築した。そして13年から移動式組立方式の導入を開始した。ベルトコンベヤーによって工程間を連結して生産性を高めることに挑戦し始めたのである。

　ベルトコンベヤーの導入目的は，部品搬送の時間的ロスを少なくすること，さらに，部品製造の専用工作機械を作業順に配置しベルトコンベヤーで連結することで各作業，各工程，そして各工場間を同期化し，生産性を高めることであった。シャーシ（ボディを除く車体で自走可能なもの）１台当たりの組立時間は，静止組立法のときは12時間28分かかっていたが，初歩的な移動組立方式が導入されると５時間50分に縮まり，1914年初めには１時間33分のベストタイムを達成した。移動式組立法は，まさに自動車生産に革新をもたらしたのである。

　③労務管理

　移動組立方式による生産性の上昇は単に作業工程におけるイノベーションのみによってもたらされたのではない。フォードは「高賃金・低労務費」の考え方から，移動組立方式の導入とほぼ同時期に労務時間を１日９時間から８時間に短縮するとともに，平均賃金を１日2.5ドルから５ドルに引き上げた。後者は単に日給を倍にしたのではなく，５ドルはあくまで標準でインセンティブ（利益分配資格制度）を含んでいた。1914年から始まるフォードの革新的な労務政策も，Ｔ型車の生産性向上に寄与した。

　３）管理組織

　ハイランドパーク工場は素材の流れが管理的に統合された生産システムで

図表3-1　フォードの組織図（1914年）

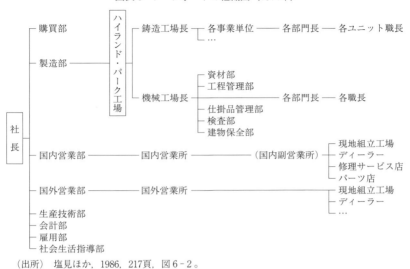

（出所）塩見ほか，1986，217頁，図6-2。

あったが，フォード全体をみた場合も統合された組織になっていた。フォードは部品の多くを内部化しており，さらに鉄鉱山を買収し，鉄鋼工場を建設するなど後方統合を進めた。また，自動車の流通・販売も生産体制と統合されていた。フォードは，デトロイト近郊の専門工場で部品を生産し，全米の組立工場でそれらの部品を自動車に仕上げる分散組立工場方式を構築した。完成品である自動車を輸送するよりも部品の状態で輸送することでコストを節約するとともに，全米に分散するディーラーに補修部品を供給することが可能となり，フォード車ディーラーの競争力を高めた。

このようにフォードは原材料の調達から製造，販売までのプロセスを内部に統合しており，それを集権的な職能部制組織によって管理していた（図表3-1）。移動組立方式を中心としてモノや情報の流れを管理的に調整したことが，フォードの競争優位につながったといえる。

第Ⅰ部　工業化と近代企業の形成

2 多角化と事業部制組織：デュポンと GM

1）デュポン

消費を楽しむ消費者資本主義が成立するためには，継続的に新製品が市場に供給されることが条件となる。企業は１つの製品にこだわることなく，新技術やアイデアを用いて新たな製品を開発し，それぞれの市場で競争優位を維持しなくてはならない。さらに，複数の製品事業を効率的に管理し，企業の成長に結びつけなければならない。デュポン（The Eluethère Irénée du Pont de Nemours & Co.）は1920年代に製品を多角化し，試行錯誤の末に多角的な事業を管理するための組織を生み出した。

①統合化と職能部制組織

デュポンは1802年にフランス革命を逃れてきたエルテール・イレネー・デュポンによって設立され，デラウェア州ウィルミントンのブランディワイン川沿いで黒色火薬の生産を行っていた。1902年にワンマン経営を行っていたユージン・デュポンが死去したことをきっかけに新会社が設立され，社長の T・コールマン・デュポン，製造担当ゼネラル・マネジャーのアルフレッド・I・デュポン，そして財務部長のピエール・S・デュポンによる経営が始まった。

新会社は，分散しているデュポンの資産を統合するとともに M&A を通して火薬事業の規模を拡大した。新会社設立から1907年までに108社を買収し，黒色火薬21工場，無煙火薬２工場，ダイナマイト８工場を保有し，全米火薬生産量の約３分の２を生産する大規模企業となった。

新会社は火薬事業の集中を進めると同時に，大規模な事業を管理するため1903年に集権的職能部制組織を構築した（**図表３‐２**）。この管理組織では，製造部門が統合されてゼネラル・マネジャー（アルフレッド・デュポン）が工場の作業の調整・評価・計画策定を行っていた。製造部門に加え，職能別に販売部門（セールス），開発部門，財務部門が設置されており，それを社長が一手に管理する組織であった。

②多角化戦略と事業部制組織の導入

火薬産業におけるデュポンのシェアの高さは，反トラスト法との緊張関係を高めずにはおかなかった。1912年に最高裁判所はデュポンの火薬事業の分割を命令し，デュポン，ハーキュリーズ，アトラスの３社に分割された。デュポン

第 3 章 「アメリカの世紀」の始まり

図表3-2 デュポンの管理組織（1911年前後）

（出所）チャンドラー（邦訳），2004，79頁，図2より筆者作成。

は火薬のみで事業を拡大することができなくなり，多角化の検討を始めた。しかし，1914年に第1次世界大戦が勃発すると軍用無煙火薬の注文増大に対応して設備投資が行われ，多角化の動きはいったん止まった。だが戦争は永久に続くものではなく，大戦終結による設備余剰の問題は早くから認識され，戦争中から社内では戦後に軍用火薬工場を転用して染料とこれに関係した有機化合物，植物油，塗料とワニス，水溶性の化学物質，セルロースと綿花の精製に進出することが検討された。デュポン社は1918年から多角化を推進し，M&Aを通じて新規分野に進出して総合化学会社を目指した。

しかし，多角的な経営を始めると主要事業で赤字や業績不振に見舞われた。特に有望とみられていた塗料とワニス事業では，同業他社は業績が良く黒字経営を行っているにもかかわらず，デュポンだけが不振であった。同社は小委員会を組織して業績不振の原因の調査を行った。1920年3月に提出された同委員会の報告書によると，業績不振の根本的な問題は組織にあり，製造方法や市場の異なる複数製品を1人の製造担当ゼネラル・マネージャーやセールスの責任者が担当することで混乱が起きコストが高くなっていること，各職能部門を集権的に統括する社長が十分な時間を経営方針の策定に割けないことなどが指摘された。そして報告書は，製品を基礎にした組織への変更を勧告した。

小委員会の報告書に基づき，デュポンは1921年9月に組織変更を行い，分権的事業部制組織を導入した（図表3-3）。各製品の製造や販売といった現業について自立単位である各事業部が責任をもつようにし，集権的職能部制組織では社長が専一的に担っていた現業に関する意思決定（戦術的意思決定）が各事業部長に移譲された（分権制）。他方，企業全体の成長のための経営資源の配分に

55

第Ⅰ部　工業化と近代企業の形成

図表3-3　デュポンの事業部制組織（1921年）

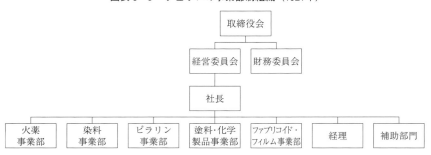

（出所）　チャンドラー（邦訳），2004，132-133頁，図5より筆者作成。

関わる意思決定（戦略的意思決定）は，現業に関する意思決定から解放された社長が集中的に担うようにした。社長は各事業部をROIなどの財務指標によって総括し，それら財務指標に基づき戦略的意思決定を行うようになった。

2）GM

GM（General Motors Corporation）もまた，1920年代に分権的事業部制組織を導入し，アメリカのみならず世界の自動車市場においてトップに鎮座し続ける強大な企業となった。

①デュラントの大量生産構想

GMはセールスマンであったW・C・デュラントが，1904年に破産したビュイック・モーターを買収して自動車生産に乗り出したことに始まる。デュラントは自動車産業がまだよちよち歩きの時代に市場の急速な拡大を予測し，自動車の大量生産のために既存の製造・販売企業を次々と買収し巨大化した。1908年にはゼネラル・モーター・カンパニー（持株会社）をニュージャージー州に設立し買収した企業を傘下に置いたが，組織は雑然たる寄り合い世帯であった。したがって，10年に需要減退に見舞われると経営が困難となり，デュラントは会社の経営権を銀行団に引き渡すことになった。

しかし，デュラントは自動車事業の夢を諦めなかった。1915年9月に持株会社シボレーを設立し，ピエール・S・デュポンの支援を受けて会社の奪還に動いた。シボレーはゼネラル・モーター・カンパニーの普通株の大半を入手し，同年11月にはデュポンが取締役会会長に選任された。16年になるとデュラント

56

が社長に復帰し，翌年には GM に改組した。新生 GM は自動車市場の拡大に伴って成長したが，1920・21年の厳しい戦後恐慌で業績が悪化し株価が低迷した。デュラントは個人資産を使って GM 株を買い支えるも失敗し，破産してついに GM を去った。デュポンはデュラントの保有していた全持株を引き取った。

②事業部制の導入とフルライン・ポリシー

1920年の GM の経営危機の原因は，組織全体が統制されないまま18年から20年にかけて事業拡張を行ったことであった。経済恐慌という厳しい環境の下で生産の管理もコストの統制もできず，業績が低迷したのである。GM はまず経営執行委員会を改組し，ピエール・S・デュポンを社長とし，経営担当副社長としてアルフレッド・P・スローンを充てた。スローンは GM に分権的事業部制組織を導入する改革案を作成し，デュポンの承認の下21年から組織改革を実施した。組織改革では，総合本社を設置し，現業から離れて全社的な成長戦略の策定（戦略的意思決定）を行うようにした。そして各事業部を利益責任単位として現業に責任をもたせ（戦術的意思決定），本社と事業部との間の権限関係を明確にした。

1923年に GM 社長となったスローンは，質的・量的な変化を遂げた自動車市場において積極的な経営を行った。1920年代のアメリカ自動車市場では，ファーストカー需要（初めて自動車を購入する人々の需要）ではなく，買い替え需要が増加した。フォードが20年代になっても T 型車にこだわり続けたのに対して，GM はいくつもの革新的な取り組みを行い，この新しい需要をつかもうとした。

GM は，分権的事業部制という市場の異なる複数の事業の管理に適合的な組織を基礎として，フルライン・ポリシーを実現した。フルライン・ポリシーとは「どんな財布にも，どんな目的にも適った」自動車を揃えることであり，重複している価格帯のブランドを整理するとともに，空白価格帯には新たなブランドを導入した。たとえばシボレー（510ドル）とオールズ（750ドル）の間にはポンティアック（700ドル）を，ビュイック（1,395ドル）とキャディラック（2,985ドル）の間にはラ・サール（2,000ドル）を作り，各事業部がこれらのブランドを運営した。さらに GM 販売金会社（GMAC）を設立し，消費者の買い替えを

第Ⅰ部　工業化と近代企業の形成

後押しした。下取り制度の導入も，同じく買い替え需要の敷居を低くするものであった。デラックス感のある大衆車（シボレー・ブランド）の販売や，アニュアル・モデルチェンジ（毎年デザインを変更して既存の車を時代遅れにし，買い替えを促す方法）の導入は，自動車においても消費を楽しむ需要を喚起した。GMは複数ブランドの自動車を事業部制に基づき展開して，「よりよい車」への乗り換えという需要を顕在化させたのである。

3 ウェルフェア・キャピタリズム：GE

1）多角化と経営組織

消費者資本主義は，企業の多角化戦略とそれを支える管理組織の構築だけではなく，労務管理政策を通して労働者＝消費者の所得が拡大し，市場を需要の側面から支えることによっても実現された。1920年代にはウェルフェア・キャピタリズムと呼ばれた新たな労務政策を実践する大企業もあった。

電球と発電機，変圧器，電動機，制御機器，市外電車など重電の製造販売事業を中心に事業を行っていたGEは，消費者資本主義の展開と軌を一にして電気冷蔵庫，真空掃除機，電気アイロン，電気洗濯機など家庭用電気機器事業へと多角化を進めた。また，新たに出現した無線通信産業では，真空管やラジオ受信機の製造にも進出し，子会社のRCA（Radio Corporation of America）を通して受信機の販売とラジオ放送事業も行った。GEの経営は1920年代に拡大し，19年に約2億3,000万ドルであった売上高は29年には約4億2,000万ドルとなった。また，経営の効率性を示す指標の1つである売上高純利益率（ROS）も同期間に10.9％から16.2％にまで伸びた。

拡大する売上高と増加する製品系列事業を1つの企業の中で統合的に管理するためにはどのような組織が必要かという課題は，GEでも同様に取り組まれた。しかしGEでは，デュポンやGMのように分権的事業部制を全社的に導入するのではなく，自律的な事業部や子会社を製品ラインの拡大に合わせて設置することで問題を解決していった。自律的事業部は1910年には1事業部のみであったが，20年には3事業部，最も多い30年には5事業部を数えた。子会社の展開をみると，18年にはGE本体の電熱器事業と買収したホットポイント・エレクトリック，ニューズ電熱を合併してエジソン家庭電気機器（子会社）を設

第 3 章 「アメリカの世紀」の始まり

立し事業を管理した。翌年にはフランツ・プレミアの電気掃除機事業を買収して電気掃除機を設立した。また，同年にはアメリカの無線通信事業を独占していたイギリス・マルコーニを政府の後押しによって買収して RCA を設立しラジオ事業を開始した。1929年になると GE，ウェスチングハウス・エレクトリック，RCA の 3 社で NBC を設立し，放送ネットワーク事業を大規模に行うようになった。

2）温情主義的労使関係

電球，電力システム，市街電車といった B to B（企業間）ビジネス向け製品から家庭用電化製品やラジオ受信機といった B to C（消費者向け）ビジネス向け製品の大量生産と大量販売という新しい事業領域で経営を主導したのは，社長ジェラルド・スウォープと会長オーウェン・D・ヤングであった。1920年代のアメリカに出現した消費者資本主義の中で，特にヤングは「経営者は，もはや企業所有者の利害代表者ではなく，株主，従業員，顧客，一般大衆の利害に奉仕する，一種の受託者である」（小林，1970，141頁）という新しい経営理念を掲げて経営を行った。

労務管理においても，ウェルフェア・キャピタリズムといわれる新しい考え方から施策を行った。GE は従業員の福利厚生を目的とした失業保険，社内預金，有給休暇，住宅および厚生資金の貸付制度を創設した。後の労働組合協約による労使関係ではなく，温情主義的な特徴をもつ労使関係の構築を目指したのである。また，提案制度，労働者代表参加制度，従業員持株制度（利益の分配）も創設し，従業員の主体的な経営参加を促した。さらに社内教育訓練制度は労働力の質を高めるとともに労働者のインセンティブを高めることを目的としていた。

GE という個別企業の事例ではあるが，国内市場が拡大する中で，企業と労働者の双方が温情主義的な労務管理を受け入れ，結果として労働者＝消費者の所得が増加してさらに消費者資本主義を拡大させるという相互前提関係が存在したのである。

59

第Ⅰ部　工業化と近代企業の形成

3　海外直接投資の始まり

1　債務国から債権国へ

　大規模化・多角化した統合企業の成長は，アメリカの国際経済関係における地位の変化とも関連していた。アメリカは第1次世界大戦までは外国から資本を輸入する債務国であったが（1914年の対外債務は22億ドル），大戦勃発をきっかけにイギリスがアメリカから資金を引き揚げると同時にアメリカから連合国に対する投融資（主に借款）が増加し，債権国となった（19年の対外債権は64億ドル）。同時に，アメリカは連合国への投融資に裏付けられた物資供給の拡大で貿易黒字を拡大させた。

　1920年代においても同様の傾向が継続した。貿易においては，アメリカは工業製品を輸出して工業原料や食品を輸入する先進国型の貿易構造を定着させた。工業製品の中でも自動車やその部品，機械の輸出が急増したことは，アメリカ自動車産業の興隆とグローバル市場での競争優位を示している。民間の海外投資も拡大し，1919年の約7億ドルから24年の約10億ドル，30年の約17.2億ドルに至った。海外投資のうち，外国に拠点を設けて長期的な事業活動を行うための海外直接投資も，同じ時期に約3.9億ドルから約5.4億ドル，そして約8億ドルへと拡大した。

2　海外直接投資と多国籍化

　1920年代には第1次グローバル経済の後退がみられたが，海外直接投資の増加に示されるように，アメリカの巨大な統合企業は国境を越えて事業と組織を広げていった。スタンダード・オイル・オブ・ニュージャージーは南米ベネズエラとコロンビアに投資し油田開発を行い，アナコンダ，ケネコットはチリで銅山開発を行った。また，ゴム・タイヤ分野ではファイヤストン，グッドイヤー，USラバーがマラヤ，スマトラ，フィリピンにおいてゴム農園経営に乗り出した。これらの企業は，川上方向の垂直統合戦略（後方統合）を行う中で国際展開していったのである。

　他方，ITT（International Telephone & Telegram）は中米のプエルトリコや

60

第3章 「アメリカの世紀」の始まり

キューバに進出して現地で通信サービス事業を展開し，フォードはカナダやイギリスなどに自動車の組立子会社を設立し，組み立てた自動車を現地市場で販売した。フォードは1925年に，GMは27年に日本に直接投資を行い，それぞれ横浜と大阪に自動車のノックダウン生産工場を建設して事業を行った。ITTやフォード，GMは，国境を越えて川下方向の垂直統合戦略（前方統合）を実行する中で多国籍企業化していったといえる。

しかし，フォードやGMのように現地に100％所有子会社を設立するのではなく，異なる方式で国際的に事業を拡げた企業もあった。GEは，途上国には100％子会社を設立してアメリカで製造した電気機械を販売していたが，工業国においてはその国の主導的な電機企業に資本参加し，製造事業に参画した。GEは主要電機企業との間で協定を締結し，技術と特許を交換してそれぞれに割り当てられた市場で技術を製品化・事業化して利益を得ていた。中央研究所を有するGEは，諸外国の提携企業に対する技術的優位性に基づき技術移転を管理する一方で，提携企業側も市場が限定されているとはいえ（市場が確保されているとも理解できる），GEから競争力のある最新技術を独占的に入手することで各市場で有利な競争を進め高い利益を得ることができた。

Check Points！

①都市化の進展や耐久消費財の普及を中心とする1920年代におけるアメリカ国内市場の拡大は，アメリカ大企業の成長を促した。

②大量生産・大量流通に加え，製品の多角化による利益を実現するために流れ作業方式や事業部制組織が生み出された。フォードに代表される生産方式やデュポンやGMによる事業部制組織は20世紀型大企業のドミナント・スタイルとなった。

③生産方式，管理組織，技術において競争優位をもつようになった大企業は，海外直接投資や技術移転を通して多国籍化を進めた。

参考文献

Chandler, Jr. Alfred D. (1962) *Strategy and Structure: Chapters in the History of the Industrial Enterprise,* The MIT Press. (有賀裕子 [訳]『組織は戦略に従う』ダイヤモンド社，2004年)

Hounshell, David A. and John Kenly Smith, Jr. (1988) *Science and Corporate Strategy: Du Pont R&D, 1902-1980,* Cambridge University Press.

Rosenbloom, Richard S. and William J. Spencer (1996) *Engines of Innovation: U. S.*

第Ⅰ部　工業化と近代企業の形成

industrial Research at the End of an Era, Harvard Business School Press.（西村
　吉雄［訳］『中央研究所の時代の終焉——研究開発の未来』日経 BP 社，1998年）

Sloan, Jr., Alfred P.（1963）*My Years with General Motors,* Doubleday & Company.
　（田中融二・狩野貞子・石川博友［訳］『GM とともに——世界最大企業の経営哲学
　と成長戦略』ダイヤモンド社，1967年）

秋元英一（1995）『アメリカ経済の歴史　1492-1993』東京大学出版会。

安部悦生・壽永欣三郎・山口一臣・宇田理・高橋清美・宮田憲一（2020）『ケースブッ
　ク　アメリカ経営史［新版］』有斐閣。

井上昭一（1982）『GM の研究——アメリカ自動車経営史』ミネルヴァ書房。

小澤勝之（1986）『デュポン経営史』日本評論社。

楠井敏朗（1997）『アメリカ資本主義の発展構造・Ⅱ——法人資本主義の成立・展開・
　変質』日本経済評論社。

小林袈裟治（1970）『GE』（世界企業 4 ）東洋経済新報社。

坂本和一（1997）『新版　GE の組織革新——21世紀型組織への挑戦』法律文化社。

塩見治人・溝田誠吾・谷口明丈・宮崎信二（1986）『アメリカ・ビッグビジネス成立史
　——産業的フロンティアの消滅と寡占体制』東洋経済新報社。

谷口明丈［編］（2023）『総合電機企業の形成と解体——「戦略と組織」の神話，「選択
　と集中の罠」』有斐閣。

西村成弘（2016）『国際特許管理の日本的展開—— GE と東芝との提携による生成と発
　展』有斐閣。

和田一夫（2009）『ものづくりの寓話——フォードからトヨタへ』名古屋大学出版会。

第4章

国際関係の中の第2次産業革命

　　両大戦間期（第1次世界大戦終結から日中戦争勃発まで）の日本における大企業の成長とその特徴をみる。その際，日本の企業はどのような市場にどのような製品を供給していたか，大量生産と大量流通がどのような管理組織によって統合されていたかという視点からの叙述を試みる。アメリカほど生産や流通（市場）が大規模でない日本では，どのような産業において，どのような組織によって生産と流通の統合のメリットが実現されていたのであろうか。

　　この時代，企業規模（従業員数）でみると鉄鋼企業や鉱山企業が成長した。しかし，近代的な経営管理の進展を考える場合，いわゆる第2次産業革命の中軸分野である電機企業や化学企業，またブランド付き消費財を製造販売する企業に着目すべきであろう。特に第2次世界大戦後の高度経済成長を念頭に置いた場合，両大戦間期は「プレ高度成長期」と位置づけることもできる。そのような時期に電機企業と化学企業がいかに外国から最先端の技術導入を行い，それを自社の研究開発と結びつけたかを検討することは重要な研究課題である。

キーワード：重化学工業化　統合企業　技術導入　研究開発の内部化

1　1920・30年代の日本経済

1　重化学工業化の進展

1）市場と生産の拡大

　両大戦間期に日本経済は成長した。経済成長の基礎となる人口増加をみると，1919年に約5,500万人であった日本の人口は30年には約6,470万人，40年には約7,200万人へと増加した（平均年1.2％の増加）。しかし，増加したとはいえアメリカと比較すると日本の人口はそれほど大きくはなかった。40年のアメリカの人口は約1億3,200万人であり，日本の人口規模はアメリカの56％の大き

第Ⅰ部　工業化と近代企業の形成

さであった。また，日本人の多くは農業に従事しており，農業生産から所得を
得ていた。40年の有業人口は約3,294万人であったが，そのうち農林業従事者
は約1,363万人（41.4%），製造業・建設業・公益事業の従事者は約812万人
（24.7%）であった。

　日本の経済成長を実質GDP（固定基準年方式，1934～36年平均価格）の伸びか
らみると，1919年に約1,290億円であったものが29年には約1,687億円となり，
さらに40年には約2,535億円にまで増加した。GDPの伸びは19年から29年まで
が30.8%の増加（年率3.4%）であったのに対して29年から40年までは50.3%の
増加（年率3.9%）であり，30年代の成長率がより高かった。このような高い成
長率は，鉱工業の伸びによって牽引された。鉱工業が国民生産に占める割合
は，19年の19.2%から29年には24.2%に，そして40年の34.7%にまで高まっ
た。

　さらに鉱工業の伸びを産業別にみると，特に1930年代に重化学工業化が進展
し日本経済の成長に貢献したことがわかる。製造業の伸びは鉱業の伸びを上
回っており，1940年における生産額は鉱業が約6億3,000万円に対して製造業
は約81億6,000万円であった。製造業の内訳をみると，最も成長が大きかった
のは機械で，40年の生産額約32億7,000万円は25年の生産額の約8倍，35年の
生産額の2.3倍であった。次に生産額が大きかったのは化学製品で，同じく40
年の生産額は約11億3,000万円と大きく，伸びも25年の4.8倍，35年からも60%
以上の成長をみせた。他方，繊維・衣類の生産額は低下した。40年の生産額は
化学製品より若干少ない約11億1,000万円であったが，35年の生産額約12億
2,000万円から10%近く減少した。1920年代には繊維・衣類産業も大きく成長
していることを考えると，20年代は繊維産業を軸とした成長が継続していた
が，30年代になると重化学工業化が一挙に進み，経済成長の主軸が入れ替わっ
たことがわかる。

2）技術開発の拡大

　重化学工業化の進展はまた，研究開発の拡大と新技術の獲得を伴ったもので
あった。特許と実用新案の登録件数から1920・30年代の新技術の獲得動向をみ
ると（前出図表2-1），まず20年代（特に20年代後半）以降に発明が多く生み出
されていることがわかる。また，30年代になると20年代よりも多くの発明がな

64

され，権利化されている。

1920年代以降に日本において研究開発が進むのは，従来欧米から輸入していた機械類や化学製品が第1次世界大戦時に入ってこなくなり，それを機にさまざまな組織で独自の研究開発の取り組みが開始されたからである。

特許と実用新案の登録件数は研究開発活動の活発化を示す指標でもあるが，他方で新技術を利用して事業を行おうとする企業活動の指標でもある。したがって，1920・30年代は，研究開発活動により新技術を獲得し（海外からの技術導入については後述），それを製品化・事業化する動きが組織的に始まった時代でもあった。

2　国際経済関係

1）貿易関係の変化

両大戦間期の重化学工業化は，国内市場に閉じた現象であったのではなく，ヒト・モノ・カネ・情報の国際的な流れの中で進行した。

まずは1920・30年代の貿易関係の変化をみよう。1919年の日本本土からの輸出額は約24億円であったが，これは第1次世界大戦により輸出が増加したことの余波である。大戦が終結すると輸出は減少し，21年には15億円余りとなる。平均すると20年代の輸出額は21億円程度であった。30年代初めは世界恐慌の影響もあり輸出が急減し31年には約15億円となるが，その後輸出は回復して35年には約33億円，37年には約42億円まで増加した。

貿易収支をみると，1920年代と30年代では国際経済関係における日本の位置がかなり変化したことがわかる。14年から40年代までの北米と植民地との貿易収支の推移をみると，20年代は対北米貿易において日本は黒字を計上していたが，30年代になると対北米貿易は大幅赤字，対植民地貿易は（台湾を除き）大幅な黒字となった。

北米（特にアメリカ）貿易についてより詳しくみると，1920年代に日本は生糸を輸出し，アメリカから綿花や機械を輸入していた。ところが30年代に入ると大恐慌の影響で日本からの生糸輸出が減少した。他方で，日本は綿花や石油などの一次産品，鉄くずや機械類などの工業製品を引き続きアメリカから輸入していたので貿易収支は赤字となり，赤字幅も拡大した。貿易赤字とはいえ，

第Ⅰ部　工業化と近代企業の形成

アメリカは日本の最大の貿易国で，対米貿易シェアは1935年において輸出の20％，輸入の33％と高かった（反対にアメリカの対日貿易シェアは輸出が8％，輸入は7％であった）。

　1930年代の日本の貿易構造の特徴は，帝国内貿易が拡大したことである。対アジア貿易のシェアが拡大し，輸出入とも60％を占めるようになった。なかでも植民地市場（台湾・朝鮮・関東州・満州）への依存度が高まった。関東州向けと朝鮮向け移出の一部は満州向けに再移出されており，満州への貿易依存度は統計上の数字よりもさらに大きかった。満州は日本経済にとって原料資源の調達地として重要であったが，機械，金属，化学品といった重工業製品の輸出市場としても重要であった。朝鮮や満州に対しては，工業製品の輸出だけではなく，資本輸出も行われた。アジアに進出した製造業には，中国大陸において綿紡績業を営んだ在華紡（1920年代前半に進出）や三井・三菱など財閥系企業，そして満州重工業開発（37年に日産コンツェルンの鮎川義介が設立）など新興コンツェルン系の企業があった。

2）グローバル企業の対日事業

　両大戦間期は日本の製品や企業が国際展開しただけではなく，外国企業も日本に進出して事業を行い，外国からの技術移転も進んだ。1920年代は第2次資本輸入期ともいわれ，多くの外国企業が日本に直接投資を行った（**図表4-1**）。25年にはフォードが日本フォード（100％子会社）を設立して横浜でノックダウン生産（アメリカから自動車部品を輸入し横浜で完成車に組み立てて販売）を開始した。27年にはGMも100％所有子会社日本GMを設立し，大阪市大正区でノックダウン生産を開始した。第1次世界大戦までの対日直接投資は主にアメリカ企業とイギリス企業によるものであったが，20年代にはドイツ企業やスウェーデン企業によるものもみられた。しかし，30年代に入ると対日直接投資は減少した。新規直接投資の減少は，32年の資本逃避防止法や翌年の外国為替管理法による為替管理の強化によるものであった。ブロック経済化が進行し国境規制が厳しくなってきたのである。

　国際技術移転を特許出願に占める外国人の割合からみると，外国人特許は関東大震災で一時減少するが1920年代に増加し，30年の割合は32.4％に達した（前出図表2-1）。つまり，新規に日本で登録される新技術の3分の1は，日本

第**4**章　国際関係の中の第2次産業革命

図表 4 - 1　第 1 次世界大戦以降における主要外資系企業（進出時点）

年	日本社名	外国企業（出資比率）	国籍	主な日本側出資者
1917	横浜護謨製造	B. F. グッドリッチ（50%）	米	横浜電線製造
1918	日米板硝子	リビー・オーウェンズ（35%）	米	住友吉左衛門，旭硝子
1922	旭絹織	グランツシュトッフ（VGF）（20%）	独	喜多双蔵，野口遵
1923	富士電機製造	ジーメンス（30%）	独	古河電気工業
1923	三菱電機	ウェスチングハウス（10%）	米	三菱造船
1925	日本フォード	フォード（100%）	米	
1927	日本GM	GM（100%）	米	
1927	日本蓄音器商会	コロンビア	英	
1927	日本ビクター	ビクター・トーキング・マシン（100%）	米	
1927	大同燐寸	スウェーデン・マッチ	瑞	瀧川儀作
1928	東洋バブコック製造	バブコック＆ウィルコックス（71%）	英	三井物産
1929	日本ベンベルグ絹糸	J・P・ベンベルグ（20%）	独	日本窒素肥料
1931	三菱石油	アソシエイテッド石油（50%）	米	三菱合資・三菱商事・三菱鉱業
1931	住友アルミニウム	アルキャン（50%）	加	住友伸銅鋼管
1932	東洋オーチス・エレベータ	オーチス・エレベータ（60%）	米	三井物産
1932	住友電線製造所	ISE（12%）	米	住友合資
1933	ナショナル金登録機	ナショナル・キャッシュ・レジスタ（100%）	米	
1937	日本ワットソン統計会計器械	ワトソン・コンピューティング＝ダビュレーティング・マシン（100%）	米	
1939	芝浦共同工業	ユナイテッド・エンジニアリング	米	芝浦製作所

（出所）　宇田川・中村，1999，67頁より筆者作成。

国外で発明された技術に基づき外国人・外国企業が登録したものであった。30年代になると外国人特許の件数と割合は減少したが，電機企業の一部は外国企業との特許契約により技術を継続的に受け取り，それを日本企業名で特許登録するケースがあった。東京電気と芝浦製作所（1939年に合併して東京芝浦電気となった）は GE から，日本電気はウェスタン・エレクトリック（インターナショナル・スタンダード・エレクトリック）から継続的に技術と特許を導入した。日本企業は，これら導入した外国技術に基づいて技術開発を進めた。30年代には技

67

第Ⅰ部　工業化と近代企業の形成

術導入の規模が一層拡大し，独自の技術開発も前進した。

　1930年代において国境を越えるヒト・モノ・カネの流れに対する規制はグローバル経済の進展にネガティブな影響をもたらした。他方で，一部の多国籍企業は国境を越える技術や情報の流れを内部化し，グローバル統合を進めていたことには注意が必要である。

2　大企業の成長

1　日本の巨大企業

　1920・30年代には，日本経済の重化学工業化に伴って鉄鋼，電気機械，化学，機械工業の分野で大企業が成長し，新たな経営管理を実践するようになった。

　図表4-2は鉱工業企業の成長を資産額でみたものである。1929年から40年への変化の中でまず目につくのは，上位20社の資産規模が拡大し，企業それ自体が大きくなっていることである。第2に，29年には存在しなかった日本製鉄が，12億円以上の資産をもつ巨大企業として40年のランキング1位に現れたことである。日本製鉄は後に詳しくみるように，34年に設立された半官半民の企業である。第3に，造船・軍需（航空機を含む），電機，化学分野の企業が成長したことである。そして第4に，第1次世界大戦期以前の経済成長を牽引していた繊維企業や鉱山企業も安定して成長していたことである。

　資産額ではなく従業員数でみた大企業（1937年）の上位は，鐘淵紡績（4万9,000人），東洋紡績（3万8,000人），日本製鉄（3万5,000人），三井鉱山（3万3,000人），三菱重工（3万1,000人），三菱鉱山（2万5,000人）であった。従来から大量の労働者を雇用している紡績企業や鉱山企業が上位に来ていること，日本製鉄と三菱重工が資産規模だけではなく労働者数においても巨大企業として現れてきていること，他方で資産規模の大きい電機企業や化学企業は従業員規模でみると相対的に大きくないことがわかる。

2　重化学工業化と大企業の成長

　重化学工業化を担った企業は，いくつかのグループに分けることができる。

68

第4章 国際関係の中の第2次産業革命

図表4-2 鉱工業資産額上位企業の変化 （千円）

	1929年		1940年	
1	川崎造船所	239,848	日本製鉄	1,242,321
2	富士製紙	159,642	三菱重工	969,491
3	王子製紙	154,228	王子製紙	562,088
4	鐘淵紡績	145,989	日立製作所	552,515
5	樺太工業	117,353	日本鉱業	547,892
6	大日本紡績	116,398	日本窒素肥料	540,344
7	三菱造船	112,341	鐘淵紡績	434,716
8	三井鉱山	111,827	東京芝浦電気	414,761
9	東洋紡績	111,490	三菱鉱業	407,555
10	台湾製糖	109,539	住友金属工業	380,200
11	大日本製糖	107,141	昭和製鋼所	378,961
12	日本石油	106,481	日本鋼管	324,017
13	三菱鉱業	101,186	川崎重工業	306,616
14	明治製糖	90,974	東洋紡績	284,444
15	日本窒素肥料	90,271	三井鉱山	283,604
16	北海道炭鉱汽船	89,793	本渓湖煤鉄公司	280,201
17	塩水港製糖	89,302	大日本紡績	235,839
18	浅野セメント	89,030	日本曹達	234,754
19	大日本麦酒	83,795	神戸製鋼所	222,219
20	日本毛織	83,225	日産化学工業	212,353

（出所） 産業政策史研究所，1976，26頁，I-5表および38頁，I-7表より筆者作成。

　1つ目のグループは，第1次世界大戦期に重化学工業分野へ進出した財閥系企業である。三菱財閥は，直営事業を分離独立する形で1917年に三菱造船，三菱製鉄，三菱製紙を，18年に三菱鉱業を設立して重化学工業分野に本格的に進出した。さらに三菱造船神戸造船所を母体として20年に三菱内燃機を設立し，21年には同じく神戸造船所を母体として三菱電機を設立した。三井財閥はすでに三井鉱山を経営していたが，13年には北海道炭鉱汽船の経営権を獲得し，その子会社の輪西製鉄所と日本製鋼所を通して鉄鋼業に参入した。また，15年には電気化学工業に資本参加し化学事業にも参入した。住友財閥はそもそも別子銅山や銅の生産を祖業としており重化学工業系の企業であったが，15年に鋳鋼場を独立させて住友製鋼所とし，20年にも同じく電線製造所を株式会社化して住友電線製造所とした。また同年，日本電気に資本参加して電気機械分野に進出し，22年には外資系企業である日米板硝子を設立してガラス製造業にも進出

69

第Ⅰ部　工業化と近代企業の形成

した。このように財閥は重化学工業分野に進出して多角化したのであるが，その管理組織は財閥本社が持株会社化し，複数の傘下子会社に各事業を担当させるというものであった（コンツェルン構造）。

　第2のグループは，新興コンツェルンと呼ばれた，化学分野を中心に多角的な事業を行い成長した企業である。鮎川義介が創業した日本産業は，傘下に日本鉱業，日産化学や日産自動車を抱えて成長し，1937年には満州にグループの本拠を移転し満州重工業開発となった。日本初の硫安製造とアンモニア合成に成功した野口遵は，日本窒素肥料を中心に多角的な経営を行った（後述）。他にも，アルミ精錬と硫安生産を行った森矗昶の昭和電工，電解ソーダ工業分野における中野友禮の日本曹達が化学分野を中心に多角的経営を行った。また，大河内正敏が所長を務める理化学研究所は研究成果を次々に企業化し，理研産業集団と呼ばれるグループを形成した。

　第3のグループは，財閥と関連をもちつつも相対的に独自に成長を遂げた電機企業である。東京電気や芝浦製作所，富士電機，三菱電機，日本電気はそれぞれ外国企業との資本・技術協定を基盤に成長を遂げた。資本構成からみるとこれらの企業はいわゆる外資系企業であったが，アメリカやドイツの企業から最先端の技術を組織的に導入し，それを消化・吸収してさらに改良を加えて日本市場に適合的な製品を開発し市場に供給した。これらの企業における経営の特徴は，組織的な研究開発が行われたことと，近代的な経営が目指されたことである（後述）。他方，第2次世界大戦後の経済成長を牽引する主力産業の1つである自動車企業は，日本産業においては日産自動車が事業を行い，トヨタ自動車も1937年に豊田自動織機製作所の自動車部が独立して設立された。しかし，市場も自動車製造もいまだに萌芽的な状態であった。

3　統合企業の経営

1　日本製鉄

1）鉄鋼産業の成長と日本製鉄

　鉄は近代工業の基礎的素材であり，日本においても江戸時代末期から近代的な製鉄が目指されてきた。1857年に釜石製鉄所が操業を開始し，日本における

近代製鉄の先駆けとなった。日清戦争による鉄鋼需要の拡大を契機として，96年に官営八幡製鉄所が設立され，1901年に操業が開始された。八幡製鉄所はドイツから技術を導入して建設された銑鋼一貫製鉄所であり，中国の大冶鉄山の鉄鉱石と北九州地域で豊富に産出される石炭を用いて粗鋼や鋼材が生産された。日露戦争後には神戸製鋼所，住友鋳鋼場，川崎造船所，日本製鋼所，日本鋼管といった民間鉄鋼企業が設立されたが，いずれも高炉をもたない平炉メーカーで，銑鉄・屑鉄を購入して鋼材を製造していた。

第1次世界大戦が勃発すると鉄鋼需要が拡大して価格が高騰し，新たな民間鉄鋼企業も設立された。しかし大戦が終結すると需要が減退して競争が激化し，特に低価格なインド銑鉄との国際競争によって民間鉄鋼企業は苦境に立たされた。1920年代の慢性的な不況の下で鉄鋼産業ではカルテルも形成されたが，最終的に34年1月に官営製鉄所と民間鉄鋼企業（輪西製鉄，釜石鉱山，三菱製鉄兼二浦製鉄所〔朝鮮〕，九州製鋼，富士製鋼）の合同によって日本製鉄が設立された（同年3月に東洋製鉄，36年5月に大阪製鉄が加わる）。日本製鉄は，政府が80％を所有する株式会社であり，内地および朝鮮の銑鉄生産の91％（203万トン），粗鋼生産の51％（273万トン），鋼材生産の41％（179万トン）を占める巨大企業であった。

2）事業と組織

日本製鉄は銑鋼一貫工場を中心とし，原材料の調達から販売までを次第に統合していった。原料調達部門では，1939年に日鉄鉱業を設立し，さらに同年に茂山鉄鋼開発（朝鮮），41年には密山炭砿（満州）に投資を行い，垂直統合（後方統合）を進めた。販売部門の整備も行ったが，前方統合は十分には行われなかった。というのも，日本製鉄が市場において販売を行うことができた期間は短く，鉄鋼製品は「配給」の対象になったからである。

日本の鉄鋼業は官営製鉄所時代から1934年の日本製鉄の設立を経て生産を拡大させていった。銑鉄と鋼材の生産高（内地）が30年代に入り急増したことから，同年代に日本の重化学工業化が大きく進展したことがわかる。日本製鉄という大企業を中心とした鉄鋼業が形成されたわけであるが，これをアメリカの事例と比較するとかなり小規模であった。40年の粗鋼生産高は，日本が約753万トンであるのに対してアメリカは約6,077万トンであり，日本の生産規模は

第Ⅰ部　工業化と近代企業の形成

アメリカの8分の1程度であった。アメリカと比較し小規模ではあったが，銑鋼一貫工場を中心とした統合企業が目指されたのである。

2　東京電気と日立製作所

　電機産業は明治期以後に欧米から移植された近代産業であり，技術進歩が速く，さらに新しい技術は容易に国境を越えて移転されるという特徴がある。したがって電機産業では国際的な技術導入と研究開発が取り組まれ，そこではいかに世界的な技術トレンドと自国での研究開発・製品化を連携させて進めるかが重要であった。

1）東京電気

①技術導入

　東京電気はGEと提携し，アメリカをはじめ世界中のGEグループの研究開発成果を獲得し，それを自社の研究開発に結びつけて経営を行った。同社は1890年に工部大学校教授であった藤岡市助と三吉正一が設立した白熱舎に源流をもち，99年に株式会社化して東京電気となった。藤岡らはエジソン型のカーボンフィラメント電球の国産化を目指して事業を行ったが，輸入電球に品質と価格の両面で対抗できる電球を作ることができず，1905年にGEから資本を受け入れ（GEが51%を保有），技術協定を締結して電球製造技術を導入した。GEの技術を導入することで東京電気の電球は競争力をもつようになり，日本市場で高いシェアを確保することができた。

②多角化と技術開発

　東京電気の売上高は両大戦間期に大きく成長した。1919年の売上高は約820万円であったが，29年には約1,440万円となり，翌年には世界恐慌の影響を受けて約1,320万円に減少するが，その後は急速に拡大し，芝浦製作所と合併する直前の38年には約4,610万円に達した。19年からの20年間で売上が5.6倍になったのである。このような東京電気の売上拡大は製品多角化によって実現された。20年代半ばまでは売上のほとんどが電球で占められていたが，次第に真空管・ラジオ製品や電気器具類の売上が拡大し，38年には売上の約48%が真空管・ラジオ製品となった（電球の割合は約20%にまで低下）。

　製品の多角化と売上高の拡大の基礎には，GEからの技術導入と自社内での

第4章　国際関係の中の第2次産業革命

研究開発の連結があった。1919年から38年までに東京電気が出願し後に登録された特許と実用新案は，日本人の発明によるもの（内部における発明）と外国人の発明によるもの（技術導入）に分けることができる。その推移をみると，20年代半ば以降に技術導入が拡大し，同時に日本人による発明も増加したことがわかる。このような技術導入と研究開発の並行的な拡大は，18年に取締役となった山口喜三郎（後に社長）のリーダーシップによるところが大きく，従来からあった実験室を独立させて研究所とし，技術導入と研究開発の組織化を進めた。東京電気の研究開発活動からは，たとえば内面つや消し電球（不破橘三による）の発明など世界的にも優れた技術が生み出された。

③経営組織

東京電気の事業領域は電球，真空管・ラジオ機器，電気器具類雄と多角化していたが，経営組織は集権的な職能部制組織であった。当時の組織図をみると，製造（工業部），流通・販売（販売部），研究開発（研究所），特許管理（特許課）と職能ごとにまとめられた部署を社長が統括していた。

統合されている職能をみると，原材料の製造については内部化していないが，流通・販売活動を内部化していた（前方統合）。これは，1920年代以降に都市化が進展して新しい電気製品の需要が増加したのだが，市場がそれらの製品を受け入れるためには使用方法の講習や利便性の宣伝などが必要であったからである。販売や使用に特別な知識が必要な場合，一般的な流通チャネルを通して販売するのは困難であり，製造企業は流通・販売部門を内部化したのである。

2）日立製作所

①国産技術主義

東京電気や芝浦製作所，富士電機製造，三菱電機など主要電機企業が外国企業と提携し外国技術を導入し事業を行っていたのに対して，日立製作所は「国産技術主義」を掲げ，外国企業と提携せず技術と製品の国産化を追求した。

日立製作所の創業者である小平浪平は，1906年に久原鉱業所日立鉱山に技師として入社し，鉱山で使用する電気機械の修理を開始した。11年には日立製作所主事となり，20年に独立して株式会社日立製作所を設立した。当初は電気機械（電力設備やモーターなど）を事業の中心としていたが，21年に日本汽船笠戸造船所を買収して笠戸工場とし，機関車の製造を開始した。37年には国産工業

73

第Ⅰ部　工業化と近代企業の形成

を合併して，電気機械，一般機械製品（水車，起重機，巻上機など），そして鉄道関係品（機関車，客車）へと多角化した。日立製作所の売上は，20年に約1,100万円であったものが29年には2,500万円に拡大し，世界恐慌の影響で31年には売上が半減してしまうものの30年代半ば以降急拡大し，国産工業を合併した37年には約1億6,500万円，40年には約3億6,100万円にまで拡大した。

　国産技術主義を標榜する日立製作所は，外国企業の技術を用いて事業を行っているライバル企業と競争するために，研究開発と工業所有権の取得に力を入れた。株式会社化する以前から小平は独自技術の開発に邁進し，1914年には内部に試験係を設置した。18年になると試験係を昇格して試験課（小平自身が課長）とし，その下に試験係と研究係を設置した。研究係は34年に日立研究所となり，組織が強化された。小平は研究開発組織の拡充と合わせて，研究開発の成果を工業所有権として登録し，競争優位の源泉（自らの事業の基盤の確保）とした。工業所有権の出願件数をみると，1924年には特許と実用新案を合わせて年間60件であったが，20年代後半以降急増し，30年には735件，37年には810件，そして最も出願件数の多かった40年には1,081件の出願が行われた。

　②経営組織

　日立製作所の管理組織は，工場を中心とした職能部制組織であった。当初日立製作所は日立市にある工場のみであったが，1918年に久原鉱業佃製作所を合併して亀戸工場とし，従来の工場を日立工場とした。そして販売を担当する本店を東京に置いた。販売部門が内部化された日立製作所では，「営業の者も生産に携わる」という考え方で事業が進められた。組織上また地理的に分離されてはいるが，両者は密接に統合されていた。その理由の1つは，日立製作所の製造販売する製品は一般消費者向けのもの（B to C）ではなく，B to Bのものであったからであろう。マーケティング活動を通して大量に製品を販売するのではなく，需要者と密接な関係を構築して製品を販売するため，技術と営業は一心同体である方が合理的であった。

［3］　日本窒素肥料

1）野口遵による起業

　デュポンは1920年代に黒色火薬から塗料・ワニス事業，染料，プラスチック

第**4**章　国際関係の中の第2次産業革命

製品へと事業を多角化したが，日本の化学企業である日本窒素肥料はアンモニア化学を軸に多角化を行った。アンモニアは肥料の原料であり，農業の生産性上昇のためには不可欠な物質であった。

　創業者の野口遵は1903年に仙台でカーバイド（炭化カルシウム）事業を開始し，06年には鹿児島県に移ってカーバイド生産に必要な電力を供給する曽木電気を設立し，翌年には仙台から仲間の藤山常一と市川誠次を呼び寄せて日本カーバイド商会を設立した。そして08年に曽木電気と日本カーバイド商会を合併して日本窒素肥料が誕生した。野口は同社の水俣工場で10年頃から空中窒素固定方（ハーバー・ボッシュ法）による石灰窒素の製造を開始したがうまくいかず，14年に鏡工場（熊本県）の操業を開始し，ここでようやく石灰窒素の生産が軌道に乗った。鏡工場ではカーバイド，石灰窒素，即効性の窒素肥料である変成硫安（硫酸アンモニウム）の一貫生産が行われた。第1次世界大戦は硫安の輸入を激減させ，価格暴騰の結果日本窒素肥料は大きな収益を上げることができた。日本窒素は17年に新しく水俣工場を建設して操業を始めたが，この工場もカーバイド，石灰窒素，変成硫安の一貫工場であった。

２）化学企業としての成長と製品多角化

　日本窒素肥料は硫安市場において独占的な企業となった（電気化学工業と2社で市場をほぼ独占）。しかし，同社は巨大な肥料製造企業ではあったが，化学企業ではなかった。というのも，変成硫安は原料を混合することにより製造され，化学反応を厳密に操作して製造するものではなかったからである。同社は1921年にカザレー式アンモニア合成法の特許実施権と関連機器のイタリアからの導入を決め，23年に延岡工場でカザレー式による合成アンモニアの製造を開始することにより，肥料製造企業から化学企業への転換をし始めた。

　1920年代半ばより，日本窒素肥料は多角化と朝鮮への直接投資による成長戦略をとり始めた。多角化の始まりは，28年の延岡工場での合成硝酸工場の操業であった。合成アンモニアを製造する過程で水分解による酸素ガス（廃棄物）が発生しそれを有効利用するために硝酸の合成が始められた。硝酸は火薬の原料であり，30年には日本窒素火薬が設立された。

　野口は，合成アンモニアを出発点とし同一原料を多目的利用することで多角化を図っていった。合成アンモニアは硫安の生産に引き続き用いられたが，ベ

75

第Ⅰ部　工業化と近代企業の形成

ンベルグ（人工繊維の一種）の原料としても用いられ，人工絹糸が製造された。野口は1929年に日本ベンベルグ絹糸を設立し，31年には延岡工場を分離して延岡アンモニア絹糸とした。そして延岡アンモニア絹糸は33年に日本ベンベルグ絹糸と旭絹織（野口がドイツから技術を導入して個人で設立）を吸収合併し旭ベンベルグ絹糸となった。さらに33年になると電解法ソーダ工場を建設し，苛性ソーダを内製化した。さらに副産物である塩素を有効利用するために晒粉工場を建設し，ソーダ電解を起点とする多角化を行った。

　朝鮮への進出も，多角化を伴うものであった。1926年に朝鮮水電を設立した野口は，翌27年には朝鮮窒素肥料を設立した。同社は肥料事業，油脂事業（グリセリンを製造し延岡の火薬工場に供給），石炭直接液化事業，大豆化学事業，金属精錬事業へと多角的に展開した。

3）コンツェルン構造と管理組織

　日本窒素肥料は，多角化した各事業を子会社化し，同社を親会社として多くの子会社を傘下に配置したコンツェルン構造をとっていた。しかし子会社の実態は日本窒素肥料の工場（製造所）であった。1932年になると全社の組織が整備されたが，それは職能部制組織であった（図表4-3。この組織図は38年のもの）。組織図をみると，営業部門，購買部門，製造部門と職能別に部門が組織されており，それをトップ・マネジメントが統括していた。

　ところで，なぜ日本窒素肥料は多角化したにもかかわらずデュポンのように事業部制組織を採用しなかったのであろうか。その理由の1つは，同社には販売部門があるものの，流通・販売やマーケティング活動は三菱商事によって担われていたからであると考えられる。日本窒素肥料は製造に資源を集中することによってコスト優位性を実現し，三菱商事も代表特約店として製品販売を担当するという一連の流れが合理性をもっていたのである。なお，朝鮮における肥料販売では，当初安宅商会や三菱商事など特約店によって設立された窒素肥料販売が販売を担当していたが，朝鮮窒素が1935年に株式の50％を，40年には100％を取得するという内部化の流れがあった。

4　森永製菓と資生堂

　1920年代に都市化が進むと消費行動にも変化が起こり，ブランド付き消費財

76

第 **4** 章　国際関係の中の第 2 次産業革命

図表 4 - 3　日本窒素肥料の管理組織

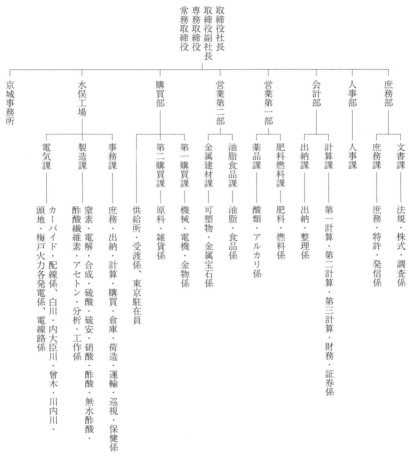

（出所）　大塩, 1989, 172-173頁, Ⅱ - 1 図(E)。

企業の成長が始まった。いずれの企業も重化学工業には分類されず，資産規模や従業員数の上位企業ではなかったが，近代的な経営管理が行われるようになった。

　森永製菓は1899年に森永西洋菓子製造所として設立された会社であり，早くも1905年には登録商標エンゼルマークを登録した。12年には森永製菓株式会社となり，15年には全国に特約店制度を敷いて西洋菓子の流通を管理し始め，23

第Ⅰ部　工業化と近代企業の形成

年に森永製菓関西販売会社を設立して卸売を行った。その後，29年までに全国で29社の販売会社を設立し，全国的な販売網を内部化した。また小売では，24年に森永共栄会を設立して卸売から小売までの流通チャネルを管理するようになった。これは，西洋菓子製造事業からみれば内部化（所有）を伴わない前方統合であるといえる。

　また，化粧品事業でも，前方統合が進められた。資生堂は1872年に開設された洋風薬局「資生堂」が始まりである。1915年に商標「花椿」を制定しブランドによる差別化を始めた。23年にはチェーンストア制度を発表し，27年からは販売会社を各地に設立して流通チャネルを整備した。新しい製品かつブランドを前面に押し出して事業を拡大するときには，製造だけではなく流通・販売を統合し管理することが合理的であった。

⟮Check Points！⟯

①両大戦間期には重化学工業化が進展し経済が成長した。貿易の植民地市場への依存度が高まり，原料資源の調達地のみならず製品の輸出市場として重化学工業企業の成長基盤となった。

②同時期は第1次グローバル経済の後退局面にあったが，外国企業（特にアメリカ企業）からの技術導入が進み，同時に日本企業による技術開発も活発であった。

③大企業の中には製造を中心として原料調達から生産，販売までを内部統合する企業（日本製鉄），流通・販売を統合する企業（東京電気），さらに原料調達や販売は商社に依存し主として多角的製品の製造に資源を集中する企業（日本窒素肥料）など多様な形態があった。ブランド付き消費財や化粧品企業は，製造だけでなく流通・販売を（必ずしも内部化を伴うわけではないが）統合して管理していた。

参考文献

○営業報告書

日立製作所『営業報告書』各号。

○書籍・論文

飯田賢一・大橋周治・黒岩俊郎（1969）『鉄鋼』（現代日本産業発達史（Ⅳ））現代日本産業発達史研究会。

石井寛治・原朗・武田晴人［編］（2000b）『日本経済史3　両大戦間期』東京大学出版会。

宇田川勝・中村青志（1999）『マテリアル日本経営史──江戸期から現在まで』有斐閣。

大塩武（1989）『日窒コンツェルンの研究』日本経済評論社。

経営史学会［編］（2004）『日本経営史の基礎知識』有斐閣。

佐々木聡・中林真幸［編著］（2010）『組織と戦略の時代　1914〜1937』（講座・日本経営史3）ミネルヴァ書房。

産業政策史研究所（1976）『わが国大企業の形成・発展過程──総資産額でみた主要企業順位の史的変遷』産業政策史研究所。

下谷政弘（1982）『日本化学工業史論──戦前化学企業の多角的展開についての研究』御茶の水書房。

杉山伸也（2012）『日本経済史　近世─現代』岩波書店。

西村成弘（2016）『国際特許管理の日本的展開── GE と東芝との提携による生成と発展』有斐閣。

西村成弘（2018）「日立製作所の特許管理　1908-1941」（『関西大学商学論集』第63巻第2号）。

日本製鉄株式会社社史編集委員会［編］（1959）『日本製鉄株式会社社史』同委員会。

日本電気社史編纂室［編］（2001）『日本電気株式会社百年史』日本電気株式会社。

日立製作所（1970）『日立製作所史1』（改訂版）日立製作所。

廣重徹（2002）『科学の社会史（上）』岩波現代文庫。

深尾京司・中村尚史・中林真幸［編著］（2017）『近代2──第一次世界大戦期から日中戦争前（1914-1936）』（岩波講座・日本経済の歴史第4巻）岩波書店。

宮本又郎・阿部武司・宇田川勝・沢井実・橘川武郎（2007）『日本経営史［新版］──江戸時代から21世紀へ』有斐閣。

宮本又郎・岡部桂史・平野恭平［編著］（2014）『1からの経営史』碩学舎。

第Ⅱ部

20世紀型大企業の成熟

第**5**章

ニュー・ディールと第2次世界大戦

　　第1次グローバル経済が後退し，国境を越えるヒト・モノ・カネの流れ
が細くなる中で，各国では政府の規制が強まり，独自の経済体制が作られ
ていく。アメリカでは，大恐慌と第2次世界大戦が政府とビジネスとの関
係を変化させた。この変化は，第2次世界大戦後のケインズ主義体制（有
効需要の創出と安定的な労使関係）へとつながり，大量生産と大量流通を
統合した大企業が経済成長の中心となる経済体制の条件を作り出した。
　　このようなマクロ経済体制への歴史的な変化はスムースに進行したわけ
ではなく，大きな困難と緊張の中から生み出された。1930・40年代の大恐
慌と戦争に直面して，20年代の消費者資本主義の下で成長を遂げたアメリ
カ大企業はどのように対応し，どのような変革を行ったのか。本章では，
第2次世界大戦において軍需生産の中心となった鉄鋼，自動車，電機，そ
して急速に成長した航空機製造企業の展開を中心にみていく。

　　キーワード：ニュー・ディール　ワグナー法　労働組合　戦時生産

1　大恐慌から第2次世界大戦までのアメリカ経済

［1］　マクロ経済の動き

1）国内市場

　アメリカは，すでに1920年代には1億人を超える人口を抱える巨大市場で
あった。大恐慌期から第2次世界大戦にかけても人口増加は継続し，1929年に
約1億2,180万人であった人口は，45年には約1億3,960万人にまで達した。大
恐慌期には生産と消費が劇的に縮小したにもかかわらず，人口は常に増加傾向
にあった。増大するアメリカの人口は，40年代初めや第2次世界大戦後の経済
成長の局面において，巨大な市場をアメリカ企業に提供した。

　国民総生産（GNP）はおよそ15年の間に劇的に変動した。1929年10月の

83

第Ⅱ部　20世紀型大企業の成熟

ニューヨーク株式市場の株価暴落に端を発する大恐慌により，アメリカ経済は
急激に縮小した。29年に約1,040億ドルであったGNPは，最も恐慌が厳し
かった33年には約560億ドルと，半分程度にまで減少した。個人消費は29年の
約788億ドルから33年の約463億ドルへと落ち込んだ。民間設備投資も，約158
億ドルあったものが約9億ドルにまで低下した。恐慌が進む中で企業が設備投
資を行わなかったのである。アメリカでは32年までに約11万社が倒産し，工業
生産力が半分になり，約1,400万人（労働力のおよそ4分の1）が失業した。

　国民総生産は1933年を底にして徐々に回復するが，37年には再び景気後退に
見舞われた。アメリカ経済の大恐慌からの本格的な回復は，第2次世界大戦期
における軍需生産によって果たされた。39年の大戦勃発から徐々に軍需生産が
始まり，日本軍による真珠湾攻撃（41年12月）以降の本格的な軍需生産によっ
てようやく不況から脱することができたのである。巨額の政府支出は軍需生産
の規模を表しており，44年には国民総生産の約46％を占めた。他方で，国民総
生産の半分以上を占める個人消費が拡大していたことにも注意が必要である。
アメリカ経済は軍需生産一色というわけではなく，耐久消費財を中心とする民
需も拡大していた。

2）国際貿易

　輸出入のパターンも大きな変化をみせた。1929年に約47億ドルであった輸入
は33年には約17億ドルへと60％以上も減少し，同時に輸出も減少した。アメリ
カは当時世界最大の市場であったにもかかわらず，30年に成立したスムート＝
ホーレー法により関税を引き上げて輸入を制限し，自国産業を保護しようとし
た。同法は，関税引き上げによりアメリカを輸出市場としていた国々の経済が
困窮して世界恐慌が深刻化し，ブロック経済化を導いたとして悪名高い。輸入
は30年代半ばより回復し，37年には大恐慌前の水準を回復した。

　他方で輸出は第2次世界大戦が始まると急激に拡大した。1941年にレンド
リース法（武器貸与法）が成立し，これに基づいてアメリカからイギリス，ソ
ビエト連邦，フランスなどに大量の軍事物資が輸出された。

2　研究開発

　マクロ経済の劇的な変動は，研究開発にも影響を与えた。**図表5-1**は1921

84

第 5 章　ニュー・ディールと第 2 次世界大戦

図表 5-1　アメリカ特許登録の推移（1921～70年）

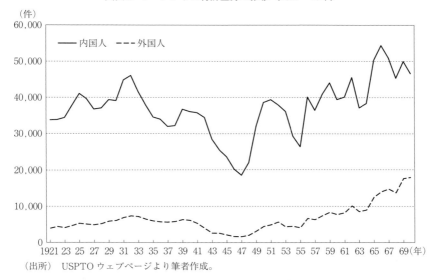

（出所）　USPTO ウェブページより筆者作成。

年から70年までの50年間における特許登録件数の推移を示しており，実線が内国人によるものである。30年代の推移に注目すると，登録件数は32年まで増加していることがわかる。出願から登録までは数年にわたる審査期間があることを考慮に入れると，実際には大恐慌の深刻化につれて30年頃から研究開発投資が減少し，結果として33年以降特許登録が減少したといえる。

特許登録件数が減少する一方で，画期的な技術の開発は進んだ。1935年にはデュポンのウォーレス・カロザースがナイロンを発明した。さらに，第 2 次世界大戦期になると研究開発が活発化した。原子力，レーダー，近接信管，抗生物質，電子工学，合成ゴムをはじめとする新素材等が，政府が主導した科学研究と研究開発政策の結果として生み出された。新技術の開発は，アメリカ大企業の活動の成果でもあり，企業成長の基盤となった。

85

第Ⅱ部　20世紀型大企業の成熟

2　ニュー・ディール政策

1　金融封じ込め

　大恐慌に対する一連の政策であるニュー・ディールは，企業，労働者，そして政府との関係を歴史的に変化させ，第2次世界大戦後のアメリカ大企業の成長に大きな影響を及ぼした。

　1933年に大統領に就任したフランクリン・D・ルーズヴェルトは，大恐慌に対処するための新しい公共政策（ニュー・ディール）を次々に展開した。まず金融システムに対する信頼を回復させるため，同年3月に全国的な銀行休業日の命令を出し，休業期間中に連邦調査員が銀行を調査し，健全な銀行のみ業務を再開できるようにした。同年6月にはグラス＝スティーガル法を定め，銀行業と証券業の分離を行った。さらに有価証券法の制定（33年），連邦取引委員会の設置（34年），銀行法の制定（35年）を通して金融機関の行動を制御しようとした。これにより「金融封じ込めによる安定経済体制」（谷口・須藤，2017，22頁）が確立した。

2　市場秩序の回復

　次にルーズヴェルトは市場の秩序を回復しようとした。1933年に全国産業復興法（National Industrial Recovery Act, NIRA）を定め，復興局（National Recovery Administration, NRA）を設立した。NIRA は業界ごとに企業，労働者，そして消費者で「規約」を作成して市場を適切に配分し，価格を固定して混乱する市場の安定化を図ろうとするものであった。しかし NIRA は35年に最高裁判所が違憲と判断し廃止された。

　企業と労働者の関係においても歴史的な変化があった。1935年に全国労働関係法（ワグナー法）が制定され，労働者に労働組合を結成する権利が与えられたのである。同時に，ワグナー法は，企業が労働組合との団体交渉に応じることを要求した。20年代までフォードなど大企業は労働組合や組合との団体交渉による賃金・労働時間の決定を受け入れず，温情主義的な制度で管理していた。GE によるウェルフェア・キャピタリズムによる労働者管理もそのような

第 5 章　ニュー・ディールと第 2 次世界大戦

ものであった。しかしワグナー法以降，大量生産型産業企業の多くで強力な労働組合が形成され，企業は労働組合に対応しなければならなくなった。

3　政府と企業との関係

　自由主義の伝統をもつアメリカ企業の経営者は，労働組合を認めるニュー・ディールを敵視し，ルーズヴェルトに反対するようになった。他方で，大企業経営者は連邦政府の政策に影響を及ぼすようにもなった。1933年に商務省は経営協議会を創設し，大企業や銀行の経営者が政府の経済政策の策定を手助けするようになった。反ルーズヴェルトの立場に立つ経営者が多くすべての大企業経営者がこの協議会に入ったわけではなかったが，GE のジェラルド・スウォープなど経営協議会に入って活動する経営者もいた。企業と政府との関係は，第 2 次世界大戦が始まり軍需生産が拡大すると，より深いものとなっていった。

3　戦時生産体制

1　大企業の生産能力

　軍需生産は1941年12月の日米開戦後に本格的に取り組まれた。しかし，当時のアメリカ政府には大規模な軍需生産を組織する能力がなかったため，大企業の経営者と協力してそれを実行した。連邦政府は42年に戦時生産局（War Production Board, WPB）を設置した。WPB は軍需生産のために企業を組織する実行機関であり，主要な役職には当時の GE の社長チャールズ・ウィルソンら企業経営者が着任した。

　軍需生産の大部分は，19世紀末から急速に成長してきた重化学工業企業によって担われた（**図表 5 - 2**）。アメリカ政府と最大の戦時供給契約を結んだのは GM で，1940年 6 月から44年 9 月までの契約額は138億ドルに上った。従来からの重化学工業企業では，GM の他にフォード，ベスレヘム・スチール，GE, AT&T, デュポン，US スチールなどが多額の契約を行い，他は航空機メーカーであった。契約額上位20社で契約額全体の42.4%を占めており，軍需生産の大部分は大企業に発注されたといえる。

　しかし，大企業といえども，既存の生産能力では政府の軍需プログラムの遂

87

第Ⅱ部　20世紀型大企業の成熟

図表 5‐2　戦時供給主契約（1940年 6 月〜1944年 9 月）

(100万ドル，％)

	企業名	契約額	比重
1	GM	13,812.7	7.9
2	カーチス・ライト	7,091.0	4.1
3	フォード	5,269.6	3.0
4	コンソリデイテッド・ヴォルティ・エアクラフト	4,875.4	2.8
5	ダグラス・エアクラフト	4,431.3	2.5
6	ユナイテッド・エアクラフト	3,923.0	2.2
7	ベスレヘム・スチール	3,789.3	2.2
8	クライスラー	3,394.8	1.9
9	GE	3,300.1	1.9
10	ロッキード・エアクラフト	3,246.2	1.9
11	ノースアメリカン・エヴィエーション	2,768.5	1.6
12	ボーイング・エアプレーン	2,700.2	1.5
13	AT&T	2,562.7	1.5
14	グレン・マーティン	2,344.8	1.3
15	デュポン	2,186.2	1.2
16	US スチール	1,974.0	1.1
17	ベンディックス・エヴィエーション	1,869.2	1.1
18	パッカード・モーター	1,783.8	1.0
19	スペリー	1,531.5	0.9
20	ヘンリー・カイザー	1,384.4	0.8
	上位20位合計	74,238.7	42.4
	上位100社合計	117,634.4	67.2
	総　　計	175,062.9	100.0

（出所）　河村，1995，105頁より筆者作成。

行は不可能であった。政府は軍需生産プログラムを完遂するために大企業に設備拡張のための資金を提供し，供給体制が整えられた。アメリカ大企業は，軍需生産に参加することにより生産能力の基盤を強化することができた。

2 　労働組合の定着

　安定的な労働力供給も不可欠であった。大規模な戦時生産には大量の質の高い労働力が必要であり，政府は訓練プログラムを実施して技能を身につけた労働力を軍需生産に投入した。

　また，企業と労働者との間の安定的な関係も必要であり，戦時労使体制が構築された。1941年に労働組合は，ストライキ権を放棄する「ストなし協定」を

第5章　ニュー・ディールと第2次世界大戦

締結し，見返りとしてユニオン・ショップ制度を企業に認めさせた。ユニオン・ショップ制度とは，雇用する権利は企業が保有するが，従業員はすべて労働組合に加入しなければならない，という制度である。42年には労使関係の仲裁機関である全国戦時労働委員会（National War Labor Board, NWLB）が作られた。このような動きの中で労働組合は拡大し，開戦時に約1,050万人であった組合員数は戦時期には約1,475万人に達した。全労働者に占める組合員の割合（組織率）は40年の約30％から42年の約40％，45年の約48％にまで高まった。ここに，アメリカ産業において労働組合が定着した。

③　研究開発体制の形成

　政府は国家資金を投入して科学研究と技術開発を推進した。最も有名なのは原爆開発を目指したマンハッタン計画である。アメリカ全体における研究開発費は，戦前は3〜4億ドルであり，政府資金はそのうち約5分の1であった。第2次世界大戦が始まると研究開発に投資される資金は8億ドル以上に増大し，そのうち政府が約4分の3の資金を提供した。政府は大学と研究契約を締結して資金を提供し，大学はその資金で科学研究を行った。

　政府は大企業の研究所とも契約を締結し，資金を提供した。アメリカ大企業はすでに自ら研究所を設置し研究開発を内部化しており，大戦期における政府資金はそのような大企業に技術的な優位性を与えることになった。1940年から44年までの連邦政府の研究開発支出は約18億7,900万ドルであったが，その約半分は大企業の研究所との契約であった。

4　大企業の経営

①　US スチール

1）市場変化への対応

　1901年に合併により設立された US スチールは，アメリカ鉄鋼市場で独占的なシェアを獲得していた。しかし，20年代になると鉄鋼市場に変化が起こり，それまでの独占的な立場が揺らいだ。

　1910年代までの鉄鋼市場は重量鋼材（レールや厚板）が中心的な製品であっ

89

たが，自動車産業の成長により軽薄鋼材（薄板やストリップ）の比重が高まってきたのである。このような市場の変化に対応したのは，USスチールではなく革新的な取り組みを行う独立企業であった。アメリカン・ローリング・ミル（American Rolling Mill Company，アームコ）は1924年にホット・ストリップ・ミル（連続式熱間広幅圧延機）を導入し，価格競争力のある軽薄鋼材を市場に供給した。他にもベスレヘム・スチール，リパブリック・スチールが軽薄鋼材市場で成長し，USスチールによる鉄鋼市場の独占的支配体制が弛緩した。

しかし，USスチールは素早く新技術を導入し生産設備を更新するのではなく，有力企業に成長したベスレヘム・スチールを包摂した新たな価格決定システム（複数基点制度）を構築して独占体制を維持した。

2）大恐慌と管理組織の再編

大恐慌により鉄鋼需要が減退すると，USスチールの操業率は低下し，経営指標は大幅に悪化した。1929年に89.2％あった操業率は急激に悪化し，32年には18.3％にまで低下した。それに伴い売上高も減少し，29年に約11億ドルあった売上高は32年に約2億8,000万ドルとなり，純利益は同年に約7,100万ドルの赤字を記録した。

1930年代後半になると売上と利益は徐々に回復し（38年には一時的に赤字となる），USスチールは大規模な投資活動を再開して軽薄鋼材の生産体制を強化した。また，大恐慌に対応するため，経営体制の強化を行った。USスチールは傘下に子会社をもつ持株会社であったが，それら子会社の統合・再編を進めた。1935年には中核子会社を合併してカーネギー・イリノイ製鉄を設立し，統合による効率化を図った。38年にはデラウェアUSスチールを新設した。この会社は本社（持株会社）と子会社との間に位置し，生産・販売・購買・労使関係・研究開発の全社的な調整を行った。01年の合併による設立以降初めて本格的な総合本社が形成され，全社的に管理的調整が行われるようになったのである。

労使関係では，USスチールは1937年3月に主要鉄鋼企業に先駆けて労働組合を承認した。

3）軍需生産と設備拡張

鉄鋼産業は，軍需生産においても軍艦や航空機，火器の素材を提供する産業

として重要であった。1920年代半ば以降に普及した連続ストリップ・ミルは旧ハンド・ミルの96基分に相当するほど生産能力の高いものであり，第2次世界大戦前までに鉄鋼産業の生産性を大幅に高めていた。

　大戦が始まると，鉄鋼産業は薄板の生産を行っていた連続ストリップ・ミルを厚板（軍需生産にとって重要）の生産へと転換して対応し，大量の鋼材を生産した。アメリカ鉄鋼産業は生産能力を過剰に保有していることを認識しており，新たな設備投資を行わず，既存設備を活用することによって国防計画に対応したのである。また，薄板から厚板への生産品目の転換は，自動車生産の停止によってもスムースに行われた。

　USスチールは軍需生産要請に応えるために，既存設備の活用に加えて新規設備の拡張も行ったが，その資金は政府から供給された。1940年から45年までの設備拡張費用26億8,000万ドルのうち，約半分の13億2,000万ドルは政府資金によって賄われた。政府資金はUSスチールなど少数の企業に集中して投下され，USスチールの場合にはユタ州ジェネバ工場（2,025万ドル）とペンシルバニア州ホームステッド工場（1,236万ドル）が政府所有工場として建設され，同社はこれらの工場の操業を担った。

　既存設備の活用と新規設備の稼働によりUSスチールは1940年以降に売上を拡大させた。しかし，純利益は41年に約1億1,600万ドルを記録したものの，翌年以降平均6,300万ドル程度へと低下している。これは法人税・超過利潤税の引き上げによるものであった。

2　GM

1）売上高と利益の変動

　GMにおいても，大恐慌期には売上高と利益が急減した。1929年に約15億ドルあった売上高は32年には4億3,000万ドル余りとなり，利益も約2億5,000万ドルあったものがわずか16万ドルへと減少した。赤字決算こそ免れたものの，売上高と利益の減少は劇的であった。33年からは売上高も利益も回復を始めるが，38年になると再び大きく落ち込んだ。本格的に経営が回復するのは軍需生産が始まってからであり，43年には約37億9,600万ドル，翌年には約42億6,200万ドルの売上高を記録した（USスチールと同じく法人税・超過利潤税により純利益

第Ⅱ部　20世紀型大企業の成熟

は1億6,000万ドル程度で推移）。

2）大恐慌と管理組織の改革

　GMは大恐慌期においても，1920年代に確立した分権的事業部制組織を維持し，部分的な再編を行うことで不況に対応しようとした。GMは，シボレー事業部とポンティアック事業部の生産部門を統合し，さらにビュイック事業部とオールズモービル事業部の生産部門も統合した。これらの統合により，生産事業部の数は5事業部から3事業部へと減少した。そして新しい販売会社としてBOP（ビュイック・オールズモービル・ポンティアック）を設立した。GMは，分権組織を維持しながら購買・設計・生産・販売の全社的な調整を行い，経営の効率性を高めようとしたのである。

　また，GMは分権化をさらに進める組織変革を行った。1937年に政策グループを技術，流通，研究，人事，渉外，海外事業，カナダ関係，一般エンジン，家庭用電気部門ごとに設置した（スタッフ組織）。さらに同年，取締役会において財務委員会と経営執行委員会を統合して政策委員会を設置するとともに，政策の実施を担当する管理委員会を設置した。経営執行委員会と管理委員会の設置は，戦略策定（政策立案）とその執行を分け，とりわけ経営執行委員会が事業部担当者の干渉を受けずに独自に戦略的意思決定を行えるようにするためのものであった。

3）GMの軍需生産

　自動車市場では，1932年を底として販売台数が落ち込んだが，30年代半ば以降は回復し，41年には約186万台の乗用車が販売されていた。しかし，その数値は42年に約10万台，翌年にはわずか708台となった。政府が乗用車生産の停止命令を出し，自動車産業はこれを受けて資産能力を全面的に軍需生産に振り向け，結果として乗用車が市場に供給されなくなったためである。

　しかし，自動車産業は単に政府の生産停止命令に従ったわけではなく，むしろ軍需生産計画の中枢で積極的な役割を果たした。1940年5月にGM社長のウィリアム・ヌードセンが国防諮問委員会の委員および工業生産担当の責任者に就任した。航空機を含む軍需品生産は，ヌードセンのリーダーシップにより自動車産業の生産能力を基盤に遂行されたのである。

　自動車産業の軍需生産への貢献は大きかったが，その中でもGMは最大の

軍需生産企業であり，契約額は
138億ドルで，1社で全体の7.9
％を占めた（図表5-2）。GM
は最大の自動車製造企業であっ
たが，早くから航空機（General
Aviation）事業部を保有し航空
機の開発と生産を行っていた。
1933年にノース・アメリカン航
空機（North American Aviation）
を傘下に収めて航空機事業を強
化し，戦時生産においては爆撃

図表5-3　GMの軍需品目別生産高（1940〜45年）

軍需品	生産高
航空機エンジン	206,000台
爆撃機および戦闘機	13,000機*
戦車・装甲車	38,000両
軍用トラック	854,000台
大砲（対空砲を含む）	190,000門
マシンガンおよびサブマシンガン	1,900,000挺
カービン銃	3,142,000挺
船舶用ディーゼルエンジン	198,000台

（注）　＊ノースアメリカンを除く。
（出所）　西牟田，2020，297頁より筆者作成。

機や戦闘機の大量生産を行った。自動車エンジンの大量生産を行っていたGM
は，その技術を用いて航空機エンジンや船舶用ディーゼルエンジンの大量生産
を行い，他の航空機メーカーや船舶メーカーにも納入した。航空機関連品目，
戦車・装甲車，軍用トラックといった自動車関連品目以外にも，大砲やマシン
ガンといった武器の生産も行った（図表5-3）。

3 GE

1）売上高と利益の変動

　1920年代には家庭用電気機器の売上拡大で成長したGEも，USスチールや
GMと同じく，大恐慌期には経営を大幅に悪化させた。29年に売上高約4億
1,500万ドル・利益約6,700万ドルであったものが，33年には売上高約1億
3,700万ドル・利益約1,300万ドルへと減少した。他の2社と同じように，34年
頃から売上と利益は回復するが，38年に一度落ち込む。GEにおいて29年の売
上高を回復するのはようやく41年になってからであり，軍需生産が急拡大して
からであった。また，軍需生産により43・44年には約10億5,800万ドルの売上
高を記録したものの，他社と同様に，法人税・超過利潤税が引き上げられて利
益は4,800万ドル程度とあまり拡大しなかった。

2）多角化と管理組織

　売上は低下したものの，GEが取り扱う製品ラインは1930年代にも拡大し，

新たに化学製品や空調設備などが加わった。製品ライン数は30年には193で
あったが，35年には239，40年には281ラインにまで増加した。GE は自立的な
事業部と子会社を設置して多角化した事業を管理していたが，30年代末から全
社的な組織見直しが議論されるようになった。

　GE 社長スウォープは1938年にチャールズ・ウィルソンを上級副社長に任命
し，多角化した事業にふさわしい組織の調査研究にあたらせた。ウィルソンは
分権的事業部制の導入を軸とする組織改革案を作成し，40年には社長に就任し
てその案の実行に取りかかった。しかし，42年にウィルソンは WPB（戦時生
産局）の役職に就任してワシントン DC で勤務するようになり，組織改革は戦
後に持ち越しとなった。

3）GE における戦時生産

　GE においても，1941年の真珠湾攻撃直後から本格的な軍事生産が開始され
た。図表5‐2にあるように，同社も多額の戦時供給主契約を獲得しており，
その額は約33億ドルで契約金額は9位であった。GE は35か所の工場すべてで
軍需生産を行ったほか，約1億5,500万ドルをかけて11工場を新設した。GE
が請け負った製造品目は，航空機関係では排気タービン過給機，航空機用電装
品（モーター，ランプ，ヒーター，無線など），船舶関係では水力用タービン，
レーダー，そして原子爆弾関連であった。GE はマンハッタン計画に参加し，
電力供給および制御装置を担当した。また，戦後に核研究施設であるハン
フォード研究所の移管を受けて原子力関連事業の基盤とした。

4 航空機製造企業

1）航空機産業の発展

　ライト兄弟が人類初の飛行に成功したのは1903年であったが，第1次世界大
戦以前にはすでに航空機製造はビジネスとなっていた。ニュー・ディール期に
おいても多数の航空機製造企業が事業を行っており，33年には上位36社で生産
量の90％を占める産業構造となっていた。軍用機の開発を軸に新興企業が次々
と成長してきており，主要な企業にはダグラス，ボーイング，ベル，ロッキー
ド，カーチス＝ライト，グラマン，チャンス・ヴォート，コンソリデーテッ
ド，マーチン，ノース・アメリカン航空機（後に GM の傘下に入る），リパブ

リックなどがあった。

図表5-4は1926年から40年までのアメリカにおける航空機の生産機数，輸出機数，輸出額の伸びを示している。生産機数をみると20年代に伸長し29年には6,193機生産されていたが，生産機数は30年代前半に低迷し年間1,500機前後になった。他方で輸出機数は増加し，輸出割合も30%を超えるほどになった。つまり，大恐慌を受けてアメリカの航空機市場は縮小したが，外国市場（主に外国政府向け）

図表5-4　航空機の生産および輸出

（機，%，ドル）

年	生産機数	輸出機数	輸出割合	輸出額
1926	1,186	50	4.2	303,149
1927	1,995	63	3.2	848,568
1928	4,346	162	3.7	1,759,653
1929	6,193	348	5.6	5,484,600
1930	3,437	321	9.3	4,819,669
1931	2,800	140	5.0	1,812,809
1932	1,396	280	20.0	4,358,967
1933	1,324	406	30.7	5,391,493
1934	1,615	490	30.3	8,195,484
1935	1,710	333	19.5	6,598,515
1936	3,010	527	17.5	11,601,893
1937	3,773	628	16.6	21,076,170
1938	3,623	875	24.2	37,977,324
1939	5,856	1,220	20.8	67,112,736
1940	12,804	3,522	27.5	196,260,556

（出所）　西川，2008，38頁，表2-1（一部表記を変更した）。

の輸出に資源を振り向けて経営を行ったのである。1939年の航空機産業の生産額は約1億5,700万ドルで，航空機エンジンを含むと約2億3,100万ドルであった。しかし，この生産額は自動車産業の生産額の約29分の1の規模であり，製造業における順位は10位であった。

2）軍需生産と航空機産業

航空機産業がアメリカ産業の中で重要な位置を占めるようになったのは，第2次世界大戦時における戦時生産においてであった。WPBの「戦争計画」では，1942年に5万7,000機，43年に10万5,000機の生産目標が掲げられたが，当時の生産能力から相当かけ離れた高い目標であった。目標達成のため，政府は航空機製造企業と国防工場契約を締結して国家資金を提供し，製造企業側は設備を拡張するとともに下請生産を大規模に組織して航空機の大量生産体制を整えた。

下請生産体制の構築は，第1に航空機の生産には自動車以上に多くの部品が必要であること（飛行機1機当たり10万点を超えるといわれる），第2に徴兵のために熟練労働者を大量に確保することが困難であったことからも急務の課題と

第Ⅱ部　20世紀型大企業の成熟

された。航空機生産体制を構築するため，自動車産業を下請けに組み込み，機体の副次的組立とエンジン製造を担当させた。航空機の大量生産には世界最大の自動車産業において蓄積された知識と能力が利用されたのであるが，それは政府の国防諮問委員会におけるGM社長のヌードセンという産業リーダーによって主導されたものであった。

　「戦争計画」の生産目標は当初の生産能力からすると非常に高いものであったが，航空機メーカーはなんとか目標をクリアしようとした。1942年の目標機数は5万7,000機であったのに対し，実際に生産できたのは2万5,582機（爆撃機，戦闘機，大型輸送機）で，目標の半分にも達しなかった。43年の目標10万5,000機に対しても半分の5万7,544機の生産にとどまった。しかし44年になると8万938機を生産できるようになった。

　このような航空機の大量生産の取り組みとその実現によって，航空機産業は生産額において自動車産業を凌駕した。航空機メーカー数は多かったが，戦後にはそれらが合併を繰り返して巨大企業化し，21世紀においてもアメリカの産業の中で国際競争力を維持している産業として重要な役割を果たしている。

Check Points！

①大恐慌によってアメリカの国民総生産（GNP）は1929年から33年までに約半分に減少した。アメリカ経済が大恐慌から完全に立ち直るのは，41年以降に本格化する軍需生産によってであった。

②ニュー・ディール政策と第2次世界大戦期の軍需生産を通して，企業と政府との関係が深まった。またワグナー法によって労働組合が確立して労働者の影響力が強まり，大企業体制の中に労働組合が組み入れられた。

③技術革新が起きた鉄鋼産業，大恐慌で需要が減退した自動車産業，大恐慌の下でも製品多角化が進んだ電気機械産業の主要企業は，管理組織を再編成して効率的な経営を目指した。大戦勃発後は政府資金を利用して生産基盤を急激に拡張した。

参考文献

○年次報告書

General Motors Corporation, *Annual Report*, 各号.

United States Steel Corporation, *Annual Report*, 各号.

○書籍・論文

Blackford, Mansel G. and Austin Kerr（1986）*Business Enterprises in American His-*

tory, Houghton Mifflin Co. (川辺信雄［監訳］『アメリカ経営史』ミネルヴァ書房，1988年）

Milward, Alan S. (1977) *War, Economy and Society, 1939-1945*, University of California Press.

Sloan, Jr., Alfred P. (1963) *My Years with General Motors*, Doubleday & Company. (田中融二・狩野貞子・石川博友［訳］『GM とともに──世界最大企業の経営哲学と成長戦略』ダイヤモンド社，1967年）

井上昭一（1982）『GM の研究──アメリカ自動車経営史』ミネルヴァ書房。

河村哲二（1995）『パックス・アメリカーナの形成──アメリカ「戦時経済システム」の分析』東洋経済新報社。

小林袈裟治（1970）『GE』（世界企業4）東洋経済新報社。

坂本和一（1997）『新版 GE の組織革新──21世紀型組織への挑戦』法律文化社。

谷口明丈［編］（2023）『総合電機企業の形成と解体──「戦略と組織」の神話，「選択と集中の罠」』有斐閣。

谷口明丈・須藤功［編］（2017）『現代アメリカ経済史──「問題大国」の出現』有斐閣。

西川純子（2008）『アメリカ航空宇宙産業──歴史と現在』日本経済評論社。

西牟田祐二（2020）『語られざる GM 社──多国籍企業と戦争の試練』日本経済評論社。

堀一郎（1978）「第2次大戦期におけるアメリカ鉄鋼業──第2次大戦下のアメリカ経済の特質をめぐって」（『経済学研究』第28巻第1号）。

黒川博（1993）『U. S. スティール経営史──成長と停滞の軌跡』ミネルヴァ書房。

第6章

連続と断絶

　　本章では，1937年の日中戦争勃発から45年8月の敗戦に至る戦時期，敗
戦から55年までの復興期における日本経済と企業経営の展開をみる。統制
経済，軍需生産，そして経済民主化という激しい流れの中で企業経営の何
が変化したのか（断絶），戦前に形成され第2次世界大戦後に引き継がれ
たものは何か（連続）を考察する。アメリカの場合，終戦後の経済は戦時
から平時への復帰として特徴づけられるが，日本の場合，戦時経済からの
復興は単に戦前の経済に復帰することではなく大きな制度変化を伴うもの
であった。それはまた，戦前とは異なる経済成長の軌道を準備するもので
あった。戦時期から復興期にかけて，1955年に始まる高度成長期に実現す
る耐久消費財の大量生産・大量販売と，それを支える投資と消費の拡大の
条件が準備されていった。

キーワード：国家総動員法　経済民主化　生産システム

1　市場と経済の動き

1　市場と工業生産

1）市　場

　戦時期から復興期までの日本経済の展開を，生産と消費（市場）の両面から
把握する。というのも，本書は大量生産と大量流通がどのように結びつけられ
るかという点に大企業の発展の諸特徴をみようとしているためである。

　戦時期の市場を人口動向からみると，日本の人口は1943年の約7,400万人を
ピークに，45年には約7,200万人へと減少している。これは戦争激化による出
征兵士や戦死者の増加によるものである。市場では，「ぜいたくは敵だ」のス
ローガンにみられるように消費財供給が抑制されるとともに，軍需生産のため
の金属品供出などの政策によって家計のストック（衣類，日用品，住宅，食料）

は窮乏状態となった。

第2次世界大戦が終結し復興が始まると人口は急拡大し，消費需要も高まった。人口は1950年に約8,320万人へと増加し，さらに55年には約8,930万人にまで増加した。人口増加は，海外に展開していた旧日本軍兵士の復員や，「満州国」や他の日本の植民地に居を構えていた人びとが本土に戻ってきたこと，そして46年以降の第1次ベビーブームによるものであった。市場では，戦時期の家計ストックの枯渇を回復すべく，抑制されていた消費需要が解放され大きな需要が生まれた。しかし，工業生産はこの繰り延べられた需要をすぐに満たすことはできなかった。

戦時期から復興期にかけてのGDPの変化をみると，日中戦争が勃発した1937年の約14兆3,800億円から，ピークである42年の約17兆690億円まで拡大した（深尾ほか，2018，282頁）。しかし戦況悪化とともに低下し，46年には約10兆3,000億円となった。その後GDPは回復するが，戦前のピークである42年のGDPを超えたのはようやく54年になってからであった。

2）産業構造の変化

第2次産業（主に鉱工業）の推移に絞ってみると，1937年の約3兆円から戦前のピークである44年の約4兆6,000億円へと拡大している。これは軍需生産の拡大によるものである。43年以降政府の航空機第一主義政策により，航空機産業を中心とする重化学工業への投資が集中的に行われた。しかし，45年春以降になると資材不足と空襲によって工業生産力が急激に低下し，46年には約1兆4,000億円へと低下した。第2次産業のGDPは復興期に拡大したものの，1955年においても約4兆4,000億円であり，44年のピークを超えることはなかった。供給構造の著しいゆがみが原因で繰延需要との需給ギャップが拡大したが，これは戦後の経済成長の制約要因でもあった。

さらに工業生産額の産業別構成比をみると，1945年における最大の製造業部門は機械器具（機械・電気機械・輸送機械・精密機器・武器）で，製造業全体の51.3％を占めていた。次いで比率が大きかったのは金属（鉄鋼・非鉄金属・金属製品）で18.8％であった。戦時期（戦争末期）には，機械と金属工業で製造業の生産額の約7割を占めていたのである。

しかしこのような産業構造は，復興期には大きく変化した。1955年の産業別

第Ⅱ部　20世紀型大企業の成熟

GDP をみると，製造業で最も付加価値額が大きいのは食料品（約9,800億円）で，次いで繊維（約3,800億円）と一次金属（約3,400億円）であった。衣食住に関する製造業と，経済復興の基礎となる一次金属の付加価値生産額が大きく，復興期は軽工業中心の工業発展がみられたといえる。なかでも繊維産業は経済復興において重要な役割を果たした。ただし，40年代後半には生産された繊維製品は輸出に向けられ，国内市場への供給は制限されていた。巨大な繰延需要が存在する中での供給制限は価格高騰を招き，繊維企業の経営が好転した。しかし50年代に繊維価格は低下し，繊維企業は困難な状況に陥った。

2　研究開発

　日本の急速な工業化の基礎には，在来技術の改良に加え，外国技術を旺盛に導入し，それを消化・改良して新製品を開発するメカニズムが存在していた。技術導入は幅広い産業分野で行われたが，なかでも電気機械や化学，機械といった重化学工業分野で集中的に行われた（第2章，第4章参照）。

　しかし日中戦争以降，特に日米開戦以降になると外国からの技術導入が停止した（枢軸国であるドイツからの技術導入はしばらく継続した）。また，工業生産に必要な原材料の輸入・移入も難しくなった。したがって，企業経営を継続し，戦争経済を維持するために自主技術開発が必要となった。民間試験研究機関は1939年時点で383機関あったが，41年には711機関にまで増加した。また政府主導による研究隣組制度など産学官をまたぐ共同研究が推進された。その結果，内国人による発明は戦争末期を除いて継続的に増加した（図表6-1）。しかし，革新的なものが次々と出てくるような状況にはなく，発明の内容は入手が困難となった物資の代用品などであった。

　終戦直後の混乱により特許・実用新案の登録は激減した。技術導入も終戦後しばらくは停止されていたが，1950年5月に「外資に関する法律」（外資法）が制定されて再開され，外国人による特許登録も再開した。49年から55年までの技術導入契約件数は518件で，内訳は機械関係が129件，電気機械が122件，化学が100件などであった。また技術導入先はアメリカが357件と圧倒的に多く，スイスの48件，西ドイツの32件が続いた。

　他方で，試験研究機関は減少し，1950年には312機関になった。その後研究

第 **6** 章　連続と断絶

図表 6-1　特許・実用新案登録の推移（1931～80年）

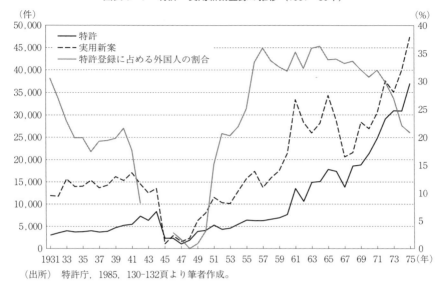

(出所)　特許庁，1985，130-132頁より筆者作成。

機関は徐々に拡大し，53年には化学や電気機械分野を中心に373機関（所属研究者は約5,000人，関連業務も含めると約2万3,000人の規模）になった。全体としてまだ1950年代は研究開発に巨額の資金を投じる余裕はなかったが，企業の技術開発意欲は高く，川崎重工業のように研究所を新設する事例もみられた。

2　戦時期の企業経営

1　統制と管理

　日中戦争勃発後，国内では経済統制が強化され，市場における競争や企業経営それ自体までも政府・軍部によって規制されるようになった。1938年に国家総動員法が施行され，この法律に基づいて企業活動に制約が加えられた。

　同年，国家総動員法に基づく工場事業場管理令が発出された。この管理令は民間工場を軍が管理するためのもので，主要な工場に監理官が置かれて管理工場となった。さらに，同法に基づくものではないが，陸軍需監督官令が出され，企業に監督官，会計監督官が置かれるようになった。これらの工場は監督

工場と呼ばれた。また1939年10月には軍需品工場事業場検査令が出され，原価計算の徹底による価格の適正化が指示された。管理工場・監督工場は増大し，企業の日々の活動がモニタリングされるようになった。くわえて企業には陸海軍出身の重役・顧問が増加し，軍部の企業に対する影響力は強化された。

1941年になると，国家総動員法に基づく重要産業団体令が発出され，その命令に基づく統制会として鉄鋼統制会が設立され，引き続いて33の統制会が作られた。統制会は各業界の主要企業を網羅するものであり，物動計画の下での生産や資材の割り当て，そしてモニタリングが行われた。しかし実際には，鉄鋼統制会以外の統制会の活動は不調であった。

また，1941年からは企業および企業系列の整備を目指す政策が進められた。企業整備は戦争遂行にあたって「不要不急」部門を圧縮し，経済資源を重点部門に投下する政策で，繊維企業は紡績工場を「操業工場」「休止工場」「閉鎖工場」に分類するように指示され，多くの繊維企業が転廃業を余儀なくされた。くわえて，大企業は繊維生産から「時局産業」に転換させられた。また，下請工場指定制度により大企業と中小企業との関係を下請関係として整備し，専属化・固定化を目指して生産を合理化しようとしたが，この政策は当初の目的を達することができなかった。

1943年に軍需省が設立されると同時に，軍需会社法が制定された。この法律の目的は民間企業を用いて軍需生産の増強を図ることで，軍需会社に指定された企業には生産責任者が置かれ，民有民営の形態を維持しつつ軍需生産が強力に推進された。44年1月には150社が1次指定され，4月の2次指定では424社が，6月から45年5月までにさらに147社が指定され，軍需会社となった企業数は合計721社となった。

日中戦争以降，直接軍事費は一般予算の70％を占め，日米開戦後は金額も急拡大し1944年には約740億円，一般予算の85.5％を占めるまでになった。軍需会社に指定された企業は，兵器等製造事業特別助成法（1942年2月）などの支援を受けて急速に設備拡大を行い，軍需品の大量生産を行うようになった。

［2］ 財閥の展開

軍需生産で重要な役割を果たしたのは，1920年代に重化学工業に進出してい

図表6-2 三大財閥の重化学工業の払込資本金の比較 (1973年)

(1000円)

部門	三菱		三井		住友	
基礎部門	日本製鉄への投資	15,554	日本製鉄への投資	25,265	日本製鉄への投資	600
	東京鋼材	3,500	三井鉱山	73,500	住友鉱業	17,000
	三菱鉱業	75,000	北海道炭砿汽船	53,800	大日本鉱業	1,500
	九州炭砿汽船	6,250	太平洋炭砿	8,250	住友アルミニウム	2,500
	雄別炭砿	5,000	基隆炭砿	7,000		
	北樺太鉱業	5,000				
	計	110,304　43.7%	計	167,815　51.5%	計	21,600　13.7%
艦船・機械兵器工業	三菱重工	75,000	玉造船所	5,000	住友金属工業	62,500
	三菱電機	22,500	芝浦製作所	18,750	住友電線製造所	22,500
	三菱光学工業	24,000	日本製鋼所	15,000	藤倉電線	7,500
	日本電池	2,625	東洋精機	3,950	安立電気	875
	東京計器製作所	2,700	昭和重工業	1,250	住友機械製作	2,500
	東京イーシー工業	600	東京電気	34,175	日本楽器製造	3,740
			豊田式織機	9,375		
	計	127,425　50.4%	計	87,500　26.8%	計	99,615　63.4%
火薬爆薬・化学兵器工業	日本化成工業	15,000	東洋高圧	24,000	住友化学	25,000
			電気化学工業	28,000	日本染料	11,000
			合成工業	2,375		
			北海曹達	3,750		
			レーヨン曹達	375		
			大日本セルロイド	12,500		
	計	15,000　5.9%	計	71,000　21.8%	計	36,000　22.9%
総計		252,729　100.0%		325,815　100.0%		157,215　100.0%

(出所) 三島ほか, 1987, 5頁, 表序-1。

第Ⅱ部　20世紀型大企業の成熟

た財閥であった。財閥は，兵器生産部門に積極的に進出し，軍需生産への関与
を強めた。**図表6‐2**は，三大財閥（三菱・三井・住友）の重化学工業分野にお
ける傘下企業とその払込資本金の額を示している。石炭・鉄鋼・アルミニウム
など基礎的資材や火薬・化学兵器部門では三井財閥の投資額が大きく，艦艇・
航空機・その他の兵器部門では三菱財閥系企業が多くの資本を投下していた。
また，各財閥の3部門への投資比率をみると，三井財閥は「基礎部門」，三菱
財閥と住友財閥は「船舶および機械兵器工業」への投資割合が大きかった。

　戦時期の工業生産において重化学工業が占める金額・割合がともに大きく，
その大部分を財閥系企業が担っていた。かくして，財閥は戦時期を通じて日本
経済の中心を担うようになった。1945年時点で4大財閥（三井・三菱・住友・安
田）の傘下企業の払込資本金は，全国の会社の払込資本金総額の24.5％を占め
た。これに6財閥（日産・浅野・大倉・古河・中島・野村）を加えると，その割合
は35.2％であった。

③　三菱重工と中島飛行機

1）日本の航空機産業

　日本の航空機生産は第1次世界大戦期に始まる。航空機企業各社は外国企業
からエンジン技術や機体製造技術を導入して製造を開始した。しかし生産量は
多くなく，1936年までの10年間で約6,000機の生産にとどまった。

　日中戦争が勃発すると，航空機の生産も拡大した。**図表6‐3**は1937年から
45年までの航空機機体生産数と主な企業の生産機数を示している。40年の生産
機数4,796機は，アメリカの同年の生産機数1万2,804機（図表5‐4）と比較す
ると，およそ3分の1の規模であった。その後生産機数は43年に1万7,646機
となり，翌年には2万5,835機のピークを迎える。それでもアメリカ（同年の生
産機数は8万938機）と比較すると3分の1以下の規模であった。

　アメリカには量的に及ばなかったが，数万点に上る部品を正確に組み立てる
ことが要請される航空機産業において大量生産が実現されたことは，日本の工
業生産の一定の前進を示すものであった。日中戦争以降に航空機生産の中心と
なったのは三菱重工と中島飛行機であったので，それぞれの企業の取り組みを
みよう。

第6章　連続と断絶

図表6-3　戦時期の航空機機体生産数

(機)

	中島飛行機	三菱重工	川崎航空機工業	立川飛行機	愛知航空機	その他	合計
1937	358	320	188	264	176	128	1,434
1938	973	914	352	307	218	396	3,160
1939	1,162	1,194	588	784	327	809	4,864
1940	1,077	1,147	326	1,096	322	828	4,796
1941	1,085	1,697	865	1,048	255	768	5,718
1942	2,788	2,514	1,093	1,224	377	1,419	9,415
1943	5,685	3,864	2,594	1,289	997	3,217	17,646
1944	7,943	3,628	2,794	2,189	1,496	7,785	25,835
1945	2,275	563	527	895	502	3,270	8,032
合計	23,346	15,841	9,327	9,096	4,670	18,620	80,900

（出所）　宇田川・中村，1999，80頁。

①三菱重工

　三菱財閥の航空機事業は，1917年にフランスのイスパノ・スイザ（Hispano-Suiza）から水冷式発動機技術を導入することで始まった。21年には海軍艦上式戦闘機を試作し，22年に本格的に製造を開始した。39年3月には堀越二郎の設計による新しい試作機が完成し40年7月に零式艦上戦闘機（ゼロ戦）として制式採用され，終戦までに3,832機生産された（ライセンス生産を行った中島飛行機は6,500機のゼロ戦を生産した）。

　三菱は組織改革を行い，航空機事業の展開を図った。1920年には航空機エンジンの製造のために三菱内燃機製造株式会社を設立し，28年には三菱航空機株式会社に改称した。しかし航空機開発は研究開発投資や設備投資が巨額であったためその費用を単独の子会社では維持できず，34年に三菱造船が三菱重工と改称し，三菱航空機は同社と合併した。三菱重工は，戦時期に日本の航空機生産の一翼を担った。

②中島飛行機

　中島飛行機は，1917年に海軍機関大尉を退官した中島知久平（後に政治家・大臣）が群馬県太田市に航空機研究所を設置したことに始まる。研究所は18年4月に中島飛行機製作所と改称し，5月には川西財閥の川西清兵衛と提携し合資会社日本飛行機製作所とした。しかし，中島と川西は同じく航空機生産を夢見ていたにもかかわらず考え方が合わず，19年12月には中島が10万円で日本航

105

第Ⅱ部　20世紀型大企業の成熟

空機製作所の工場を買収し，再度，中島飛行機製作所とした（川西は川西航空機工業を設立した）。31年には株式会社化して中島飛行機株式会社とし，航空機生産を進めた。

2）航空機の大量生産

　航空機の大量生産を実現するため，航空機産業ではアメリカのフォード・システムの導入が試された。フォードによる自動車の大量生産方式の考え方は日本にも早くから紹介されていたが，日本ではそれを「流れ作業」として理解していた。

　航空機の機体生産の流れ作業方式には，分割組立方式と前進作業方式があった。分割組立方式は1938年に中島飛行機太田製作所において，陸軍97式戦闘機（キ27）の製造で実践された。42年には三菱重工名古屋航空機製作所で陸軍4式重爆撃機「飛龍」（キ67）の生産で分割組立方式と，設計・製造の同時進行方式がとられたようであるが，どこまで実現されたかは不明である。後者の前進作業方式は，三菱重工名古屋航空機製作所において取り組まれ，1941年に試験的に成功した。その後他のメーカーでも実施されたが，各工程間の作業時間を一定に保つことと，工作機械や物資が不足していないことが実現の条件であったので，どの程度成果を上げたかは不明である。

　部品生産における流れ作業方式では，半流れ作業方式と推進庫方式が試みられた。前者は中島飛行機武蔵野製作所で実施されたもので，「作業区」を設定して各作業区の加工時間を一定にするとともに，「作業区」間に「プール」を設置してバッファーとし，作業を流れ作業的に編成した。後者の推進庫方式は，推進庫という職場単位を配置して，部品生産の日程管理・工程管理の責任を委ね，推進庫間の調整は中央が行う方式である。これは伝票によらずに工場内を流れる仕掛品を把握することを目的とする方式であった。しかしこの方式が本格的に普及する以前に敗戦となってしまった。

　三菱重工や中島飛行機は，航空機生産の大量生産を実現するために，数万点の部品を組み立てて製造する航空機の製造過程をシステムとして認識し，工程分析や作業研究を行った。流れ作業の導入は十分な成果を生み出さなかったが，工程分析や作業研究を行った人材は戦後に引き継がれ，彼らは他産業に移って知識を実践したり，日本能率協会や独立のコンサルタントとして活躍す

第**6**章　連続と断絶

ることを通して戦後の製造業に貢献した。

４　東京芝浦電気の軍需生産

1）軍需生産と技術公開

　三菱重工や中島飛行機のように従来から艦艇や航空機などの兵器を製造していた企業は軍需生産の拡大とともに事業規模も大きくなったが，重電や家庭用電気製品といった民生品を中心に生産・販売を行っていた東京芝浦電気は，戦時経営を通して事業や経営方法を大きく変化させた。

　電気機械産業においても軍と政府による規制が強まり，1938年になると家庭用電気製品（電気冷蔵庫・電気ストーブ・扇風機など）が製造禁止となった。大容量発電機の生産も41年をピークに減少し，軍用電源など小型のものの生産に置き換わった。また，東京芝浦電気（39年に東京電気と芝浦製作所が合併して誕生。後に東芝に改称）は四半世紀以上 GE と資本・技術提携をしており，アメリカ資本を受け入れ，取締役の何人かは GE から送り込まれていた。東京芝浦電気は（その前身企業も含め）アメリカ資本が入っているため，軍需品の生産は本社ではなく子会社で行っていた。しかし日米開戦が近づくとアメリカ人取締役は帰国し，開戦後は敵産管理法により GE の持株は処分された。

　電気機械企業は外国企業から技術を導入し（日立製作所を除く），その技術を基盤として独自に技術を改良・開発し，特許・実用新案やノウハウの形で保護し経営を行っていた。しかし，軍は戦時生産の水準を向上させるために，企業に対して技術公開を命じた。東京芝浦電気は保有していた真空管製造技術，特殊合金製造法，放電管制御技術，鎔接装置に関する技術を，日本電気をはじめとする競合企業に公開することになり，特定企業が秘密裏に保有し競争優位の源泉としていた技術が業界企業の中で共有された。

2）増資と設備拡大

　電気機械企業は戦時期に急激に成長した。1937年と45年の資本金を比較すると，日立製作所は１億1,790万円から７億円に増資しており，三菱電機は3,000万円から１億2,000万円に，東京芝浦電気も8,700万円から６億2,200万円へと増大させた。これらの増資は，軍需生産のために工場や設備を拡張する目的で行われた。電気機械産業は戦時期において「日の当たる産業」であったが，他

第Ⅱ部　20世紀型大企業の成熟

方で過剰設備や欧米企業との技術格差（技術開発のゆがみ）などの問題も蓄積されていった。

　東京芝浦電気の戦時経営の展開をみると，電機企業の事業内容と経営規模が大きく変化していることがわかる。1939年の設立から41年12月までの期間は，軍需品の生産も行ったが民需にも資源を投入していた。日米開戦から43年半ばにかけては軍需品の生産が飛躍的に拡大し，民需と軍需の割合が3対7となった。そして39年9月期から43年4月期までに，売上は約5,500万円から約1億1,900万円へと増加した（利益はほとんど変わらないので売上高純利益率は14.5％から11.8％に低下した）。1943年2月になると政府の政策が航空機第一主義に転換し，東京芝浦電気の生産の重点も航空機関係（各種電気機械・特殊金属・電波兵器・無線機・真空管類）に移った。44年1月には軍需会社法による1次指定を受け，指定工場となった。43年以降の売上と純利益は急拡大し，45年3月期には売上高約3億6,900万円，純利益約7,300万円，売上高純利益率は19.8％にまで上昇した（最も高かったのは44年9月期の23.1％）。しかし，45年春から終戦にかけて急速に経営実績が悪化した。45年9月期の売上高は約1億1,900万円にまで低下し，収支は約6,600万円の欠損であった。これは激しくなる空襲や資材不足により生産力が急激に低下したためであった。

3　復興期の企業経営

1　戦後改革

　第2次世界大戦が終結し，日本はアメリカ軍を主体とする占領軍の間接統治を受けることとなった。GHQ/SCAP は戦前に形成された経済体制を変革しようとしたが，冷戦の激化による国際的政治環境の変化やさまざまな経済主体との緊張関係の中で，変革が進んだところと，あまり進まなかったところが生まれた。これらはいずれも，戦後の高度成長や今日に至る経済と企業の成長に大きな影響を与えるものであった。

1）経済民主化

　GHQ/SCAP は，戦争の原因となった経済独占を解体し，経済の民主化を図った。独占の解体の中でも，財閥解体は最も象徴的なものであった。1946年

８月に持株会社整理委員会が発足し，財閥本社の解体と清算を行った。さらに同委員会は財閥本社だけではなく巨大な事業持株会社，三井物産，三菱商事など83社を持株会社に指定し，持株を処分した。持株の処分により財閥のピラミッド型所有構造は解体され，さらに財閥家族の追放と主要役員の公職追放によって人的つながりも解体された。なかでも財閥の中核的存在とされた三井物産と三菱商事は徹底的に解体され，前者は約170社，後者は約120社に分割された。財閥解体と公職追放によって旧来の経済の中心にいたトップの経営者が追放され，若返った専門経営者が企業再建を進めるようになった。

　財閥以外の大企業による独占にもメスが入れられた。1947年12月に過度経済力集中排除法（集排法）が公布され，巨大企業の解体が目指された。集排法では325社が指定され企業分割や工場の処分などが計画されたが，米ソ冷戦の高まりを受けてアメリカ政府の対日政策が転換し，指定の解除や分割計画の取り消しが相次いだ。結局，企業分割・分離は11社にとどまり，工場や株式の処分も７社にとどまった。東京芝浦電気は48年２月に指定を受け，当初は会社を５分割しすべての特許権・実用新案権を一般公開すること，さらに新設会社が旧社名・商号を使用することを禁止することなど厳しい処分案が検討された。しかし，最終的には27工場と１研究所を処分するのみとなり，むしろ戦時中に膨張した過剰設備をうまく処理することができた。

　なお，徹底的に解体された産業もある。戦前・戦中に成長した日本の航空機産業は，GHQ/SCAP による航空禁止令により消滅した。産業の主軸をなした中島飛行機も事業所ごとに解体され，技術者は自動車産業など他産業へと活躍の場を求めた。このようなプロセスの中で，たとえば中島飛行機の技術者は，同社の後継企業である富士重工業に移り生産技術を移転した。

２）労働運動と経営者団体

　経済民主化と同時に GHQ/SCAP は労働改革を行い，労働組合の結成や組合活動を奨励した。1945年12月に労働組合法が公布され，労働者の団結権・団体交渉権・争議権（労働三権）が確立した。主だった企業では労働組合が結成され，経営側と組合との間で協約が締結された。協約により経営協議会が設置され，経営上の重要な意思決定は協議会を通して行われることとなり，労働組合は戦前の差別的な職員・工員身分制度の撤廃や賃上げを獲得していった。

第Ⅱ部　20世紀型大企業の成熟

　高揚する労働運動の中で企画された1947年2月1日のゼネストがダグラス・マッカーサーの命令で中止された事件は，占領下における労働運動の限界を示すものとなり，これ以降労働組合運動の後退が始まった。

　他方，労働運動の高まりに対して経営者は危機を感じていた。主要企業の経営者は，1948年4月に日本経営者団体連盟（日経連）を結成し，労働組合運動に対抗した。日経連は，労働組合との協約に基づく経営協議会において重要事項の決定権が労働組合側に拘束されていることを嫌い，「経営権」（特に人事権）の確立をスローガンに運動し，徐々に「経営権」を取り戻していった。

　日本電気では，1946年に各事業所に経営協議会が設置され，経営者が重要な意思決定を行うときには協議会において労働組合の同意を得ることが必要となった。48年には職員と工員との間の身分差別撤廃について労使間で合意が行われた。その後も49年6月まで「経営権」を拘束する協約が続くが，その後は無協約状態となった。激しい労働争議が起こったが，結局労働者側が敗北し，52年に「経営権」が拘束されない新労働協約が締結された。

2　経営管理の進展

　復興期には近代的な経営管理方法がアメリカから導入され，定着していった。コーポレート・ガバナンスに関しては，1950年5月の商法改正（51年7月施行）によって，株主総会で選任される取締役で構成される取締役会の，業務運営に関する最高意思決定機関としての地位が明確にされた。また，月1回程度開催される取締役会の役割を補うため，週1～2回開催される常務会を設置する企業が増えた。常務会は経営に関する実質的な審議・意思決定機関となり，専門経営者の機能を強化した。

　1950年9月に「財務諸表等の用語，様式および作成方法に関する規則」が制定され，アメリカの会計制度が導入された。翌年には公認会計士による監査が実施されるようになり，企業会計制度の整備が進んだ。また，管理会計も導入された。管理会計は，51年7月の産業合理化審議会管理部会による答申「企業における内部統制の大綱」において提言されたアメリカのコントローラー制の導入や予算統制・内部監査の確立をきっかけに，各企業が導入に取り組み普及していった。

ものづくりにおいては，統計的品質管理（SQC）が始まった。SQCは戦前からも一部で取り組まれていたが，戦後は日本科学技術連盟（日科技連）を中心としてその普及が進められた。1950年3月に日科技連は雑誌『品質管理』を創刊して知識普及を目指した。同年夏にはアメリカからW・E・デミング博士を招き品質管理講座を行うなど定期的なセミナーを実施し，製造業の品質管理担当者が受講した。51年にデミング賞（本賞と実施賞）が始まると，主要企業はデミング賞受賞を1つの目標として，本格的にSQCを導入し品質管理を実施するようになった。

3 トヨタ自動車の生産システム

1）大量生産システムへの取り組み

トヨタ自動車は戦時期から自動車の量産を行うために「号口管理」という方法を試みていた。この方法は，完成車のロット（たとえば10台）ごとに「号口」という番号を与え，そのロットに必要な部品の流れを管理するものであった。しかし，能率給の運用に問題があり，この方法は機能しなかった。当時は請負労働者が作業にあたっていたが，全体の流れを考慮せずに単価の高い部品の加工を行うことがしばしばあったためである。

戦後になるとトヨタは能率給の運用方法を改善した。1948年7月に能率給である生産手当が導入されたが，この手当は47年に半年間の各部品の加工時間実績により標準加工時間を算定し，これに基づき定めたものであった。

トヨタ自動車は1940年代末から全社を挙げた合理化促進運動を推進した。世界の自動車市場にはGMやフォードをはじめとする巨大なアメリカ自動車メーカーが存在しており，来るべき経済自由化に対応し，外国自動車メーカーと競争して生き残るためには合理化が不可欠であると考えたためである。1948年から開始された合理化促進運動ではさらなる製造現場のデータの収集と分析が行われた。まず挙母工場内にある工場すべてに事務主任を置き，製造現場における実態把握をしようとした。トヨタは，この動きを挙母工場にとどめず全社的に拡大させ，工数の測定方法を拡大させようとした。1950年には労働争議が起きたが，経営側は組合側に対して給与制度の改革，強力な配置転換，職制の刷新を求め，合理化の動きを止めずに推進することを押し通した。労働争議

第Ⅱ部　20世紀型大企業の成熟

は6月に終結し，翌月にはトヨタが「歴史的な」職制を発表した。それは製造の分散管理方式，つまり戦時期に航空機製造現場で試みられていた推進区（庫）制の管理方式であった。

2）生産のシステム化とデータ処理

　トヨタは新たな職制の下で1950年10月に「生産手当制度」を導入した。これは労働争議において経営側が主張していた給与制度改革であり，確立された標準作業と，それに基づき設定された標準時間を前提として，「能率歩合と完成歩合」を組み合わせた給与制度であった。この給与制度は後にトヨタの給与制度の基礎なった。標準作業を確立し，標準時間，そして後に標準原価を設定することは，多数の工程からなる自動車生産を1つのシステムとして把握しようとしていたことを示している。

　ところで標準作業，標準時間，そして標準原価の設定は，製造コストを削減し国際競争力をもつ自動車を生産するためには不可欠の取り組みである。しかし，多数の工程からなる自動車生産における標準作業と標準時間の計算には膨大なエネルギーと時間が必要であった。トヨタはこれらの計算のために1952年にIBMのパンチカード・システム（PCS）を採用し，大規模な計数処理を行った。ただしPCSを利用して計算スピードが増したとはいえ，計算ができるのは月次計画のレベルであった。まだ計算能力が高くなかったのである。

　流れ作業は，まだ初期の段階であった。1954年において挙母工場では流れ作業が実施されていたが，部品を運搬する輸送機の定時運行によって流れを作り出す段階であった。トヨタ生産方式として生産システムが完成するのはさらに後の時代であるが，戦時期から復興期にかけて，航空機生産で生み出された推進区制管理方式と，標準作業・標準時間の設定による生産のシステム化が動き出していたのである。

Check Points！

①統制経済，軍需生産，経済民主化という経済体制の大転換の中で，重化学工業の主要部分を担っていた財閥は解体され，航空機産業も解体された。

②労働組合が確立し，企業制度に組み入れられたことは戦前との大きな違いである。日本的経営の特質の1つとされる企業別組合も，戦後改革を出発点として生まれた。アメリカから導入された経営管理方法は，戦後の企業経営を形成する要素であった。

第6章　連続と断絶

③戦前の航空機産業における大量生産への取り組みは，自動車産業へと受け継がれ，日本的生産システムの基盤となった。また，戦時期の電機産業における技術公開は，戦後日本エレクトロニクス産業成長の条件となった。

参考文献

宇田川勝・中村青志［編］（1999）『マテリアル日本経営史――江戸期から現在まで』有斐閣。

経営史学会［編］（2004）『日本経営史の基礎知識』有斐閣。

佐々木聡（1992）「第二次世界大戦期の日本における生産システム合理化の試み――中島飛行機武蔵野製作所の事例を中心に」（『経営史学』第27巻第3号）。

沢井実（2012）『近代日本の研究開発体制』名古屋大学出版会。

柴孝夫・岡崎哲二［編著］（2011）『制度転換期の企業と市場　1937～1955』（講座・日本経営史4）ミネルヴァ書房。

下谷政弘［編］（1990）『戦時経済と日本企業』昭和堂。

高橋泰隆（1988）『中島飛行機の研究』日本経済評論社。

武田晴人［編］（2007）『日本経済の戦後復興――未完の構造転換』有斐閣。

武田晴人（2019）『日本経済史』有斐閣。

東京芝浦電気株式会社総合企画部社史編纂室［編］（1963）『東京芝浦電気株式会社八十五年史』同社。

東京芝浦電気株式会社［編］（1977）『東芝百年史』同社。

特許庁［編］（1984）『工業所有権制度百年史（上巻）』発明協会。

豊原直樹（2020）「中島飛行機から富士重工の自動車開発への航空技術移転――人材ならびに生産設備に関する考察」（『技術史』第17号）。

西村成弘（2016）『国際特許管理の日本的展開―― GE と東芝との提携による生成と発展』有斐閣。

深尾京司・中村尚史・中林真幸［編］（2018）『現代1――日中戦争期から高度経済成長期（1937-1972）』（岩波講座・日本経済の歴史第5巻）岩波書店。

三島康雄・長沢康昭・柴孝夫・藤田誠久・佐藤英達（1987）『第二次大戦と三菱財閥』日本経済新聞社。

宮本又郎・阿部武司・宇田川勝・沢井実・橘川武郎（2007）『日本経営史［新版］――江戸時代から21世紀へ』有斐閣。

和田一夫（2009）『ものづくりの寓話――フォードからトヨタへ』名古屋大学出版会。

第7章

パクス・アメリカーナと大企業

　1950・60年代のアメリカ経済は，安定的な国際経済関係の下で消費主導による成長がみられた。しかし，期間の終わり頃にはインフレが昂進し，生産コストも上昇して国際競争力が低下し，ドル危機を迎えた。この間，大企業は政府が主導する巨大プロジェクトに参加して技術力や経営管理能力（情報処理技術，システム・エンジニアリング）を獲得し，70年代以降の国際競争力の基礎を築いた。新しい技術が多く開発され利用できるようになると，大企業は多角化戦略と事業部制によって成長を図ったが，国内市場は拡大したとはいえ他国と比較すると成長率は低く，事業拡大には限界があった。コングロマリットの出現と多国籍企業化は，そのような限界に対するアメリカ大企業の対応であった。

キーワード：巨大プロジェクト　コングロマリット　事業部制組織
　　　　　　情報処理技術

1　市場と生産の拡大

1 　「豊かな社会」の実現

1 ）国内市場

　1950・60年代のアメリカでは，所得の上昇，比較的低い失業率，そして社会福祉の拡充により「豊かな社会」が実現した。自動車や家電製品，コカ・コーラに象徴される物質的に豊かな "American way of life" は，米ソ冷戦の下で国際的にもアピールされ，世界の憧れとなった。

　「豊かな社会」はまた，人口が増加する中で実現された。1945年のアメリカの人口は約 1 億3,200万人であったが，60年には約 1 億8,000万人に，そして70年には約 2 億380万人にまで増加した。15年間におよそ7,000万人も増加したのは第 2 次世界大戦後のベビーブームによるところが大きかったが，ベビーブー

114

ム世代は彼らが成長するにつれて教育市場や自動車市場などに大きなインパクトを与え続けた。

国民経済計算をみると，アメリカ経済が消費主導で成長したことが明らかである。実質GNPは1945年の約3,550億ドルから70年の約7,230億ドルへと2倍以上拡大した（米商務省，1986）。支出形態別でみると個人消費支出と財・サービスの政府購入の項目が一貫して増加しており，46年から70年までの伸び率は前者が2.3倍，後者が2.9倍であった。

民間国内投資（2.0倍）や財・サービスの純輸出（0.3倍）と比較すると，この期間のアメリカ経済の成長が消費と政府支出の拡大によるものであったことがわかる。1950年代には経済成長が加速して完全雇用が実現され，賃金が上昇したことで消費を押し上げた。60年代になると，景気の減速を受けて大型減税が実施され，完全雇用が実現し賃金が上昇した。さらにベトナム戦争のために軍事予算が急膨張し政府支出が増加した。特に60年代にはケインズ主義的拡大財政政策が定着して経済成長が実現した。他方で，政府支出の拡大はインフレを昂進させる原因ともなった。

2）戦後労使関係

消費主導の経済成長の背景には，戦後労使関係の確立もあった。GMと全米自動車労組（United Auto Workers, UAW）との間で1948年に全国協約が結ばれた。この協約では，消費者物価指数の変動に応じて四半期ごとに賃金を変更する調整原則と，生産性の上昇を賃金水準に反映させる制度が同意され，これにより組合員の賃金水準が継続的に改善されるようになり，労働者の所得が拡大した。

また1950年に結ばれた全国協約では，年金，医療保険，傷害保険，生命保険がフリンジ・ベネフィット（給与以外の利益）として制度化され，労働者の購買力を押し上げた。GMとUAWとの協約は，自動車産業のみならずアメリカの他の産業企業における協約の見本となり，全国的に普及した。

3）サービス業の成長

1950～70年の経済成長の特徴を産業別構成からみると，50年においても70年においても最も付加価値額が大きかったのは製造業で，それぞれ約762億ドルと約2,177億ドルであり，20年間に2.9倍拡大した。ただし，付加価値額に占め

第Ⅱ部　20世紀型大企業の成熟

る製造業の割合は50年には31.6％であったが，70年には27.4％に低下した。製造業が経済成長に果たす役割は大きいものの，相対的な重要性は若干低くなったといえよう。

　他方で，重要性を高めたのは政府・公企業とサービス業であった。1950年の政府・公企業の付加価値額は約236億ドル，構成比は9.8％であったが，70年には約1,265億ドル（5.4倍），15.9％となった。サービス業は同様に，付加価値生産額約218億ドル，構成比9.0％であったものが，約1,032億ドル（4.7倍），13.0％に成長した。

2　科学技術政策と連邦政府の役割

　相対的な重要性が低下したとはいえ，製造業は引き続き経済成長において重要な貢献をしていた。製造業は新しい製品や製造方法を用いて財を生産することにより経済的厚生の拡大に寄与するが，そのためには新技術の研究開発が不可欠となる。戦後アメリカの研究開発の特徴は，連邦政府が研究開発に対して大きな役割を果たすようになったことである。

　政府が科学技術政策を重視するようになったのは，第2次世界大戦がきっかけであった（第5章参照）。1950年になると連邦政府の省庁の1つとして全米科学財団（NSF）が設立され，大学への研究支援を行った。さらに国防省，保健教育福祉省，原子力委員会，農務省などが独自に予算を組んで，大学や企業における研究開発を支援した。

　図表7-1は政府と産業それぞれの研究開発費の推移を示している。1950年代から60年代にかけて産業の研究開発投資も伸びているが，それを上回る規模で政府による研究開発資金の支出が大きく膨らんでいることがわかる。特に57年のスプートニク・ショック以降，政府は科学技術政策を強化して研究開発費支出を拡大させ，ピークである66年には約552億ドルを充てた。

　政府による資金に加え，産業企業（民間企業）も研究開発に資源を投入した。生み出された新たな技術は，企業が多角化し成長するのを支えた。前出の図表5-1は特許登録件数の推移を示したものである*。内国人による登録をみると，1940年代末から50年代にかけて登録の盛り上がりがあり，51年には年間約3万9,400件の登録を記録した。出願から登録までには審査期間があるので，

図表 7-1 アメリカの研究開発費（1992年ドル価値で評価）

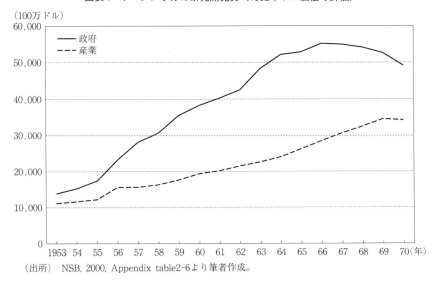

（出所） NSB, 2000, Appendix table2-6より筆者作成。

40年代後半に研究開発が盛んになったと考えられる。いったん55年に登録件数は落ち込むが，50年代後半から60年代初頭にかけては漸増傾向となり，62年には約4万6,000件が登録された。登録件数は60年代後半には再び増加し，66年には約5万4,000件となった。研究開発投資の拡大は，増減はあるものの特許登録件数を増大させ，企業はその特許をもとに事業を進めていった。

＊企業は，新しい技術やプロセスを，たいてい特許（知的財産権）として権利化し，排他的に使用することで競争優位を得ようとする。したがって，特許登録件数の推移は，研究開発の成果を大まかに示している。というのも，事業戦略に合わせて出願戦略を工夫したり，特許を取らずに新技術を秘匿することもあるので，特許件数が技術開発の規模を直接的に示しているわけではないためである。

2 IMF・GATT 体制

1 通貨の交換性回復

アメリカの経済成長の前提となった安定的な国際経済環境は，アメリカ自身

第Ⅱ部　20世紀型大企業の成熟

によって作り出された。1944年7月に国際通貨基金協定（IMF協定，ブレトンウッズ協定とも呼ばれる）が締結され，安定的な為替相場の確立が目指された。大量の金を保有するアメリカの通貨ドルの価値を金1オンス（重さの単位）＝35ドルとし，各国の通貨とドルの交換レートを固定した（日本の場合は1ドル＝360円とされた）。アメリカ政府は，各国政府が保有するドルを金と交換する要求があった場合に，それに応じる義務を負った。

　しかし，IMF協定によってただちに通貨の交換ができるようになったわけではなかった。第2次世界大戦で疲弊した多くの国は十分なドルを保有しておらず，通貨の交換性を回復できなかった。このドル不足問題に対して，アメリカはマーシャルプラン（欧州復興計画，1948～51年）やさまざまな援助プログラムを通じてドルを散布した。結果としてようやく1958年に西ヨーロッパ諸国がIMF8条国（国際収支の悪化を理由に為替制限を行わない）に移行し，通貨の交換性を回復した。主要国通貨の交換性回復は，アメリカ企業による貿易活動や国境を越える投資活動を促進した。IMF体制は巨大な生産力をもったアメリカ企業がグローバルに成長する条件の1つであった。

　他方で，アメリカからのドル流出は，通貨体制それ自体を揺さぶる「流動性のジレンマ」と呼ばれる問題を孕んでいた。欧州復興計画や援助プログラムに加え，ベトナム戦争の拡大による財政支出の増加によってもドルは外国に流出した。また，政府の政策だけではなく，輸入増大やアメリカ企業の多国籍化（対外投資）といった経済的要因あるいは企業活動によってもドルが流出した。過剰なドル流出はアメリカに対するドルと金との交換要求を高め，ドルの信頼性が低下することになった。このジレンマは，結局1973年の金とドルの交換停止（ニクソンショック）と変動相場制への移行で解消された。

［2］　貿易体制の構築

　大恐慌時のスムート＝ホーレー法が国際貿易を縮小させて破滅的な第2次世界大戦につながった反省に立って，戦後には自由貿易体制の確立が目指された。1947年に関税及び貿易に関する一般協定（GATT）が締結され，「自由・無差別・多角」の原則によって貿易自由化が進められた。GATT体制の下では，二国間交渉によって貿易自由化を進めるのではなく，「ラウンド」と呼ばれる

第**7**章　パクス・アメリカーナと大企業

多角的貿易交渉を通じて関税引き下げが行われた。

　関税引き下げも，アメリカ企業が成長することに貢献した。アメリカの貿易の伸びと貿易収支をみると，1950年代には変動はありつつも輸出額は約100億ドル（50年）から約200億ドル（57年）へと拡大した。60年代になると速いペースで拡大し，70年には420億ドルを超えるまでになった。他方で60年代後半になると，アメリカ企業はインフレ昂進による生産コスト増加により国際的な競争力を失う傾向にあり，輸入が急拡大して貿易収支黒字が急減した。

3　巨大プロジェクト

1　原子力開発

　第2次世界大戦以前のアメリカ企業は，フォードによる自動車の大量生産方式やデュポンにおけるナイロンなど画期的な新技術を開発したが，それらは大企業が自社の資源を投入し，開発に取り組むことによって行われた。しかし，第2次世界大戦時中から，一企業では賄いきれないほどの（そして採算が合うかどうかもわからないほどの）大量の資源投入を必要とする技術の開発が，政府主導で行われるようになった。アメリカ企業は大企業を中心に政府の巨大プロジェクトに参画するようになった。

　原爆開発計画であるマンハッタン計画は，第2次世界大戦中の3年間に20億ドルの費用と50万人の人員が投入された巨大プロジェクトであった。マンハッタン計画を引き継いで1946年8月に設置されたのが，アメリカ原子力委員会（Atomic Energy Commission, AEC）である。AECは連邦政府が新技術の開発とその後の産業化に直接関与する動きの最初のものであった。AECの研究は当初原子力の軍事利用を目的としていたが，54年に原子力法が改正され，原子力の平和利用へと方針が転換された。原子炉の開発は発電用のもの（加圧水型軽水炉・沸騰水型軽水炉）へと転換したが，これら軽水炉は原水爆の原料となるプルトニウムも生産することができるものであり，電力とプルトニウムの2目的炉として開発された。

　1960年代に連邦政府は，民間企業が原子炉を開発し事業化するための支援を行った。すなわち，基礎研究・概念実験・試験炉の建設はAECが行い，実用

119

第Ⅱ部 20世紀型大企業の成熟

試験炉は政府資金による援助の下で民間企業が建設することになった。さらに，実用炉は民間資金で建設することが基本であるが，政府も援助できるようにした。基礎研究から実用炉の建設に至るまでの開発費の大部分は，AEC によって負担されたのである。1950年から59年までの民間動力炉の研究開発費は約5億7,000万ドルであったが，そのうち民間企業が負担したのはわずか4％（約2,000万ドル）であった。

多額の政府資金を得て開発された原子力技術は，ウェスチングハウス・エレクトリックや GE といった大企業によって実用化された。1967年にオイスター・クリーク発電所が営業運転を開始したが，その原子炉は GE によって製造された。原子力発電技術はアメリカだけではなく国境を越えて移転され，日本においては GE が東芝や日立と組んで原子力事業を展開した。

［2］ 宇宙開発

巨大プロジェクトに参画した企業は，研究開発に対する政府の資金的援助を受けただけではなく，プロジェクトの中で事業管理のための技術やスキルを獲得し，さらなる経営発展につなげていった。

1957年のスプートニク・ショックは，アメリカ政府が宇宙開発に本格的に取り組むきっかけとなった。ソビエト連邦政府による人工衛星スプートニクの打ち上げ成功は，宇宙開発が軍事力強化につながるだけでなく（核弾頭を宇宙空間に運搬するためのロケット推進技術や制御技術の開発），科学技術力や経済力，文化力などが国家の威信を高めるために役立つことを明らかにした。アメリカは1958年に航空宇宙局（National Aeronautics and Space Administration, NASA）を設立し，宇宙開発のための組織を整えた。NASA は60年までに気象衛星の打ち上げ，通信衛星の実用化試験に成功した。61年になるとケネディ大統領が60年代のうちに人類を月に送り無事に帰還させるという目標を表明し，「アポロ計画」が開始された。アポロ計画には総額約230億ドルが費やされ，69年7月20日にアポロ11号が月面着陸に成功した。

人類を月面に送り届け無事に帰還させるには大きな困難と危険が伴った。実際，アポロ1号は1967年に予行演習中に火災を起こし，宇宙飛行士を失っている。アポロ計画を構成するシステムは非常に複雑で，アポロ宇宙船も150万個

の部品で構成されていた。60年代のうちに成功させるという目標を達成するためには，複雑なプロジェクト全体を適切に管理する高度な技法と機構が必要であった。アポロ計画の取り組みの中で，システム・エンジニアリング，大型計算機（コンピュータ）活用による大量の情報処理，プロジェクト・マネジメント方式が生み出され，その後の企業経営や政府の事業に生かされた。

　NASA の宇宙開発は，アメリカ大企業の研究開発にも大きな影響を及ぼした。宇宙開発予算の80％は産業へと割り振られ，なかでも航空宇宙企業やエレクトロニクス企業は多くの開発委託を受け

図表 7 - 2　　NASA の契約企業上位20社（1966年度）

(100万ドル)

	会社名	契約金額
1	ノース・アメリカン航空機	1,128.9
2	グラマン	381.2
3	ボーイング	313.7
4	ダグラス	259.7
5	GE	235.7
6	GM	123.3
7	IBM	108.2
8	エアロジェット・ゼネラル	100.5
9	ゼネラル・ダイナミクス	92.1
10	クライスラー	83.5
11	ベンディックス	78.0
12	マクダネル	52.3
13	RCA	51.3
14	TRW	49.9
15	ロッキード	44.5
16	ユナイテッド航空機	40.7
17	スペリー・ランド	29.5
18	LTV エアロスペース	28.8
19	ヘイズ・インターナショナル	28.1
20	フィルコ・フォード	25.4

（出所）　坂元，1969，73頁，表 3 - 1 。

た。図表 7 - 2 は1966年の NASA の契約企業を金額の多い順位に示しているが，上位はノース・アメリカン航空機，グラマン，ボーイング，ダグラスといった航空機メーカーが占めた。ノース・アメリカン航空機はアポロ宇宙船の開発と製造を行っており，同社の売上の55％は NASA 向けであった。他にも，GE，IBM といったエレクトロニクス企業や，GM，クライスラーといった自動車企業も多くの契約を獲得した。宇宙開発の技術的な波及効果は原子力や狭義の国防技術よりも大きく，広範に技術的なスピンオフがみられた。

3　IBM システム360

　情報処理技術は，原子力開発や宇宙開発など巨大システムの開発プロジェクトには欠かせないものであった。また，大企業経営にも情報処理システムは必要であった。意思決定には大量のデータとその分析が必要であり，GM やデュ

第Ⅱ部　20世紀型大企業の成熟

ポンが分権的事業部制組織によって経営を行うことができるのも，社内におい
てデータが利用できるからである。連邦政府と大企業の需要を背景として，
1950年代から60年代にかけて情報処理技術の開発が進んだ。

　第2次世界大戦以前の大規模データ処理は，パンチカード・システム（PCS）
によって行われていた。IBM（International Business Machines）も PCS で成長
した企業である。IBM の起源は1896年に設立された事務機器（パンチカードの
読み取り機）製造企業，タビュレーティング・マシンにさかのぼることができ
る。投機的な目的から，1911年に同社とインターナショナル・タイム・レコー
ディング（掛時計製造）とコンピューティング・スケール・カンパニー・オ
ブ・アメリカ（肉の計量器製造）の3社が合併し，CTR（コンピューティング・タ
ビュレーティング・マシン）が設立された。CTR は1924年に IBM と名称変更し
た。

　第2次世界大戦後に電子計算機（コンピュータ）が出現したとき，IBM はそ
れまでの PCS 事業に縛られて事業に出遅れてしまった。1951年にレミント
ン・ランドがアメリカ国勢調査局に UNIVAC-1を納入すると，同局は IBM の
PCS のリース契約を解除した。翌52年，IBM ではトーマス・ワトソン・ジュ
ニアが社長に就任し，事業転換を急いだ。彼はコンピュータ開発に集中的に経
営資源を投入することを決定し，56年にはレミントン・ランドのシェアを逆転
することができ，70％を超えるマーケットを獲得した。

　しかし，コンピュータ市場が成長したことにより GE や RCA など他のエレ
クトロニクス企業も参入し競争が激しくなった。IBM はコンピュータ市場で
の優位を確かなものにするため，それまでに市場に出した製品ラインを捨て
て，大型から小型まで共通のプログラムで動く製品シリーズを開発する巨大プ
ロジェクトを始めた。1961年から4年間に約50億ドルを投じたこのプロジェク
トの成果は，65年に発売された IBM システム360であった。システム360はソ
フトウェアの互換性を核として，単一製品ラインで顧客のすべてのニーズに対
応する枠組みを構築したので，データ形式の一貫性を求める企業は IBM のコ
ンピュータを購入し，また IBM のコンピュータを保有している企業はさらに
同社のシリーズを購入するというロックイン現象を生んだ。システム360の成
功により，1960年代初めに25社が競争していたコンピュータ市場は，60年代の

122

うちに15社が退出し，IBM は70％を超える市場シェアを獲得した。

4　大企業の展開

1　GE における事業部制の展開

1）事業部制の導入

　総合電機企業であった GE は，第2次世界大戦以前にすでに多角的な事業を営んでおり，1940年代初めには事業部制の導入も検討されていたが，組織改革の中心的人物であったチャールズ・ウィルソンがワシントン DC で公務に就くことになり，全社的な事業部制導入は行われなかった（第5章参照）。

　1951年に社長に就任したラルフ・コーディナーは，全社的に分権的事業部制組織を導入した。52年末までに全面的に実施された事業部制組織では，利益責任は70の現業部（プロフィット・センター）に置かれた。現業部は20の事業部にまとめられ，さらに事業部は5つの事業グループ（流通グループ，電力装置グループ，産業用機器・照明グループ，原子エネルギー・軍用製品グループ，家電・エレクトロニクス・グループ）にまとめられ，5人の上級副社長が各グループを管理していた（図表7‐3）。GE の事業部制組織では，社長と社長の意思決定を分担する上級副社長とサービス部門担当副社長からなる経営責任者室が戦略的意思決定に責任を負い，事業部が戦術的意思決定に責任を負っていた。1952年に全面実施されたが，GE において事業部制組織が定着するまでにはさらに3年が必要であった。

2）多角化の進展

　1960・70年代に GE は事業の多角化を進め，多数の事業を事業部制組織によって管理するようになった。多角化の1つの基礎は，研究開発による新技術の獲得である。GE は "Progress is our most important product" というコピーを用い，新製品を開発し供給し続ける能力を市場に訴え，実際に多くの製品を開発した。組織構造から多角化の進展をみると，1955年に5事業部ループ・23事業部で構成されていた組織は，68年になると10事業グループ・49事業部にまで拡大した。

　事業の多角化と事業部制組織の拡大は，内部における研究開発の成果をもと

第Ⅱ部　20世紀型大企業の成熟

に行われたものだけではなく，巨大プロジェクトに参画して獲得した新技術に基づいたものも含まれていた。

　原子力事業は，マンハッタン計画からAEC下における開発まで長期にわたる研究開発プロジェクトの中で事業化されたものであった。また，1968年の組織図をみると，宇宙開発プロジェクトに参加したことによって広範な技術を獲得し，エレクトロニクス・システム事業部，軍用プログラム事業部，航空機設備事業部，ミサイル・宇宙事業部（航空・宇宙グループとしてまとめられている）が新たな事業として追加されたことがわかる。さらに68年の組織図では，従来原子力エネルギー・軍用製品グループにまとめられていた航空機ガスタービン事業部が独立・拡張され，航空機エンジン技術事業部，民間用エンジン事業部，民間機エンジン製造事業部，航空機エンジン販売・サービス事業部，軍用エンジン事業部をもつ航空機エンジングループとしてまとめられるほど事業が拡大した。

　他方で，コンピュータ事業は成功しなかった。GEは独自のコンピュータ事業をもち主に自社の各事業部が購入して情報処理を行っていた。市場の70％を占めるガリバー企業であったIBMに対抗するため，GEは1964年にフランスのマシン・ブルとイタリアのオリベッティのコンピュータ部門を買収して事業を拡張した。68年の組織図をみると，情報システムグループが10事業グループの一角を占めていることが確認できる。しかし，PCS時代から情報処理の専業企業としての強みをもつIBMのシステム360には勝つことができず，70年1月に撤退した。

　３）多角化経営の苦悩

　GEは総合電機企業として成長し多角化を進めたが，多角化した事業をどのような組織で管理するかは，当時の代表的なアメリカ大企業とみなされていたGEであっても，常に困難な課題であり続けた。**図表7‐4**は1951年から70年までのGEの売上高と純利益の推移を示している。左の目盛（総売上高）と右の目盛（純利益）のスケールには10倍の差があるので，売上高純利益率が10％以上であるならば純利益のグラフは総売上高よりも上に来るはずである。しかし，GEの業績をみると，純利益のグラフは総売上高よりも常に下にあった。さらに，60年代前半には売上高が伸びているにもかかわらず利益が減少し（61〜65年の売上高純利益率は平均5.4％），60年代後半には売上高が急拡大している

第7章 パクス・アメリカーナと大企業

図表7-3 GEの経営組織（1955年）

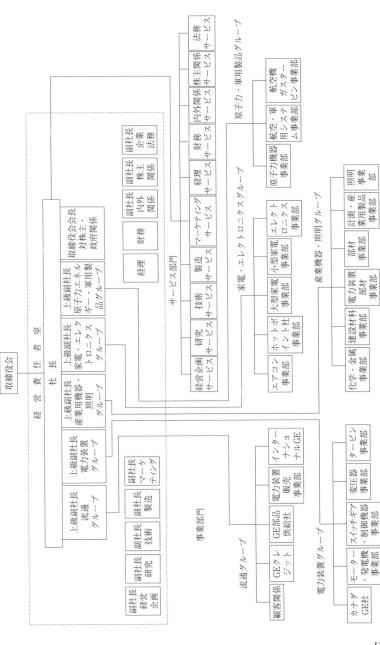

(出所) 坂本, 1997, 98頁, 図3-2 (一部改変した)。

125

第Ⅱ部　20世紀型大企業の成熟

図表7-4　GEの経営実績（1951～70年）

（出所）坂本，1997，29頁，表1-2より筆者作成。

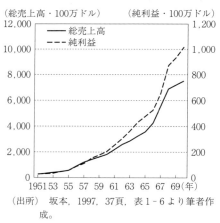

図表7-5　IBMの経営実績（1951～70年）

（出所）坂本，1997，37頁，表1-6より筆者作成。

にもかかわらず利益は伸びなかった（66～70年の売上高純利益率は平均4.1％）。多角化は事業成長の主たる戦略であるが，多角化された事業がうまく管理されていないと多角化のコストが大きくなるのである。

GEと比較するためにIBMの経営実績を同じスケールで図表7-5に示している。1960年における売上高はGEの約42億ドルに対してIBMは約18億ドルと半分以下であったが，純利益は両社とも約2億ドル（IBMの方が若干多い）であり，すでに売上高純利益率は4.8％対11.3％と大きな差がついていた。70年にはGEの売上高約87億ドルに対してIBMは約75億ドルと差が縮まり，純利益はGEが約3億ドルに対してIBMは約10億ドルと大きく，売上高純利益率は3.8％対13.6％であった。

2　コングロマリットの出現

アメリカにおける大企業の成長は，M&Aの歴史でもあった。1970年までにM&Aブームは3度あった。第1次合併運動は19世紀末から20世紀初めにかけてのもので，ブームの中からUSスチール，アメリカン・タバコ，GEなど20世紀を代表する大企業が生まれた。第2次合併運動は1920年代に起こり，リパブリック・スチール，ベスレヘム・スチールなど業界における2位以下の企業が合併した。また，消費財産業

においてM&Aが活発に行われたのも第2次合併運動の特徴の1つであった。

　第1次合併運動と第2次合併運動が同じ産業に属す企業同士の合併であったのに対して，1960年代の第3次合併運動は，コングロマリット型の合併が増加した。コングロマリット型とは，同じ業種や同一の製造段階に属する企業同士が合併する水平的合併でもなく，異なる製造段階に属する企業の間で合併する垂直的統合でもない，技術的関連が薄いか全くない企業間の合併のことである。コングロマリット型合併が増加した原因の1つには，ニュー・ディール期以降の反トラスト法規制の強化によって，同業種の企業が合併して市場占有率を高めると訴追の危険が高まったことがある。経営資源を遊休化させずに有効に投資するためにコングロマリット型合併へと向かったのである。

　しかし，コングロマリット型合併は反トラスト法による規制を回避するためだけではなく，関連業種内に有利な投資先がない場合（あるいは関連産業が斜陽化して成長の見込みがなくなった場合）には，財務的観点から事業ポートフォリオを組み替えて利益や株価を最大化するために用いられる手段になった。アメリカの産業発展を支えてきた大企業においても，コングロマリット的に事業を展開する場合が増加した。

　たとえばRCAは1920年代からラジオ，白黒テレビ，カラーテレビの開発と実用化を世界に先駆けて行ってきた企業であり，47年にはコンピュータ事業に進出した（71年に撤退）。しかし，60年代後半からはエレクトロニクスやコンピュータとは関連のない事業に進出する。66年には出版社のランダムハウスを買収し，翌年にはレンタカーのハーツを買収した。さらに70年になると冷凍食品企業や不動産企業，カーペット企業を買収した。しかし結局，RCAのコングロマリット経営はうまくいかず，アメリカのエレクトロニクス産業の没落を導くことになった。

　1960年代のもう1つの特徴は，純粋コングロマリットと呼ばれる一群の企業が出現したことである。確たる本業をもたずに財務的観点から合併を繰り返して大企業となった企業であり，ITT，LTV（リング＝テムコ＝ヴォート），テネコ，リットン・インダストリーズ，ガルフ＆ウェスタン，テキストロンといった企業があった。たとえばLTVは通信設備事業からビジネスを始めたが，子会社によるM&Aも含め，運動用品，化学製品，エアライン，レンタカー，

第Ⅱ部　20世紀型大企業の成熟

ホテルなどさまざまな事業を合併し巨大化した。しかし，純粋コングロマリットの経営者は事業の管理や統制ができず，生産活動の知識ももっていなかった。経済が拡大しているときは成績も良かったが，1960年代末に景気が悪化すると一挙に業績が悪くなり，没落した。

③ 多国籍企業化

　1950・60年代のアメリカ大企業のもう１つの成長戦略は，多国籍企業化であった。45年から60年代中頃まで，世界の新規海外直接投資の85％はアメリカ企業によるものであった。特に資本集約的・技術集約的産業においてアメリカ企業はグローバルな競争優位をもっていた。というのも，アメリカ企業は政府による投資も含めて第２次世界大戦後に研究開発に大規模な投資を行っていたからである。67年にはアメリカにおける研究開発投資額は，OECD諸国の研究開発投資額全体の70％を占めていた。

　アメリカ大企業は，特にヨーロッパ諸国に直接投資を行った。ヨーロッパへの進出は，ヨーロッパ経済の復興と市場の魅力度の増大，そして1957年の欧州経済共同体の発足によってアメリカからの輸出製品がヨーロッパ市場で差別的で不利な扱いを受けるのではないかという懸念によって加速された。この時期にヨーロッパ市場に進出したのは，P&G（石鹸・洗剤），デュポンやエクソン（化学），GMやフォード（自動車），IBMやGE（コンピュータとエレクトロニクス）などであった。

　製造業だけでなく，サービス産業企業による外国投資も増加した。1970年代までにサービス産業の海外直接投資残高の75％は先進工業国に立地していた。経済のグローバル化の進展にとって重要であったのは，金融，法人向けサービス（広告代理店，経営コンサルタント），専門的プロフェッショナルサービス（会計事務所，建設業）であった。企業が本国とは異なる制度をもつ外国に進出してスムースに事業を行うためには，現地市場に対応した法人向けサービスやプロフェッショナルサービスの存在が不可欠である。また，ホテル，レストラン，ファストフード，レンタカー企業も多国籍企業化したが，これらの事業ではフランチャイズ方式を利用して急速にグローバル展開した。日本の総合商社など，多国籍貿易商社もさらなる展開を遂げた。

128

他方で，1914年にピークを迎えた第1次グローバル経済（第1章参照）の時代には，公益事業（電気・水道・ガス）・通信産業・航空運輸産業など公益性の高い事業も，欧米の大企業を中心に多国籍化していた。しかし，第2次世界大戦後になると，公益性の高い事業は，政府規制により外国において経営をすること，あるいは国境を越えて展開することに困難がつきまとった。

Check Points！

①巨大な国内市場，安定的な労使関係，連邦政府による科学技術政策，そしてアメリカの経済力・軍事力を背景としたIMF・GATT体制による戦後国際経済秩序の下で，アメリカ大企業は多角化を進め事業を拡張した。

②巨大プロジェクトは，参画した大企業がシステム・エンジニアリング，情報処理，プロジェクト・マネジメントのような新しい事業管理技術を得るきっかけとなった。

③他方で，1960年代後半になると，アメリカ大企業は成長率の低下やインフレの昂進による生産コスト増加といった困難に直面した。大企業の中には，非関連分野に事業領域を広げてコングロマリット化するものや，ヨーロッパなどに直接投資を行い多国籍化するものもあった。

参考文献

Amatori, Franco and Andrea Colli（2011）*Business History: Complexities and Comparisons*, Routledge.（西村成弘・伊藤健市［訳］『ビジネス・ヒストリー──グローバル企業誕生への道程』ミネルヴァ書房，2014年）

Blackford, Mansel G. and Austin Kerr（1986）*Business Enterprises in American History*, Houghton Mifflin Co.（川辺信雄［監訳］『アメリカ経営史』ミネルヴァ書房，1988年）

Chandler, Jr., Alfred D.（2001）*Inventing the Electronic Century: The Epic Story of the Consumer Electronics and Computer Industries*, The Free Press.

Jones, Geoffrey（2005）*Multinationals and Global Capitalism: from the Nineteenth to the Twenty First Century*, Oxford.（安室憲一・梅野巨利［訳］『国際経営講義──多国籍企業とグローバル資本主義』有斐閣，2007年）

秋元英一（1995）『アメリカ経済の歴史　1492-1993』東京大学出版会。

安部悦生・壽永欣三郎・山口一臣（2002）『ケースブック　アメリカ経営史』有斐閣。

安部悦生・壽永欣三郎・山口一臣・宇田理・高橋清美・宮田憲一（2020）『ケースブック　アメリカ経営史［新版］』有斐閣。

石崎昭彦・佐々木隆雄・鈴木直次・春田素夫（1988）『現代のアメリカ経済［改訂版］』東洋経済新報社。

河﨑信樹・奥和義［編著］（2018）『一般経済史』ミネルヴァ書房。

坂本和一（1997）『新版　GE の組織革新──21世紀型組織への挑戦』法律文化社。

坂元正義［編著］（1969）『ビッグ・プロジェクト──システム化時代の成長戦略』ダイヤモンド社。

佐藤定幸（1993）『20世紀末のアメリカ資本主義』新日本出版社。

谷口明丈・須藤功［編］（2017）『現代アメリカ経済史──「問題大国」の出現』有斐閣。

宮田由紀夫（2011）『アメリカのイノベーション政策──科学技術への公共投資から知的財産化へ』昭和堂。

第 **8** 章

高度成長と企業経営

　　本章では，1955年から始まる日本の高度成長のマクロ経済的な特徴と大企業の経営発展をみる。第1次グローバル経済と第2次グローバル経済に挟まれたこの時期は，国境を越えるヒト・モノ・カネの流れが政府による規制によって制限されており，各国において相対的に独自の経済体制が形成された。日本においても政府による産業政策が強力に推し進められ，日本企業の国際競争力の強化に資したという議論もある。
　　戦後復興期を終えた日本経済はどのようにして高度成長を実現し，日本企業はどのように経営を発展させたのであろうか。また，国際競争力の源泉とされた日本企業に特徴的な性質は，どのように形成されたのであろうか。

キーワード：設備投資　技術導入　企業グループ　系列　生産システム

1　マクロ経済の動き

1　経済と市場の成長

　1955年から70年代初頭のオイルショックまで，日本経済は約15年にわたり経済成長を持続させた。いわゆる高度経済成長期である。この間，日本経済は年率9.8％の成長を遂げ，1955年に約18.8兆円であった実質GDPは，70年には約4倍の約75.8兆円にまで拡大した。実質GDPは1960年代後半に当時の西ドイツを抜き，日本はアメリカに次ぐ世界第2位の経済大国になった（ただし，1人当たりのGDPをみると先進6か国の中で最下位だった）。

　経済が成長を続ける中で，人口も継続的な伸びをみせた。1950年の人口は約8,500万人であったが，67年には1億人を突破し，70年には約1億370万人となった。ただし，アメリカの人口（約2億380万人）と比較すると，増加したとはいえその規模は約半分程度であり，その差は日米大企業の経営行動に影響を

131

第Ⅱ部　20世紀型大企業の成熟

与える要因の1つとなった。

　高度成長期には就業者の分布にも変化があった。第1に，就業者の都市部への集中が始まった。1955年には集団就職がスタートし，中学校を卒業した若年層が集団で都市部の工場に就職した。都市部への集中はまた，農村での就業人口の減少としても現れた。第1次産業の就業者は55年には全就業者の41.3％を占めていたが，70年には19.7％にまで減少した。第2に，就業者のサラリーマン化が進んだ。就業者は自営者と被用者に大別できるが，就業者に占める被用者の割合は55年の44.1％から70年には65.4％にまで拡大した。そして第3に，第2次産業と第3次産業の就業者の割合が増加した。第2次産業の就業者の割合は，55年には24.4％であったが，70年には35.2％となった。しかし，第2次産業における就業者の伸びは，工場のオートメーション化などにより鈍化した。最も就業者数の割合が大きかったのは第3次産業で，全就業者に占める割合は55年の33.8％から，70年には45.0％にまで拡大した。

2　製造業の成長

　就業者の割合は第3次産業ほど大きくはなかったが，高度経済成長を牽引したのは第2次産業（特に製造業）であった。1955年の第2次産業の実質GDPは4兆4,000億円余りであったが，70年には約32兆7,000億円と7.4倍の大きさとなり（年平均成長率は14.4％），実質GDPに占める割合は，55年の23.5％から70年には43.1％にまで拡大した。

　第2次産業の内容をさらに詳しくみるために産業ごとの実質付加価値の伸びを1955年と70年との比較でみると，製造業の実質付加価値は55年に約3.1兆円であったものが70年には約26.4兆円と8.4倍に増大している。その中でも最も伸びの大きかった産業は電気機械で，約673億円であった付加価値額が約2.8兆円へと42.6倍になっている。次いで一般機械は，約1,395億円が20.4倍の約2.8兆円へと拡大しており，輸送機械は約1,430億円がおよそ20倍の約2.9兆円へと拡大している。さらに化学産業も約1,283億円から約2.2兆円へと17.3倍になった。このように，高度成長期には機械および化学産業において成長が著しかった。

　また，生産性（1人当たりの付加価値額）の伸びをみると，化学産業が1955年

132

第 **8** 章　高度成長と企業経営

から70年にかけて12.8倍の伸びを示しており，石油・石炭製品も10.5倍の伸び
を示している。化学や石油産業は最新の大規模コンビナートを建設することに
よって生産性を高めたのである。また，電気機械や輸送機械といった加工組立
型産業においても積極的な設備投資により生産性が上昇し，前者は9.7倍，後
者は8.7倍になった。

［ 3 ］　高度成長に寄与した要因

　1955〜70年の高度経済成長に最も大きく寄与したのは，個人消費支出であっ
た。個人消費支出が国民総生産に占める割合は1955年の66.2％から70年には
50.3％へと低下したものの，支出額は毎年平均8.9％増加し，増加寄与率は46
％であった。60年12月に池田勇人内閣が「国民所得倍増計画」を打ち上げると
ともに，市場ではテレビ（主役は白黒テレビからカラーテレビへ移行），電気洗濯
機，電気冷蔵庫という「三種の神器」が急速に普及した。

　次いで寄与率が大きかったのは民間設備投資であった。1955年の国民総生産
に占める割合は8.0％と低かったが，70年には23.4％にまで高まった。民間設
備投資はこの間，毎年平均19.1％の増加を示しており，国民総生産の増加に対
する寄与率は27.6％であった。高度成長期の間，企業は積極的に老朽設備を最
新鋭の工場設備に置き換えて生産性を上昇させてコスト競争優位を獲得しよう
としたのである。マクロ的にみて積極的な設備投資は，その設備投資に必要な
資材を供給する産業の設備投資を誘発し，「投資が投資を呼ぶ」と言われる状
況を生んだ。

2　国際経済関係

［ 1 ］　国際収支の天井

　高度成長は，国際的な経済関係の中で実現された。第2次世界大戦後日本は
1952年のサンフランシスコ講和条約で国際社会に復帰し，IMFにも加盟し，
55年にはGATT加盟国となった。

　IMF体制は金に裏打ちされたアメリカ・ドルとの交換レートが決められた
固定相場制であり（第7章参照），日本円は1ドル＝360円と定められた。日本

133

第Ⅱ部　20世紀型大企業の成熟

政府はこの為替レートを維持する必要があり，国内景気が過熱し輸入が増加すると日本からの円が流出して為替レートが維持できないことから，公定歩合を引き上げて金融を引き締めて景気の過熱を抑えた。これにより日本経済は好景気と不景気を周期的に繰り返した。このような状況は，経済成長が国際収支によって制約されていることから「国際収支の天井」とも呼ばれた。

　しかし，1960年代後半になると，主要産業の国際競争力が高まり，日本企業が多くの外貨（ドル）を稼ぐようになり，天井が取り払われた。天井がなくなるとより持続的な景気拡大が可能となった。65年末から70年末にかけて57か月継続した「いざなぎ景気」はそのような事態が起こったことを示している。

　日本は1955年にGATTに加盟することによって貿易自由化を追求し，そのメリットを享受しようとした。政府は60年6月に「貿易，為替自由化計画大綱」を閣議決定し，貿易と為替の自由化の具体的な工程表を作成した。日本は62年にGATT　11条国（貿易収支の悪化を理由に輸入制限を行わない）に移行し，64年にはIMF　8条国（第7章参照）に移行した。貿易と為替の自由化は，日本企業が外国企業との競争に直面することを意味するが，他方でより自由に経営活動が行えることも意味した。

　高度成長は内需主導の経済発展であり，前述のように成長を主導したのは個人消費支出と民間設備投資であった。1955〜70年の増加寄与率をみると，輸出が14.3％，輸入が12.6％であり，貿易は高度成長の主要因ではなかった。高度成長期には，食料や原料資源の輸入が拡大し，他方で機械類や化学製品などの輸出が拡大した。「国際収支の天井」のために極端な輸出超過や輸入超過はなく，期間を通して輸出入がともに拡大した。また貿易収支は，60年代前半までは赤字で，60年代末から黒字が拡大した。70年の主要産業の輸出依存度は，テレビ受像機が38.8％，乗用車が24.8％（60年には8.3％），光学カメラが48.4％（同38.3％）と，70年代以降の輸出の主力産業が60年代に成長してきていた。すでに60年代後半の企業の関心事は，いかに国際市場での競争力を高めるかという点にあった。

134

第**8**章　高度成長と企業経営

２　技術導入と研究開発の進展

1）技術導入

　第２次世界大戦以前は電機企業を中心にアメリカやドイツから技術を導入していたが，日米開戦から占領期にかけての約10年間は技術導入が事実上ストップしていた。アメリカでは戦時期に技術開発が進んでいたので，国際社会に復帰する前後から日本企業は積極的な技術導入を望んだ。

　しかし，外貨が不足していたため，技術導入は，1950年代においては外資法による規制下で行われた。技術導入は，それが必要なものであり対価に見合っているかが慎重に審査された後にようやく許可された。59年になると制限は徐々に緩和され，67年に第１次技術導入自由化として７種類については個別審査しそれ以外については自動認可されるようになった。このような技術導入政策（制限緩和）に沿って，技術導入の規模は拡大していった。

　図表８-１は1950年代から70年代半ばまでの技術導入契約と技術貿易の推移を示している。技術導入は，同期間に甲種（契約または対価支払いが１年以上のもの）が１万6,686件，乙種（１年以下のもの）が9,100件に上り，技術貿易収支は赤字で，しかも拡大していた。甲種に絞って技術導入先をみると，アメリカが9,051件（全体の54.2％）と多く，次いで西ドイツからが2,030件（12.2％），イギリスからが1,315件（7.9％），フランスからが1,087件（6.5％），スイスからが964件（5.8％）であり，これら５か国で全体の87％を占めていた。５か国は戦前においても日本が技術導入を行っていた国であり，戦前との違いは，アメリカのシェアが半数を超えたことである（戦前はアメリカとドイツがほぼ同じで，分野によってはドイツの方が多かった）。技術導入の分野は，一般機械が4,373件（26.2％），電気機械が2,815件（16.9％），化学製品が2,318件（13.9％），繊維・繊維製品が1,275件（7.6％），輸送機械が892件（5.3％）などであった。

2）科学技術政策

　技術導入とともに，欧米の優れた技術を吸収しそれを基盤に独自の技術を開発する動きは幅広くみられた。さらに政府の科学技術政策により研究開発制度の充実が図られた。

　1956年に科学技術庁（2001年の中央省庁再編により廃止され，事務は文部科学省に引き継がれた）が設置されたが，政策の中心は原子力開発と航空宇宙技術開発

135

第Ⅱ部　20世紀型大企業の成熟

図表 8-1　技術導入および技術貿易

(件, 100万ドル)

年度	技術導入件数			技術輸入支払額	技術輸出受取額	収支
	甲種	乙種	計			
1949・50	27	49	76	3		
1951	101	87	188	7		
1952	133	110	243	10		
1953	103	133	236	14	0.1	-14
1954	82	131	213	16	0.4	-16
1955	72	113	185	20	0.2	-20
1956	144	167	311	33	0.3	-33
1957	118	136	254	43	0.2	-43
1958	90	152	242	48	1	-47
1959	153	225	378	62	1	-61
1960	327	261	588	95	2	-93
1961	320	281	601	112	3	-109
1962	328	429	757	114	7	-107
1963	564	573	1,137	137	9	-128
1964	500	541	1,041	156	14	-142
1965	472	486	958	166	17	-149
1966	601	552	1,153	192	19	-173
1967	638	657	1,295	239	27	-212
1968	1,061	683	1,744	314	34	-280
1969	1,154	475	1,629	368	46	-322
1970	1,330	438	1,768	433	59	-374
1971	1,546	461	2,007	488	60	-428
1972	1,916	487	2,403	572	74	-498
1973	1,931	519	2,450	715	88	-627
1974	1,572	521	2,093	718	113	-605
1975	1,403	433	1,836	712	161	-551

(出所)　沢井・谷本, 2016, 387頁, 表6-7 (一部改変した)。

であった。61年になると鉱工業技術研究組合法が制定され, 民間の共同研究を支援する体制が作られた。同年には新技術開発事業団 (現・独立行政法人科学技術振興機構) が発足し, 新技術開発に資金が投入された。66年になると大型工業技術研究開発制度が制定され, アメリカのような巨大プロジェクト型の共同研究開発が目指された。また, 民間においても, 内部に研究所を設置する企業が増え, 60年代半ばには「中央研究所ブーム」が起こった。

　研究開発活動の興隆は, 特許・実用新案登録件数にも現れている (前出図表6-1)。日本国内における発明と考案 (内国人) は1950年代末から拡大してお

り，65年には特許と実用新案を合わせて約6万2,000件の登録があった。67年には約4万2,000件にまで登録件数は落ち込むが，その後は継続的に拡大し，72年には約8万件の登録があった。出願から登録までの審査期間（2〜3年）を考慮すると，50年代後半には研究開発活動が活発に取り組まれて成果を出すようになったといえる。64・65年のオリンピック不況では活動が低下した（もしくは成果の出願を絞った）ものの，60年代後半にはさらに研究開発活動が拡大したといえる。

3　企業経営の展開

1　企業間関係

　日本の企業間関係は，経済成長や国際競争力の源泉であると評価されたり，あるいは日米経済摩擦では閉鎖的で不当な競争構造であると攻撃されたりした。日本の企業間関係を考察する場合は資本関係からみる場合と，財の流れの組織化という観点からみる場合の2通りでみる必要がある。

1）企業集団

　まず資本関係でみたときの日本の企業間関係で特徴的なものは，企業集団と企業グループである。企業集団は，旧財閥が解体された後，1950年代に旧財閥のメンバー企業が株式の相互持合いを通じて再結集したものである。三菱は「金曜会」，住友は「白水会」，三井は「五日会」という社長会を作って企業集団各社の社長が定期的に集合し，懇談するとともに情報交換を行った。

　企業集団の機能は，中核となる銀行による系列融資や総合商社によるメンバー企業間の取引の仲介などであったが，すべての取引を企業集団内部で完結させているわけではなかった。三菱，住友，三井の他にも，富士，三和，第一勧業が都市銀行を中核として企業集団を形成し，「6大企業集団」が出揃った。企業集団の最も重要な役割は，株式の相互持合いを通じた株主安定化であった。企業が買収される危険が少なくなり，企業のトップである専門経営者は長期的な経営戦略で事業を成長させることができた。

2）企業グループ

　高度成長期には企業数も拡大した。1955年の企業数は約37万5,000社であっ

第Ⅱ部　20世紀型大企業の成熟

たが，71年には100万社を突破した。企業規模においても，資本金10億円以上の大企業が同期間に169社から1,355社に増加した。

企業形態においても変化があった。多角化戦略により複数の製品や事業に携わることになった企業は，多角化した事業を管理するために，1960年代に分権的事業部制組織を導入した。これはアメリカにおける事業制に範をとったものであるが，アメリカの組織原理をそのまま日本に導入したのではなく，日本的な環境に合わせて修正して導入された。日米の違いとして挙げられるのは，日本の大企業は60年代後半から分社化を始めたことである。親企業の内部組織として多角化した事業を管理するだけではなく，一部を別法人として子会社化し，親会社を中核とした企業グループを形成した。

3）企業系列

日本に特徴的な企業間関係のうち，企業系列あるいは取引系列と呼ばれる（外国でもそのまま *the keiretsu* と呼ばれる）ものがある。系列は，資本関係（支配的な株式所有関係）を有しない企業間において長期継続的な取引が行われる関係を指し，競争優位の源泉とされる。1930年代においても系列関係はみられたが，50年代から日本的取引関係として定着した。主に，自動車産業や家電産業において，組立メーカーとサプライヤーとの間で長期的な取引が形成され，組立企業は「協力会」組織を作って優秀なサプライヤーを囲い込み，自社を頂点とした財の流れを組織した。アメリカ企業が部品生産を自社で行い，内部で財の流れを調整したことと対照的である。

2　経営管理手法の進化

企業集団や系列などと比べるとこれまであまり触れられてこなかったが，高度成長期には業務管理のために大型計算機（コンピュータ）が導入され，拡大する事業の管理に生かされていた。

図表8-2は1970年3月末時点におけるコンピュータの設置台数（セット）と金額がまとめられたものである。最も導入台数の多いのは卸小売・商事で，1,116台導入されていた。しかし1台当たりの金額は4,200万円と他産業に比べると小さかった。政府関係を除けば金融や保険，そして電力・ガスといった大規模なインフラ産業において大型のコンピュータが導入された。製造業では，

第**8**章 高度成長と企業経営

図表 8‐2 産業別汎用コンピュータの実働状況（1970年 3 月末）

（セット，100万円）

産業	国産機		外国機		合計		1セット当たり金額
	台数	金額	台数	金額	台数	金額	
農　業			1	16	1	16	16
林・狩猟業							
漁・水産・養殖業	5	70			5	70	14
鉱　業	14	547	11	1,432	25	1,979	79
建設業	65	3,077	33	2,203	98	5,280	54
食　品	122	3,627	49	4,830	171	8,457	49
繊　維	98	4,081	44	4,279	142	8,360	59
紙・パルプ	38	1,223	11	879	49	2,102	43
出版・印刷	33	1,082	3	67	36	1,150	32
化学・石油	272	16,461	112	14,799	384	31,260	81
硝子・セメント	50	1,531	16	3,307	66	4,837	73
鉄　鋼	172	16,171	91	16,840	263	33,011	126
非鉄金属	118	6,424	23	1,720	141	8,144	58
機　械	143	6,191	84	11,083	227	17,274	76
電気機械	454	51,703	122	23,753	576	75,456	131
輸送用機械	193	15,523	126	27,246	319	42,769	134
精密機械	88	3,616	35	3,283	123	6,899	56
その他製造業	119	3,940	46	3,951	165	7,891	48
卸小売・商事	874	28,610	242	18,692	1,116	47,302	42
金　融	169	15,815	323	66,064	492	81,879	166
保　険	66	7,451	63	14,675	129	22,126	171
証　券	44	1,392	38	13,715	82	15,107	184
不動産	7	333			7	333	48
運輸・通信・報道	205	8,167	75	15,835	280	24,002	86
電力・ガス	36	2,759	31	11,759	67	14,519	218
サービス	444	26,511	79	11,752	523	38,264	73
病　院	7	122			7	122	17
大　学	247	18,988	20	850	267	19,838	74
高　校	28	316			28	316	11
その他の学校	65	1,860	2	107	67	1,968	29
地方公共体	209	9,956	18	1,707	227	11,662	51
政　府	178	22,992	12	5,098	190	28,090	148
政府関係機関	217	37,413	8	2,285	225	39,699	176
法人団体・農協	174	10,697	34	3,445	208	14,142	68
宗教法人	2	127			2	127	63
研究所	1	103			1	103	103
業種不明	1	6	8	2,601	9	2,607	290
合　計	4,958	328,885	1,760	288,275	6,718	617,160	92

（出所）　日本電子計算機株式会社，1970，9頁，第4表。

第Ⅱ部 20世紀型大企業の成熟

電気機械，輸送用機械，化学・石油，鉄鋼など重化学工業において導入が多くなされていた。

コンピュータ導入に至る経緯を富士製鉄の事例からみておこう。富士製鉄は1954年にパンチカード・システム（PSC）を導入した。本社では販売契約統計，株式事務，資材購入代金支払い整理などにおいて PCS が利用された。製鉄所では，生産月報，集荷統計，業績手当計算など個別業務が PCS によって機械化された。その後，PCS を使った業務が拡大し，本社では販売代金業務，決算業務，製鉄所では資材業務，原価計算業務，財務計算業務が対象となり，これら多数のデータを処理して事業を管理するために，62年に NCR-304型のコンピュータを導入した。

4　重化学工業企業の展開

１　鉄鋼：川崎製鉄

1）日本鉄鋼産業の成長

日本の鉄鋼業は高度成長期に急速な発展を遂げた。1955年の粗鋼生産高は約940万トンであったが，73年には約１億2,000万トンと約13倍に増え，世界粗鋼生産高に占める割合も15％を超えた。さらに日本の鉄鋼輸出の世界シェアも55年の6.6％から76年の28.6％へと拡大した。

このような鉄鋼産業の急成長は，企業家による積極的な投資によって成し遂げられた。鉄鋼企業は大規模で合理的レイアウトがなされた銑鋼一貫工場を新規に建設し，規模の経済を実現した。さらに銑鋼工程で BOF（純酸素上吹転炉。いわゆる LD 転炉）が，造塊工程では連続鋳造設備など新たな革新的技術が積極的に導入され，銑鋼一貫製鉄所の生産性を高めた。そして，各社はコンピュータによる工程管理システムを導入して各プロセスを統合し，素材の効率的な流れを管理した。

2）西山弥太郎と川崎製鉄

積極的な投資により革新をもたらした経営者に西山弥太郎がいる。1950年４月に川崎重工業から製鉄部門が独立して川崎製鉄となった。この独立を主導した人物が技術者の西山であった。西山は同年，千葉に銑鋼一貫工場を建設する

140

計画を通産省に提出した。その規模は年産50万トン，建設費163億円（川崎製鉄の資本金は5億円）という巨大な計画であり，実現を不安視した通産省や日本銀行は建設計画に反対した。日銀総裁の一万田尚登に至っては「川鉄千葉にはペンペン草を生やしてみせる」（米倉，1991，292頁）とまで言って反対した。しかし西山は通産省の許可が得られないまま，51年から30億円の自己資金によって工場建設を開始し，結局通産省も翌年2月に建設を承認し，最終的に273億円を費やし製鉄所は完成した。

西山の革新性は，大規模で合理的に工程が配置された最新鋭の銑鋼一貫工場を建設したことであり，しかもそれを原料輸入や製品輸出に適した臨海地域に建設したことである。西山の千葉製鉄所建設は，高炉をもっていなかった他の平炉メーカーを刺激した。平炉メーカーは旧日本製鉄（八幡製鉄と富士製鉄に分割）から銑鉄を購入していたが，原料部門を独占的な企業に抑えられていることは経営の自由を制約するものであった。住友金属，神戸製鋼といった平炉メーカーは1950年代に競って銑鉄生産部門に進出した。

西山のもう1つのイノベーションは，製鉄所建設を巨額の借入（他人資本）で行ったことである。このような「最新一貫工場を借入金によって建設し，寡占的シェアを競う」（米倉，1991，318頁）という川崎製鉄の革新的な経営戦略は，他の鉄鋼企業も倣うところとなり，銑鋼一貫6社体制（八幡製鉄，富士製鉄，日本鋼管，川崎製鉄，住友金属工業，神戸製鋼所）ができあがった。借入金で建設された巨大工場は利払いと返済のために高い操業度が求められたので，市場競争が激化した。

3）管理組織の特徴

鉄鋼企業の経営組織は，アメリカのUSスチールのように川上から川下までの一貫した財の流れを内部化したものではなかった。川上では，鉄鉱石等の資源調達は商社（総合商社）が担っていた。川下では，鋼材の国内における流通・販売は，鉄鋼企業の系列下にある鉄鋼専門商社が行った。川崎製鉄の場合は，1954年に川鉄商事を発足させ，そこに37.5％の出資を行った。川鉄商事は「メーカー商社」とも呼ばれるが，商事機能を外部化する（子会社化する）ことで川崎製鉄自身は鉄鋼生産に集中した。材料から鉄鋼製品までの一貫した財の流れは内部化されておらず，総合商社や鉄鋼商社が調達と流通部門を担当して

第Ⅱ部　20世紀型大企業の成熟

いたのである。他方で，一貫した財の流れを調整する機能を果たしていたの
は，製造機能をもつ川崎製鉄であった。

2 自動車：トヨタ自動車

1）自動車産業の成長とその条件

　敗戦によって日本は航空機の生産を禁止され，技術をもつ豊富な人材が航空
機産業から自動車産業へ移った（第6章参照）。中島飛行機の技術者は同社を母
体に設立された富士重工業（スバル）に移り，あるいはプリンス自動車や本田
技研に移った。立川航空機からもトヨタ自動車などに技術者が移った。日本の
自動車産業の技術的な基礎の1つは戦前の航空機産業にあるが，高度成長期以
降に成長し世界を牽引するようになるには，技術だけではなく企業家精神の発
揮が不可欠であった。

　GMやフォードが大量生産・大量流通を実現して世界市場を席捲する中で，
日本での自動車産業育成は難しいと考えられていた。1950年に日本銀行総裁の
一万田は，日本が自動車工業を育成するのは無意味で，国際分業の考えに基づ
いて生産効率のよいアメリカから自動車を輸入するのがよいと発言した。それ
でも通産省は自動車産業を育成するため，55年に国民車育成要綱案を作った。
しかし通産省の案は，国民車のスペックを指定し，そのスペックで試作できた
会社にだけ自動車生産を行わせるという構想であり，機会均等と自由競争の原
則に反するとして業界が大反対した。結局国民車構想は頓挫したのであるが，
通産省が示したスペック（乗員4または2人。100 kg以上の貨物が搭載可能。時速
60 kmでガソリン1リットル当たり30 km走行可能。エンジン排気量350〜500 cc。車重
400 kg。月産2,000台。原価15万円以下）は自動車企業がクリアすべき目標となり，
企業家精神を刺激した。各企業がスペックを実現すべく自動車の設計と生産方
式を作り上げていくことを支援するため，56年には機械工業振興臨時措置法
（60年までの時限立法），さらに第2次機械振興臨時措置法（65年まで）によって
部品工業の生産合理化が図られ，組立型産業である自動車産業を支えた。

　自動車の大量生産は1960年代後半から始まった。60年代前半には各自動車
メーカーが近代的な量産工場の建設を始め，後半には大量生産の実現とモータ
リゼーション（自動車の社会への急速な普及）が同時進行した。65年の生産台数

142

は約187万台であったが，これが73年には約708万台と約3.8倍に拡大した。なかでもトヨタ自動車と日産自動車の生産量が他の自動車メーカーを圧倒していた。また，自動車輸出も拡大し始めた。64年の輸出台数は約15万台であったが，70年には約109万台に上り，74年には約262万台となり西ドイツを抜いて世界１位の輸出国となった。73年の自動車輸出は，日本の輸出総額の14.4%を占めるまでに成長した。

2）トヨタ生産方式

フォード・システムは，少品種大量生産により原価低減を目指すものであり，巨大なアメリカ市場において力を発揮するものであった。アメリカのような広大な国土をもたず，人口も少なく，自動車市場が成熟していない日本の市場環境の下で，トヨタ自動車は多品種少量生産でも原価低減を行う方法，つまり徹底的な無駄の排除により原価を低減させる方法を開発した。

トヨタ生産方式は，ジャストインタイム（JIT），自働化，平準化という３つの考えを実現したものである。このうち JIT は，必要な部品が必要な量だけ必要なときに組立生産ラインに届くシステムで，在庫の無駄，作りすぎの無駄を排除するものである。自働化（ニンベンの付く自働化）は，異常発生と同時に作業員の判断でラインを止めて解決する仕組みで，不良品が後工程に送られることを阻止するものである。平準化は，各工程の仕事量のばらつきを極力小さくするもので，１個流し生産方式を目指すものであった。トヨタ生産方式は1962年に全社的に適用され，改良が加えられていった。78年になると，１つの組立工場で年間約３万2,000仕様の自動車を生産することができた。

3）トヨタの管理組織

トヨタ生産方式に代表される日本の自動車生産システムの特徴は，各自動車メーカーの部品内製率が低いことである。アメリカ自動車企業の内製率が60〜70%であるのに対して，日本企業の内製率は20〜30%であるといわれている。日本の自動車メーカー（組立メーカー）は部品製造企業を系列化し，サプライヤー・システムを組織している。トヨタ自動車は1943年に１次部品メーカーの懇親会組織として「協豊会」を組織した。53年になるとメンバー企業に対して技術指導や経営指導を積極化してサプライヤー・システムの機能を高めた。そして長期継続取引関係を構築して JIT システムをサプライヤーにも適用した。

第Ⅱ部　20世紀型大企業の成熟

　トヨタ自動車の販売組織も別会社となった。1950年の経営危機に際して，トヨタ自動車工業（製造）とトヨタ自動車販売（流通・販売）に会社が分かれた。トヨタ自販は，日本GMから戦前に移籍してきた神谷正太郎が社長となり，全国的なディーラー網を整備した。流通組織の整備にあたっては，100％トヨタ自販の子会社にするのではなく，できるだけ地元の有力者の資本を用いて，各県1社の販売会社を設立した。トヨタ自動車は，GMのように原料調達，製造，販売を内部化して事業部制で管理するのではなく，製造と販売それぞれの機能を担う会社を設立して流れを調整した。

3　家電：松下電器産業

1）家電製品の普及と産業成長

　日本の電機産業は，戦後に外国企業からラジオやテレビに関する技術を積極的に導入し，高度成長期には家電製品を中心に成長した。特に1960年代初めからラジオ，テレビ，電気洗濯機，電気冷蔵庫といった家庭用電気製品が急速に普及し，産業の成長を加速させた。

　家電製品の普及には，大量生産による製品価格の低下が必要であり，各社はオートメーション工場を建設して規模の経済の実現を目指した。松下電器は1958年にテレビのオートメーション工場を大阪府茨木市に建設した。高度成長期には大量生産された家電製品が国内市場で販売されたが，65年の「40年不況」をきっかけに国内市場の伸びが鈍化すると，輸出産業として成長する方向を目指すようになった。輸出市場を確保することにより大量生産を維持し，規模の経済を実現しようとしたのである。

2）事業部制の展開

　電機産業企業は，早くから製品を多角化し，各製品事業を管理する組織に工夫を加えた。松下電器産業は1918年に創業したが，最初は職能部制組織であった。製品の種類が増加するとより適切な管理組織を模索するようになり，33年には事業部制組織が採用された。当時の事業部は製品ごとに第1事業部（ラジオ），第2事業部（乾電池・ランプ），第3事業部（配線器・電熱器）と分けられていた。第2次世界大戦後，事業部制からいったん職能部制へ移行するものの，50年3月には再び事業部制が導入された。同じく3事業部で構成されていたが

144

第 **8** 章　高度成長と企業経営

図表 8 - 3　松下電器の事業部の変遷

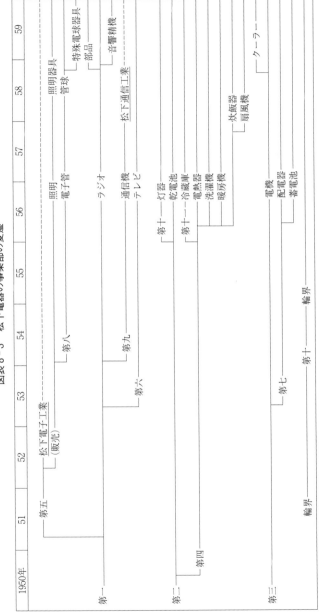

(出所) 下谷, 1998, 154頁, 図 4 - 3 より筆者作成。

第Ⅱ部　20世紀型大企業の成熟

管理する製品の品目は拡大しており，第1事業部（ラジオ・通信機・電球・真空管），第2事業部（乾電池・電極・灯器・電熱器），第3事業部（モータ・変圧器・コンデンサ・蓄電器）となっていた。

　松下電器はオランダのフィリップスと提携し，1952年12月に合弁会社松下電子工業を設立した。フィリップスからは真空管，ブラウン管，トランジスタ，半導体技術などを導入し，松下電器はそれらを日本で次々と事業化していった。また，53年5月には自社内に中央研究所を設立し，自主技術の研究開発も開始した。技術導入と独自の研究開発で獲得された新技術・新製品は事業化され，さらに多角化が進んだ。松下電器は多角化した製品を新たに増設した事業部により管理していった。**図表8-3**は松下電器の事業部制の拡大を示しているが，50年代半ばから事業部が拡大していったこと（番号ではなく製品が事業部の名前になっていること）がわかるであろう。

3）購買と流通・販売の組織化

　松下電器は，大量生産した家電製品の大量流通・大量販売をどのように組織したのだろうか。戦後の展開をみると，1949年に卸売段階で「ナショナル共栄会」が結成され，松下電器の製品を扱う代理店が会員となった。小売段階では戦前の「連盟店制度」が復活した。連盟店は50年代後半に全国で約4万店あり，松下電器の基幹的販売制度として浸透した。高度成長期に入ると，販売系列の再編が始められた。松下電器と代理店が共同出資して地域ごとに販売会社が設立され，従来からの代理店は減少していき60年代半ばにゼロになった。1地域に1つの販売会社が設立されたことによって，流通管理が強化された。また「ナショナルショップ制度」が始まり，有力な連盟店との連携強化が図られた。このように，松下電器は大量流通・大量販売を内部化するのではなく，外部資本（代理店や販売店）を組織して強固な販売チャネルを整備したのである。

　購買（調達）においても，下請企業の組織化が図られた。購買は本社ではなく各事業部が行ったが，その際の調達先は2種類あった。1つ目は「仕入れ先」と呼ばれていたもので，一般的な原料資材（鉄鋼・ガラス・合成樹脂など）は商社を介在させて調達していた。2つ目は「共栄会社」である。松下電器が部品加工を外注している下請は約6,000社あった。これらが共栄会社であり，そのうち一部優良企業から組織されるものが「協栄会」であった。「協栄会」

第 **8** 章　高度成長と企業経営

の活動は1970年代以降に活発化する。下請企業の組織化は，トヨタ自動車と同じく部品製造を内部化せず，長期継続取引を基盤に下請会社を組織化し，原料から製品までの一貫した財の流れを管理したのである。

(Check Points !)

①高度成長期には通産省による産業政策が企業経営に影響を与えたが，政府の産業保護・育成政策は補助的な役割にとどまり，企業家精神をもった経営者による積極的な投資が高度成長を実現させた。

②外国為替管理法による制限はあるものの，日本企業は外国技術を旺盛に導入・吸収し，その基盤の上で研究開発を進め技術力を高めた。政府による科学技術政策はこれを後押しした。

③大企業（製造業）は積極的な設備投資を行い，大量生産を実現したが，大量流通・大量販売についてはすべてを内部化するのではなく，流通系列を組織して財の流れを管理した。資材の調達についても商社を媒介するか，協力会社（下請）を組織し長期的な取引関係を築いた。

参考文献

宇田川勝（2013）『日本の自動車産業経営史』文眞堂。

宇田川勝・中村青志［編］（1999）『マテリアル日本経営史──江戸期から現在まで』有斐閣。

大野耐一（1978）『トヨタ生産方式──脱規模の経営を目指して』ダイヤモンド社。

奥和義（2012）『日本貿易の発展と構造』関西大学出版部。

橘川武郎（1996）『日本の企業集団──財閥との連続と断絶』有斐閣。

経営史学会［編］（2004）『日本経営史の基礎知識』有斐閣。

佐々木聡［編］（2001）『日本の戦後企業家史──反骨の系譜』有斐閣。

沢井実・谷本雅之（2016）『日本経済史──近世から現代まで』有斐閣。

四宮正親（2020）『自動車流通の経営史──メーカーとディーラの関係を中心に』日本経済評論社。

下谷政弘（1998）『松下グループの歴史と構造──分権・統合の変遷史』有斐閣。

下谷政弘・鈴木恒夫［編著］（2010）『「経済大国」への軌跡　1955～1985』（講座・日本経営史5）ミネルヴァ書房。

社史編さん委員会［編］（1981）『炎とともに　富士製鐵株式会社史』新日本製鐵株式会社。

武田晴人（2019）『日本経済史』有斐閣。

田中彰（2012）『戦後日本の資源ビジネス──原料調達システムと総合商社の比較経営史』名古屋大学出版会。

第Ⅱ部　20世紀型大企業の成熟

トヨタ自動車株式会社（1987）『創造限りなく　トヨタ自動車50年史』（資料編）同社。

日本電子計算機株式会社［編著］（1970）『JECC コンピューター・ノート1970年版』同社。

橋本寿朗・長谷川信・宮島英昭（1998）『現代日本経済』有斐閣。

深尾京司・中村尚史・中林真幸［編］（2018）『現代1──日中戦争期から高度成長期（1937-1972）』（岩波講座・日本経済の歴史第5巻）岩波書店。

宮本又郎・阿部武司・宇田川勝・沢井実・橘川武郎（2007）『日本経営史［新版］──江戸時代から21世紀へ』有斐閣。

宮本又郎・岡部桂史・平野恭平［編著］（2014）『1からの経営史』碩学舎。

三和良一（2012）『概説日本経済史──近現代』東京大学出版会。

米川伸一・下川浩一・山崎広明［編］（1990）『戦後日本経営史 第Ⅱ巻』東洋経済新報社。

米川伸一・下川浩一・山崎広明［編］（1991）『戦後日本経営史 第Ⅰ巻』東洋経済新報社。

米倉誠一郎（1991）「鉄鋼──その連続性と非連続性」（米川伸一・下川浩一・山崎広明［編］『戦後日本経営史 第Ⅰ巻』東洋経済新報社）。

第Ⅲ部

グローバル化の中の日米企業

第9章

ニクソンショックから日米摩擦へ

　1970年代は変化の潮目であった。60年代に黄金期を迎えた産業企業は国際競争（特に日本企業との競争）によってもたらされた困難に対処しなければならなかった。本章では，国内市場におけるスタグフレーション，国際通貨制度の変革をもたらしたニクソンショック，そして２度のオイルショックという環境の劇的な変化の中で，鉄鋼企業，自動車企業，電機企業がそれぞれどのように困難に立ち向かい，あるいは経営変革を進めたのかをみていく。

　1970年にはまた，情報通信分野やサービス産業分野で新たな企業が胎動し，成長領域を切り拓き始めた。21世紀に世界を牽引するグローバル企業の初めの一歩についてもみておこう。

キーワード：スタグフレーション　貿易摩擦　ワールドカー構想　SBU

1　1970年代のアメリカ経済

1 　スタグフレーション

1 ）成長の鈍化

　1960年代の安定的な経済成長が終わり，70年代に入るとアメリカ経済は国内経済，国際経済関係の両方において不可逆的で構造的な変化を経験した。

　国内市場は世界的にみても最も巨大で豊かな市場であったが，成長率は鈍化した。アメリカの人口は1969年に２億人を突破し，80年には約２億2,700万人になった（年平均約1.1％の成長）。国内総生産（実質GDP）は70年に約３兆7,700億ドル（2000年ドル）であったものが80年には約５兆1,600億ドルへと拡大した。70年代の年平均成長率は3.0％であったが，これは60年代の平均4.1％と比較すると低いものであった。しかも，73年と74年には成長率が連続してマイナスとなり（－0.5％と－0.2％），さらに80年にも－0.2％を記録した。雇用の点で

151

第Ⅲ部　グローバル化の中の日米企業

みても，60年代には完全雇用が実現されていたのに対し，70年代には5％を超える失業率が問題となった。

　経済活動が停滞すると（物が売れなくなると）普通は物価が下落するのであるが，1970年代のアメリカでは経済が停滞しているにもかかわらず物価上昇が継続するという，スタグフレーションが発生した。物価上昇のきっかけは2度のオイルショックであった。73年に第4次中東戦争が契機となり原油価格が4倍に跳ね上がって物価高騰を招き，翌年の物価上昇率は12％に達した。79年にはイラン革命が契機となった第2次オイルショックが発生し物価が上昇した。経済停滞と物価上昇は，アメリカ企業にとっては売上の停滞とともに生産コスト上昇の要因ともなり，アメリカ市場における輸入製品との競争の激化や国際市場で競争力を喪失する原因の1つとなった。

2）産業構造の変化

　スタグフレーションの背後でアメリカの産業構造に大きな変化が起こっていた。産業別 GDP のシェアをみると，製造業の付加価値生産額は1965年には全体の28.5％を占めていたが，70年には25.5％，75年には22.7％，そして80年には21.6％にまで小さくなった。他方で金融・不動産とサービスの割合は，65年にはそれぞれ13.9％と10.3％であったが，70年には14.3％と11.6％，75年には14.0％と12.1％，そして80年には14.9％と13.9％にまで拡大した。

　このような動きを被用者全体に占める各部門の割合でみると，製造業の割合は1960年代には約33％で安定していたが，60年代末から70年代にかけては減少傾向となり，75年には27.7％，80年には25.8％にまで低下した。製造業に代わって被用者数が増加したのは，サービス業（専門・ビジネスサービス，情報，金融，教育・医療）であった。65年の割合は24.9％であったが，70年には26.2％に拡大し，75年には製造業における被用者の割合を逆転し，80年には被用者全体の29.2％を占めるまでになった。このように，70年代においては脱工業化が進展し，知識集約型ビジネスサービス（法律・会計・コンサルティング，情報サービスなど）が成長してきたのである。

第9章　ニクソンショックから日米摩擦へ

2　国際資本取引の自由化

1）ニクソンショック

　国際経済面においても，1970年代は画期であった。アメリカは第2次世界大戦以降，圧倒的な経済大国としてドルと金との交換に基づく固定通貨制度を世界経済のインフラとして提供してきたが，アメリカからのドル流出が拡大して固定相場制を維持できなくなり，新たな国際通貨体制が創出された。

　ドルの流出は1960年代に国際収支危機，いわゆるドル危機をもたらした。原因の1つはベトナム戦争の拡大による財政悪化であった。アメリカは第2次世界大戦直後には他国を圧倒する経済力を有し，その経済力を背景に軍事的覇権国家として局地的な戦争に関与したが，費用を負担できるだけの経済力が徐々になくなってきたのである。もう1つの原因は，アメリカ大企業の海外進出であった。56年から57年のスエズ動乱後の過剰生産の発生や58年のヨーロッパ共同市場（EEC）結成を契機に，アメリカ企業のヨーロッパ進出が加速し，国際資本輸出が拡大した。

　ドル危機を克服するためには，1つ目の原因であるベトナム戦争などの覇権コストの負担を軽くするか，あるいは2つ目の原因である国際的な資本移動を制限する必要があった。前者については，ようやく1973年にリチャード・ニクソン大統領がベトナム戦争の終結を宣言し，派遣していたアメリカ軍を撤退させた。後者については63年に外国証券投資に対して金利平衡税（内外の金利差をならすために投資額に対して課される税）が課されるようになりドル流出が減少したが，アメリカ企業の国際進出は止まらなかった。結局アメリカは固定相場制を放棄して変動相場制導入へと舵を切った。71年8月15日，ニクソン大統領は金とドルの交換停止を突然発表し（ニクソンショック），73年には固定相場制が崩壊して変動相場制へ移行した。また，74年1月には金利平衡税も撤廃され，国際的な資本移動に対する規制がなくなった。変動相場制への移行により，アメリカ企業にとっては海外直接投資による事業展開がより一般的な選択肢となった。

2）貿易赤字の拡大

　アメリカの貿易収支を財の貿易とサービスの貿易に分けてみると，財の貿易収支は1970年代に大幅な赤字を記録するようになる。60年代は黒字であったが，70年代にはしばしば赤字になり，70年代後半には巨額の赤字を計上するよ

153

第Ⅲ部　グローバル化の中の日米企業

図表9-1　貿易収支

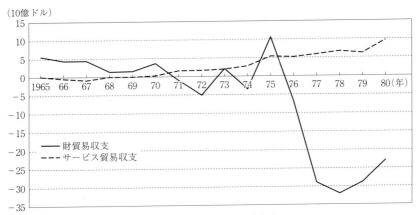

（出所）US President, 2005, p. 238, Table B-24 より筆者作成。

うになった（図表9-1）。財の貿易赤字は，第1にアメリカ製造業企業の国際競争力の低下を示しており，日本やヨーロッパ諸国からアメリカ市場への輸出が増加し，日本企業やヨーロッパ企業との競争が激化したことを示している。第2に，アメリカ企業が海外直接投資により諸外国に製造拠点を設け，企業内貿易によって子会社からアメリカの親会社へ原材料や部品を輸入することが増加し，また外国子会社で生産した製品をアメリカに輸入し販売することも増加した。このように貿易赤字の原因は財の貿易だけではなく資本の輸出入とも深く関係していることに注意が必要である。

　また図表9-1ではサービス貿易の収支も示している。財の貿易収支とは異なり，サービス貿易収支は常に黒字であり，1970年代には黒字幅も徐々に拡大していった。国内産業では脱工業化，サービス産業化が進展しており，その動きはアメリカの貿易収支にも表れているのである。

3　研究開発

　第2次世界大戦後の経済成長の特徴の1つは，連邦政府が巨大プロジェクトなどを通して潤沢な研究開発投資を行い，産業企業も研究開発に資源を投入して新規技術を開発し，持続的な成長に結びつけたことにあった（第7章参照）。

第9章　ニクソンショックから日米摩擦へ

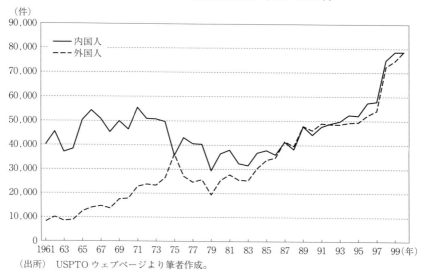

図表9-2　アメリカ特許登録の推移（1961〜2000年）

（出所）　USPTO ウェブページより筆者作成。

　しかし，1970年代になると連邦政府の研究開発予算は減少し，65年に約552億ドルであった予算は70年には約492億ドル，75年には約440億ドルにまで削減された。70年代後半には予算が戻るが80年は約500億ドルと60年代よりも低い水準であった。他方，産業における研究開発投資額は70年には約343億ドルであった。70年代前半は第1次オイルショックを受けて減少したが，75年には約380億ドルにまで回復した。70年代後半には産業企業は研究開発投資を増やし，80年には連邦政府の研究開発費を抜いて約513億ドルにまで成長した。
　特許登録件数は，研究開発の成果とその事業化の双方を一定程度反映した指標である。1970年代の特許登録件数の趨勢をみると，アメリカ人・法人の特許登録が傾向的に低下していることが特徴的である（図表9-2）。外国人・法人の特許は，70年代においては平均して2万5,000件程度の登録が行われていたのであるが，アメリカ人・法人のものは70年の約4万7,000件から75年の約3万6,000件へと減少しており，80年も同程度の登録件数であった。このような動向からは，第1に70年代においてはアメリカ企業における研究開発活動が低調であったこと，そして第2に外国企業の特許登録が増加したことから，アメ

155

第Ⅲ部　グローバル化の中の日米企業

リカ市場において外国企業との競争が激化したことを知ることができる。

2　アメリカ企業の競争力低下と日米経済摩擦

1　鉄鋼産業：US スチール

1）競争力の低下

　アメリカ鉄鋼業は，第2次世界大戦後しばらくは世界最大規模の経営を行って高い収益を上げていたが，製品の国際競争力は徐々に低下した。US スチールと新日鉄の鉄鋼売上高（トン）の推移を比較すると，US スチールの売上高は1961年の約1,680万トンから73年の約2,610万トンへと緩やかに伸びているのに対して，新日鉄の売上高は61年の約950万トンから急速に拡大し，67～68年には US スチールと並び，73年には約3,720万トンと同社の売上を凌駕するようになった。このような日米鉄鋼企業逆転の要因の1つは，50年代からの US スチールの経営にあった。

　1950年代において US スチールは高い生産性を維持し，高い市場シェアを背景とした管理価格により高収益を享受していた。同社は原料調達から加工，流通・販売までを内部化した垂直統合型企業であった。一連の工程の中でも US スチールは原料部門に競争優位をもっており，原料自給のために原料部門に対する投資を重視していた。したがって，鉄鉱石や石炭の市場価格の変動にあまり影響を受けずに安定的な確保が可能であった一方で，まさにそれゆえに規模の経済を実現する高炉の大型化にはあまり投資を振り向けなかった。

　1955年の時点で同社は12の製鉄所から構成されていたが，製鉄所の配置は地理的に分散しており統合されているわけではなく，各製鉄所の設備も新旧さまざまなもので構成されていた。それでも，50年代においては鉄鋼価格も安定しており，US スチールの生産能力と技術水準は世界的にみても隔絶したものであったので，管理上・設備上の問題が顕在化することはなかった。

　しかし，1960年代に入るとアメリカの鉄鋼輸入が増加し，US スチールの市場シェアも低下し始めた。さらに，ブラジルとオーストラリアで大規模な鉄鉱石鉱山が開発され，原料部門を独自に保有（内部化）する優位性もなくなった。他方で日本とヨーロッパの鉄鋼企業は，コスト優位に基づく競争力を武器とし

156

第**9**章　ニクソンショックから日米摩擦へ

てアメリカ市場で地位を確立した。日本企業が優位性を発揮できた要因の１つは，第８章でもみたように，最新鋭の大規模生産設備に積極的な投資を行ったことであった。

２）設備投資の遅れ

日欧企業との競争圧力に直面して，US スチールは大規模設備投資を行って対抗しようとした。しかし，設備投資を行ったとはいえ，設備の近代化を部分的に進めたにとどまり，1950年代に成功を収めた旧技術を過信するあまり新技術の採用が遅れた。

たとえば製銑部門では大型化が遅れ，製鋼部門でも，1950年代にはすでに日本では LD 転炉導入で生産方法が大きく転換していたにもかかわらず US スチールでは採用が遅れ，ようやく10年遅れの63年に最初の LD 転炉の操業が開始された。しかしその後も LD 転炉の導入は徐々にしか進まず，75年時点においても製鋼部門における LD 転炉比率は55％程度であった。設備の近代化が進まない中で，60年代後半になると労賃が上昇して労働コストが高くなり，US スチールの競争力はさらに失われることになった。

US スチールのもう１つの対応は，政府に働きかけて日本とヨーロッパの鉄鋼企業の動きを抑えることであった。1960年代半ば以降に鉄鋼輸入が増加すると，アメリカ鉄鋼企業は労働組合も巻き込んで輸入規制運動を展開するようになった。その論理は，アメリカ鉄鋼業の生産効率は世界一であるから，輸入が急増するのは低賃金に基づく不当なダンピングと外国政府の差別的な貿易政策に原因がある，というものであった。巨大なアメリカ市場を失いたくないという日本鉄鋼企業の意思もあり，日米政府間の協議を経て，68年に日本の対米鉄鋼輸出自主規制が決定された。これに従い，日本の鉄鋼企業は（ヨーロッパの鉄鋼企業も）69年から74年末までの６年間にわたり対米輸出を制限することになった。

鉄鋼輸入が制限され国際的な競争圧力が緩和されている期間は，アメリカ鉄鋼業にとって経営組織や生産体制を見直すチャンスでもあった。くわえて，1973年10月のオイルショックは，US スチールにとっては保有する資源価格の高騰をもたらし，収益を急拡大させた。同社はこれを原資に74年に大規模な近代化投資を行い60年代の投資の遅れを挽回しようとした。銑鋼部門では LD 転

157

第Ⅲ部　グローバル化の中の日米企業

炉を導入して国際競争上の遅れをカバーするべく投資が行われた。また条鋼類の生産設備も更新された。しかし，いずれも部分的な投資にとどまり（先述のように70年代半ばにおいても LD 転炉化率は55％であった），省エネルギーや減量経営のための取り組みには資源が投入されなかった。

3）保護主義的な対応

US スチールの経営業績を売上高純利益率（ROS）でみると，1960年代半ばから70年代初頭にかけて低下したものの（65年の ROS は6.2％，72年は2.9％），オイルショックを契機とした資源価格高騰により収益が拡大し，70年代半ばには6.7％にまで上昇した。しかし，鉄鋼輸入規制運動において労働組合の支持を得るために賃上げを行い労働コストが増加していたこと，さらにインフレーションによる賃金急騰により業績が悪化し，76年以降は ROS が急落し，79年には約3億ドルの赤字を計上するに至った。

このような業績悪化に対して，US スチールをはじめとするアメリカ鉄鋼企業は1977年から再び輸入規制運動に力を入れ始めた。同年9月に US スチールは日本企業が鉄鋼製品をダンピング輸出しているとして提訴し，輸入規制を訴えた。アメリカ政府に対する働きかけの結果，78年2月からトリガー価格制度が実施された。トリガー価格制度とは，世界最高水準にある日本の鉄鋼コストを基準とした価格モニター方式であり，そのコスト以下で鉄鋼製品が輸入された場合には自動的にダンピングと認定され輸入が制限される制度であった。

このように，1970年代において，US スチールは日欧の鉄鋼企業との競争の中で，鉄鋼生産設備に対する投資によって生産性を高めたり，あるいは管理組織の改革により競争優位を立て直したりするのではなく，政府間交渉を通してアメリカ市場への鉄鋼輸入を制限しようとした。しかし，保護主義的な対応は80年代に入ってさらに困難な状況をもたらすこととなった。

2　自動車産業：GM

1）小型車市場の拡大

1970年代は自動車産業においても国際競争が激化し，それ以前とは異なる経営戦略や組織が求められた。しかし，フォード・システムに代表される自動車大量生産システムに大きな変革を加えることなく，開発と生産の国際分業に取

り組むことで，ある程度問題を解決することができた。

1960年代のアメリカ自動車市場を振り返ると，同市場は「セカンドカー・ブーム」によって50年代の500万台規模の市場から1,000万台規模の市場へと急成長した。しかし，その下では小型車市場が拡大していた。60年の小型車の輸入台数は約48万台であり，65年には約50万台に拡大した。その後の拡大のペースは急で，70年には約128万台となり，小型車はアメリカにおける乗用車登録台数の15.2％を占めるまでになった。

小型車輸入は当初はドイツからのものが主体であったが，次第に日本車のシェアが高まっていった。1960年の輸入台数約48万台のうち日本車はわずか1,895台であったが，65年には約3.4万台，70年には約31万台となり輸入乗用車の24.4％となった（首位は西ドイツのフォルクスワーゲンで輸入車の44.1％を占めた）。75年になるとトヨタ自動車がフォルクスワーゲンを抜いて輸入車数で首位となった。

小型車市場の拡大に対するビッグ・スリー（GM，フォード，クライスラーのアメリカ自動車大手3社）の認識は，大型車の市場が主軸であり小型車市場は限られたマーケットであるというものだった。1970年のGMでは，製造・販売する乗用車の93.3％は8気筒5ℓエンジン以上の大型車であった（対する日本の小型車は4気筒1.5ℓエンジン）。ビッグ・スリー各社は小型車開発に着手はするものの，小型車セグメントの規模が小さくアメリカ的な大量生産方式にはなじまないため，本格的な小型車を開発するというよりも大型車・小型車の廉価版を作って対応した。

2）ワールドカー構想

1973年の第1次オイルショックと79年の第2次オイルショックは，アメリカ自動車市場を変容させた。60年代の小型車市場の拡大は「セカンドカー・ブーム」によるものであり「ファーストカー」として選択される大型車は健在であったが，70年代になると「ファーストカー」としても小型車が選ばれるようになったのである。日本製の輸入小型車がアメリカ市場を席捲し，80年には日本車は約191万台輸入され，乗用車登録台数の21.2％を占めるまでになった。

小型車市場の本格的な拡大に対してGMがとった対策は，サイズダウン政策とワールドカー構想であった。前者については，1977年から大型車のサイズ

159

第Ⅲ部　グローバル化の中の日米企業

ダウンを開始し，翌年には中型車のサイズダウンも行ったが，これらはいずれも伝統的な大型車のイメージを保持したまま小型化したものにすぎなかった。GM が行った本格的な小型車開発は，後者のワールドカー構想によるものであった。

　GM のワールドカー構想は，小型車開発と生産を対応能力のある海外の子会社に委ねるものであり，グローバルな開発・生産体制によって（アメリカ国内における大型車の大量生産体制を変えることなく）小型車市場の拡大に対応しようとするものであった。最初のワールドカーである「Ｔカー」（排気量1.6ℓ）は，基本設計をオペル（西ドイツ）といすゞ（日本）が担当し，部品は国際的に最適調達され，完成車の組立はオペル，いすゞ，ボグゾール（イギリス），GM，GM ホールデン（オーストラリア）が分担して行った。組み立てられた「Ｔカー」は，1974年にカデット（西ドイツ），ジェミニ（日本），ボグゾール・シベット（イギリス），ホールデン・ジェミニ（オーストラリア），75年にシボレー・シベット（アメリカ）として発売された。「Ｔカー」はその後，79年の「Ｘカー」（対日戦略車），81年の「Ｊカー」（新ワールドカー）へとつながっていき，80年になると GM の国内向け乗用車販売の４割を小型車が占めるようになった。

　GM は国際的な分業体制を構築して小型車の開発・生産に対応したのであるが，それは以前の GM の国際展開とは異なった特徴をもっていた。GM は第２次世界大戦以前から直接投資により海外に組立工場を建設して事業を展開していた。1960年代のヨーロッパ進出も，すでに資本関係のあったボグゾールやオペルの経営を強化するとともに，フランス，イタリア，西ドイツ，ベルギーに新たに部品工場・組立工場・販売センターを建設し各市場への供給体制を整えた。しかし，70年代になるとヨーロッパに加えて日本をはじめとするアジアへの進出を開始した。日本では70年11月のいすゞとの業務提携，翌71年における同社との資本提携を経て72年には日本ジー・エム・アリソン（GM50％，いすゞ20％，川崎重工20％，伊藤忠10％出資）を設立して自動変速機の生産を開始し，さらにいすゞ系列の部品メーカーであるヂーゼル機器の株式を取得して部品生産体制を整えた。そして76年に GM，オペル，いすゞの共同開発車としてジェミニを発表し，国際分業体制が完成したのである。乗用車以外にも，76年２月には GM，ボグゾール，いすゞの３社によるトラック生産世界戦略構想が

160

第**9**章　ニクソンショックから日米摩擦へ

発表され，国際分業を行う製品が追加された。このように，特定の市場でGM
車を組み立てて販売するのではなく，グループ企業内で国際的な分業体制を構
築したことが1970年代の特徴であった。

3）国内生産体制

　小型車の開発は国際分業体制を通して実現することができたが，アメリカ国
内における生産体制の変革は行われなかった。アメリカ型の大量生産体制に現
れた，柔軟性のない専用工場と低い稼働率という問題は，GMの業績にもマイ
ナスの影響を与えていた。ROSをみると第1次オイルショック後と第2次オ
イルショック後に急激に落ち込んでおり（1972年の7.1%から74年の3.0%に低下），
80年にはマイナス（約7億6,000万ドルの赤字）を記録している。これは明らかに
輸入される日本車との競争でGMが劣位にあることを示しており，アメリカ
の自動車生産体制が日本のそれに対して優位性をもたなくなったことを示して
いた。

　これに対しGMは，生産体制を変革するのではなく，政府を動かして日本
の自動車企業に対米輸出をやめさせることで困難を乗り切ろうとした。1980年
に全米自動車労組（UAW）などがアメリカ通商法201条（セーフガード措置）に
基づいて日本車の輸入制限を求めてアメリカ国際貿易委員会へ提訴した。政府
間交渉の結果，81年に日本政府と自動車業界は対米自動車輸出台数を制限する
「輸出自主規制」を導入することになった。自主規制の内容は81〜83年度は168
万台まで輸出可能，84年度は185万台，85〜91年度は230万台，92年度と93年度
は165万台が上限といったものであり，94年に廃止された。

　日本車の輸出自主規制は，競争圧力を弱めることによってアメリカ自動車企
業に生産体制を変革する猶予を与えることとなった。GMは1980年代に工場の
スクラップ・アンド・ビルドを進め，さらにトヨタ生産方式の要素を導入して
ジャパナイゼーションを進めた（第11章参照）。

3　電機産業：GE

1）新しい管理組織

　電機産業において多角的な経営を行っていたGEにとっては，売上高が拡大
するにもかかわらずROSが低下するという「利益なき成長」が大きな問題で

161

図表9-3 投資優先マトリックス

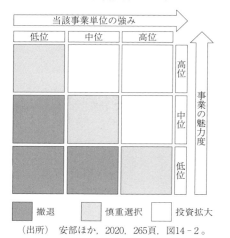

（出所）安部ほか，2020，265頁，図14-2。

あった。1965年のROSは5.7%であったが，69年には3.3%にまで低下し，70年時点においても3.8%と低迷していた。GEは多角的な事業を統合して効率よく利益を稼ぐための管理方法を考案し，「利益なき成長」を克服しようとした。70年代の取り組みで重要だったのは戦略事業計画とSBU（戦略事業単位）組織の導入であった。

戦略事業計画は，経営資源をどの事業分野に投下し企業全体を成長させるかという戦略的意思決定を補助する方法であった。1960年代末に，会長のフレッド・ボーチが経営コンサルティング企業に新しい経営計画方法について検討を依頼し，開発されたPPM（プロダクト・ポートフォリオ・マネジメント）を基礎にしてGEが開発したのがそれであり，図表9-3にある投資優先マトリックスに各事業をあてはめ，経営資源の配分を決めるというものであった。同図表を用いると，事業の魅力度が高く，自社がその事業で強みをもっている場合には投資を拡大し，逆に事業の魅力度が低くかつ強みをもっていない事業については撤退するという投資計画が策定できる。この経営計画方式が最初に適用された事例は，70年10月のコンピュータ事業からの撤退であった。GEはコンピュータ事業を長らく展開してきたがシェアは低迷しており，IBMとの競争で優位に立つことはなく，ハネウェルの子会社に売却したのである。

SBU組織は，1972年に会長に就任したレジナルド・ジョーンズが戦略事業計画を全社的に適用・実施するために導入したものである。SBU組織の特徴は，従来の事業部制組織を基礎にしながらも，製品ではなく市場の区別に基づいた管理組織であることであった。つまり製品別管理組織が生産を基準にしていたことに対して，SBU組織は市場指向性をもった組織であった。それはSBUを設置するときの要件にも現れており，そこには「市場において独自の

競争相手を持っていること」「市場において自ら一人前の競争者となりうること」が挙げられていた（坂本，1997，163頁）。したがって，SBU は製品別管理組織のどのレベルでも，つまり事業グループレベルでも，事業部レベルでも，製品部門のレベルでも設定することができた。結局，GE においては合計43の SBU が設置された。

　SBU は市場ごとに設置されたのであるが，それを全社的に統合・運営するのが本社経営スタッフ部門であった。この部門は戦略計画，事業開発，技術開発，総務をそれぞれ担当する上級副社長によって構成されていた。その中でも SBU の運営に直接関係するのが戦略計画スタッフ部門であり，この部門が投資優先マトリックスを使用して全社的な戦略計画を策定した。

2）新しい戦略と組織の実践

　1970年代の事業展開は戦略事業計画と SBU 組織に基づいて行われた。その中で特徴的な出来事であったのは，76年のユタ・インターナショナルの買収である。同社は資源採掘企業であり，GE は当時アメリカ史上最高金額の21億7,000万ドルで買収した。一見すると同社の事業は従来 GE が行ってきた電機事業とは関連が薄いのであるが，同社が高成長を遂げている高収益企業であるという点を考慮すると「戦略事業計画による新しい経営管理方式の典型的な実践例」といえるものであった（坂本，1997，182頁）。GE の経営実績をみると，1970年に3.8％であった ROS は72年には5.2％にまで上昇し，75年には4.3％に低下するがユタ・インターナショナルを買収したことで70年代末には6％を超えるようになった。

　戦略事業計画と SBU 組織は確かに ROS を高め，GE を効率的に稼ぐ企業としたのであるが，他方で戦略計画スタッフ部門による分析と計画作成作業は1980年代になると「官僚主義」「分析まひ症候群」として非難されるようになり，改革の対象となった。また，ユタ・インターナショナルを買収したことをきっかけにそれを全社で統一的に管理するための事業セクター制が導入され，管理組織の階層がまた1つ増加し組織の運営コストを高めた。このようなコストも，80年代になり日本企業との国際競争が激化すると問題となり，改革の対象となった。

第Ⅲ部　グローバル化の中の日米企業

3　アメリカ企業の新たな動き

1　ハイテク企業の胎動

　連邦政府による研究開発資金の供給や特許登録の減少という現象をみると，1970年代のアメリカは革新的な技術があまり生み出されなかった時代のようにみえる。しかし70年代は，今日のデジタル社会を実現する基幹技術がスタートアップ企業によって事業化され始めた時代であった。特許登録の少なさはむしろ，どのような技術に研究開発資金を集中的に投下すればよいか明確になっていなかったことによるのかもしれない。いずれにせよ，70年代にこそハイテク企業が胎動していたのである。

　大型汎用計算機（メインフレーム・コンピュータ）においては，IBMが1964年に革新的なシステム360を発表し企業や政府機関への導入が進んでいた。計算機は次第にメインフレームからパーソナル・コンピュータ（PC）へとダウンサイジングを遂げていくのであるが，その要素となるマイクロプロセッサはインテルによって71年に開発された。さらに74年になるとMITS（Micro Instrumentation Telemetry Systems）がアルテア8800というコンピュータを発売するが，これが最初のPCであった。77年にはスティーヴ・ジョブズのアップルがApple Ⅱを発売し，この後PCがブームとなる。また，後にIBMにOSを提供しウィンドウズ・シリーズを展開するマイクロソフトは，75年にビル・ゲイツとポール・アレンによって設立された（第11章参照）。

2　サービス企業の展開

　もう1つの新しい展開は，サービス産業企業が新たに国境を越えて多国籍的な展開を始めたことである。

1）ファストフード・レストラン

　マクドナルドは1937年にディックとマックのマクドナルド兄弟がカリフォルニア州で始めたドライブインに起源をもつが，彼らの開発した調理方式「スピーディ・サービス・システム」に注目してフランチャイズ展開を行った人物がレイ・クロックであった。

164

クロックは1955年にフランチャイズを販売する会社を設立し，60年にはマクドナルド・コーポレーションと改称した。最終的にマクドナルド兄弟から事業を買収したクロックは，マニュアルと教育を通した全店統一管理システム，フランチャイズ料を低く抑えるための不動産提供方式，そして積極的な広告・宣伝活動により事業を拡大し，店舗数を拡大していった。

海外展開は1965年からカリブ海地域において始まった。その後進出先地域を広げ，エリアフランチャイズをもつフランチャイジーとマクドナルド本社が折半で運営会社を設立する方法で事業を広げていった。71年には東京銀座にマクドナルド1号店が開店したが，当時の海外店舗数は7店で海外売り上げは約2,300万ドルであった。81年には海外店舗数が40か国1,185店にまで拡大し，海外売上高も約13億5,900万ドルに拡大した。さらに85年には41か国に1,929店舗を展開し，約21億5,800ドルを売り上げた。この数字は，総売上高の約20％であった。

2）コンビニエンス・ストア

コンビニエンス・ストア（小売業）のセブンイレブンは，1920年にサウスランド・アイスとしてテキサス州ダラスで設立された。氷の他にミルク，パン，卵，葉巻タバコ，缶詰製品など12品目を販売する店舗から始まり，次第に「コンビニエンス・ストア」ビジネスが展開していった。

サウスランドは1946年にセブンイレブンに名称変更し，60年代に急成長を遂げた。71年になると流通センターを設置して流通の効率性と経済性を高めた。また，流通センターと店舗のネットワークにおいて高度な商品管理を行うために大型汎用機（コンピュータ）も導入された。70年代はさらに物価高や新規参入によるコンビニエンス・ストア業界での競争激化など，対応しなければならない課題が増えた。

同じ頃，セブンイレブンは海外展開を開始した。1971年にはカナダ，メキシコ，イギリスに展開して，日本へは73年に進出を果たした。日本ではイトーヨーカ堂との間でフランチャイズ契約を締結し，74年5月に江東区豊洲に1号店をオープンした。

第Ⅲ部　グローバル化の中の日米企業

Check Points!

①1970年代のアメリカ大企業は，スタグフレーション，ニクソンショック，オイルショックといった経営環境の劇的な変化の下で，力をつけてきた外国企業との競争に対応しなければならなかった。

②US スチールは，外国企業との競争に対抗するために設備投資を思い切って行うというよりも，政府に働きかけて保護主義的な対応をとった。つまり，専門経営者が有効な資源配分を行えなかった。

③GM は日本やヨーロッパの小型車と競争するために，大型車の大量生産体制を変えることなく，国際的な分業体制で対抗しようとした。同時に自動車企業は保護主義的な対応をとり，1981年からの日本自動車企業の輸出自主規制につながった。

④GE は戦略事業計画とそれを実行するための SBU 組織を導入し，「利益なき成長」を克服しようとしたが，結果として，非関連多角化が進んだ。

参考文献

○年次報告書

United States Steel Corporation, *Annual Report*, 各号.

○書籍・論文

秋元英一（1995）『アメリカ経済の歴史　1492-1993』東京大学出版会。

安部悦生・壽永欣三郎・山口一臣（2002）『ケースブック　アメリカ経営史』有斐閣。

安部悦生・壽永欣三郎・山口一臣・宇田理・高橋清美・宮田憲一（2020）『ケースブック　アメリカ経営史［新版］』有斐閣。

井上昭一（1982）『GM の研究——アメリカ自動車経営史』ミネルヴァ書房。

井上昭一・藤井光男［編著］（1999）『現代経営史——日本・欧米』（叢書現代経営学②）ミネルヴァ書房。

河﨑信樹・河音琢郎・藤木剛康［編著］（2021）『現代アメリカ政治経済入門』ミネルヴァ書房。

川辺信雄（1994）『セブンイレブンの経営史——日米企業・経営力の逆転』有斐閣。

坂本和一（1997）『新版　GE の組織革新——21世紀型組織への挑戦』法律文化社。

塩見治人・堀一郎（1998）『日米関係経営史——高度成長から現在まで』名古屋大学出版会。

社史編さん委員会［編］（1981）『炎とともに　富士製鐵株式会社社史』新日本製鐵株式会社。

社史編さん委員会［編］（1981）『炎とともに　八幡製鐵株式会社社史』新日本製鐵株式会社。

社史編さん委員会［編］（1981）『炎とともに　新日本製鐵株式会社十年史』新日本製鐵株式会社。

谷口明丈・須藤功［編］（2017）『現代アメリカ経済史——「問題大国」の出現』有斐

閣。

中野耕太郎（2019）『20世紀アメリカの夢——世紀転換期から一九七〇年代』（シリーズ
　　アメリカ合衆国史③）岩波新書。

第 **10** 章

ジャパン・アズ・ナンバーワン

　　1971年のニクソンショックから73年と79年の２度のオイルショックを経て85年のプラザ合意に至る期間は，高度成長期と比較すると成長率は低かったが，安定成長期と呼べる時代であった。第２次グローバル経済が始まる70年代後半から80年代前半にかけて，日本企業は国際競争力を高め，日米経済摩擦を引き起こすまでになった。さらに79年に出版されたエズラ・F・ヴォーゲルの著書によって，日本の経営手法は「ジャパン・アズ・ナンバーワン」と評価されるようになった。日本企業の国際競争力はどのように形成されたのであろうか。本章では，トヨタに代表される生産方式，日本的雇用慣行，技術導入と研究開発，政府による技術開発支援の各点から，輸送機械産業（自動車）や電気機械産業（ハイテク産業分野）で日本製品の競争力が高まったことを明らかにする。

キーワード：インクリメンタル・イノベーション　同質的競争
　　　　　　日米貿易摩擦

1　安定成長

［1］　高度経済成長から安定成長へ

　1971年のニクソンショックと73年の第１次オイルショックは，アメリカ経済の成長軌道に変化を引き起こしただけではなく，日本経済の高度成長も終焉させた。実質経済成長率の推移をみると，60年代後半には年率12％を超えて成長していたものが減速し，74年には戦後初のマイナス成長を記録するに至った。しかし，成長率は70年代後半には回復し，年率４％の成長を維持するようになった。実質GDP（2000年価格）をみても，73年の約226兆円から85年には約358兆円に拡大した。

　高度成長期に比べて低下したとはいえ，1975〜80年の日本の経済成長率は主

168

要国と比較すると高いものであった。同期間の年平均成長率はアメリカが約3.4％、西ドイツが約3.3％、イギリスが約2.2％、フランスが約3.2％、イタリアが約4.6％であった。ニクソンショックとオイルショックに加えて固有の要因から経済運営に困難を抱えていた諸外国からみると、日本経済と日本の企業経営は優れたものと評価された。

　後ほど詳しくみるように、1970年代から80年代にかけての日本経済は輸出主導型の成長を遂げたが、国内市場における変化も見逃せない。同期間においても継続的な人口増加がみられた。71年の人口は約1億510万人であったが、85年には約1億2,100万人へと増加した。人口増加率は次第に低くなってはいるものの、増えつづける人口は国内市場拡大の基礎となった。

　同時に、1人当たりの実質GDPも増加した。高度成長期においては、日本経済は成長したにもかかわらず1人当たりの所得は主要先進国の中で最も低く、成長の果実が一人ひとりに行きわたっていなかった（第8章参照）。しかし1970年代に入ると1人当たり実質GDPが増加し始め、アメリカや西ドイツと比較すると低いままであったが、80年代に入るとイギリスを抜くなどようやく先進国の様相を呈してきた。66年前後の「マイカー元年」や70年前後の本格的なモータリゼーションは、個人所得が増加し高価な耐久消費財を購入する余裕が出てきたことを示している。自動車の他にも、60年代以降にはクーラーやカラーテレビといった家庭用電気製品も急速に普及した（自動車、クーラー、カラーテレビは「新三種の神器」と呼ばれた）。

［2］　製造業の成長

　製造業は力強い成長をみせた。製造業の実質付加価値は、1970年の約33兆円から80年の約56兆円へと1.7倍に増加している。製造業の中で伸びが大きいものは電気機械（約3,518億円から約1.8兆円に増加。5.13倍）、輸送機械（約2兆円から約6兆円に増加。2.97倍）、精密機械（約4,442億円から約1.2兆円に増加。2.6倍）であった。従業員数で付加価値を割り（1人当たり付加価値）その伸びの大きいものをみると、電気機械が4.7倍、輸送機械が2.8倍、化学が2.6倍であった。電気機械産業や自動車産業などは付加価値を急激に増加させると同時に、生産技術や管理方法の改善を通して生産性を上昇させたことがわかる。

第Ⅲ部　グローバル化の中の日米企業

図表10-1　特許・実用新案登録の推移（1931～80年）

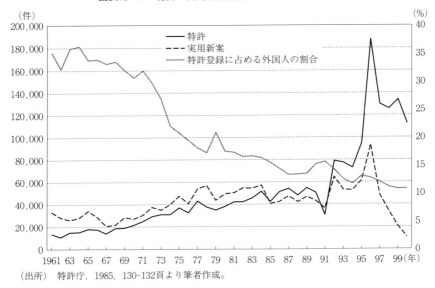

（出所）　特許庁，1985, 130-132頁より筆者作成。

　安定成長期には電気機械産業の成長が著しかった。技術革新が速い多種多様な製品を大量生産・大量販売するためには世界的な技術開発の流れに掉さすための行動と組織が求められる。カラーテレビ，ビデオテープレコーダー（VTR），半導体，汎用コンピュータといった日本が輸出競争力をもつようになった製品の中核技術の多くは，各社が外国企業から導入したものであった。しかし日本企業は導入した技術で外国製品のコピーを作るのではなく，改善と改良を加えてより安価で品質の高い製品へと昇華させたのである。その努力は特許と実用新案の登録件数の推移にも現れている（**図表10-1**）。

　日本の法人・個人による登録件数をみると，1971年には特許と実用新案を合わせて約5万5,000件であったが，75年には約8万4,000件，84年には10万件を超えた。2度のオイルショックのときには登録件数が減少したが，期間の初めと終わりを比較すると登録件数は安定成長期にかなり速いペースで拡大したといえる。また，70年代には特許登録に占める外国人の割合も急速に低下し，技術導入に対して国内の技術開発活動がより重みを増してきたこともわかる。このような特許・実用新案の登録件数に示される技術開発活動の拡大は，高度成

第 10 章　ジャパン・アズ・ナンバーワン

長期より続く政府による支援制度によって促進された。また，企業による研究
開発投資も継続・拡大し，組織的な研究開発は安定成長期においても健在で
あった。

2　輸出主導型経済

［１］　成長パターンの変化

　1960年代までの高度経済成長は内需拡大により実現されたが，70年代に入る
と輸出主導型の経済成長へと転換した。すなわち，GDP 成長に対する輸出寄
与率が上昇し，第１次オイルショック以降80年代前半まで，外需によって経済
成長が牽引されるようになった。

　輸出額の推移をみると，オイルショック前の1970年に約７兆円であったもの
が74年には約16兆円にまで増加し，77年には約22兆円となった。第２次オイル
ショックは輸出を若干減少させたが，80年代に入ると輸出は一貫した伸びをみ
せ，85年には約42兆円となった。しかし輸出額は80年代後半に減少する。これ
は85年のプラザ合意による急激な円高によるものであり，国内製品の価格競
争力が低下したためであった。

　貿易収支も，輸出拡大に合わせて黒字幅が拡大していった。1973年と79年の
オイルショックは，原油価格の高騰により原油輸入代金支払いが嵩んで赤字と
なったが，それ以外の年は黒字基調であった。特に80年代に入ると貿易黒字は
拡大して貿易摩擦の原因ともなった。また，プラザ合意後に輸出額，貿易黒字
ともに減少するものの，円高ドル安により輸入原材料価格も同時に低下するこ
とから大幅な黒字が継続することに変わりはなかった。

　日本の輸出の特徴は，第１に輸出先がアメリカに集中していたことである。
輸出地域集中度指数を諸外国と比較すると，1986年においてフランス，アメリ
カ，イギリス，西ドイツは0.07から0.04であるのに対して日本は0.21ときわめ
て高かった。また，対米輸出依存度はイギリスが15％程度，ドイツが10％程度
であるのに対して日本は40％であった。対米依存度は80年頃までは25％程度で
あったことを鑑みると，日本がアメリカ市場に対して集中的に製品を輸出する
ようになったのは，80年代に入ってからであったといえる。

171

第Ⅲ部　グローバル化の中の日米企業

　輸出品目がどの程度特定品目に集中しているかをみると，集中度指数は西ドイツが0.12％，アメリカとフランスが0.1％未満であるのに対して，日本は0.17％と高かった。これが第2の特徴である。集中度指数が急速に高まったのは1985年頃であった。このように，日本の輸出は80年代に入ると特定の産業分野におけるアメリカへの集中豪雨的な輸出により拡大していったのである。輸出がアメリカに集中するのは，三洋電機創業者の井植歳男が「人口と国の広さ——それが市場を選択する際のモノサシになる，と考える」（内橋，2011，241頁）と言うように，巨大な市場を有していたためであった。

2　輸出産業

　安定成長期の輸出の特徴を商品別構成で確認しよう。経済成長に対する寄与の度合いは低かったが，日本の輸出は1955年から70年までドルベースでみて年平均14.5％拡大した。60年代における輸出製品の代表的なものは繊維品と機械類で，輸出額に占める割合はそれぞれ30.2％と25.3％であった。しかし70年代になると繊維品の占める割合は12.5％へと低下し，80年に4.8％，90年には2.5％とわずかになった。他方，機械類は70年に46.3％，80年に62.8％，そして90年には75.0％へと拡大した。機械類には電気機械，輸送機械，精密機械などが含まれており，輸出主導の成長はこのような機械産業の輸出の拡大によるものであった。

　機械産業で事業を行う企業は，企業ごとに濃淡はあるものの，販売に占める輸出比率を高めていった。**図表10‒2**は輸出企業上位20社について1970年と80年を比較したものである。70年に最も輸出額の大きかった企業は新日鉄で，その後はトヨタ自動車，日産自動車，松下電器，日本鋼管と続いている。70年において特徴的なのは，東レ（10位），東洋紡績（16位），帝人（17位）といった繊維企業が上位20社に含まれていることである。すでにオイルショック前には鉄鋼，自動車，電気機械が代表的な輸出産業として成長してきていたが，繊維産業も輸出産業としての性格をもっていたのである。また，ソニーは14位ではあったが輸出比率は52.1％と高く，早くから海外市場を成長の基盤としていたことが注目すべき点である。

　1980年になると，トヨタ自動車，日産自動車，新日鉄，本田技研，東洋工業

第 **10** 章　ジャパン・アズ・ナンバーワン

図表10‐2　輸出企業上位20社

	1970年			1980年		
	企業名	輸出額 （100万円）	輸出比率 （％）	企業名	輸出額 （100万円）	輸出比率 （％）
1	新日本製鐵	308,210	24	トヨタ自工	1,844,811	51
2	トヨタ自工	184,214	22	日産自動車	1,488,678	50
3	日産自動車	166,645	23	新日本製鐵	1,012,286	33
4	松下電器	145,218	20	本田技研	870,353	72
5	日本鋼管	141,313	25	東洋工業	583,679	57
6	住友金属工業	138,873	30	住友金属工業	497,646	38
7	石川島播磨	134,064	38	松下電器	493,847	25
8	三菱重工	109,324	16	日立製作所	476,877	26
9	川崎製鉄	96,324	23	日本鋼管	461,158	33
10	東　レ	96,130	31	川崎製鉄	418,287	35
11	日立製作所	96,126	13	ソニー	399,808	66
12	本田技研	96,057	33	三菱重工	375,062	31
13	東京芝浦電気	75,919	13	三洋電機	346,839	51
14	ソニー	66,442	52	東京芝浦電気	319,625	22
15	三洋電機	64,950	27	石川島播磨	289,073	41
16	東洋紡績	59,711	31	川崎重工業	272,986	47
17	帝　人	59,416	28	神戸製鋼所	261,470	23
18	シャープ	54,366	39	日本電気	260,668	32
19	川崎重工	53,701	23	ヤマハ発動機	257,537	68
20	三井造船	52,286	40	いすゞ自動車	250,537	36

（出所）　下谷・鈴木，2010，66-67頁，表2‐2（一部改変した）。

（マツダ）と自動車企業が上位5社のうち4つを占めるように，自動車産業の輸出が拡大した。また国内生産に対する輸出比率は70年に比べて上昇し，高い順に本田技研が72％，ヤマハ発動機が68％，ソニーが66％，東洋工業が57％，トヨタ自動車が51％，三菱電機が51％，日産自動車が50％であった。これらの企業では輸出比率が50％を超え，国内市場だけではなくアメリカ市場を中心とする外国市場が企業成長を支えるようになったのである。他方で，60年代に主要な輸出産業であった繊維企業は，上位20社から脱落した。

3　オイルショックと企業経営

　1970年代に日本が他の先進工業国に比べて高い成長率を維持できた要因は，

第Ⅲ部　グローバル化の中の日米企業

企業による経営改革や国内市場における競争構造に要因に求められる。

[1]　「減量経営」と ME 化

　オイルショックによる原材料価格の高騰に対して，日本企業は高度成長期までの経営を見直し，「減量経営」を行った。第1に，エネルギーの原単位を見直して省エネルギー経営を進めた。第2に，労働コストを削減するために大量の従業員を解雇した。当時は「雇用の合理化」とも言われ，労働組織のスリム化を進めた。高度成長期においても非正規雇用（日雇い，季節工，臨時工，パートタイマー）は存在したが，オイルショック後には常用労働者が削減されて非正規雇用が拡大していった。1979年には労働者派遣法が制定された。第3に，付帯的・補助的な業務を外注するようになった。もともと製造業企業は輸送，機械設備の修理・保全，清掃，広告宣伝などを内部化して自社で行っていたのであるが，次第に本業に資源を集中させて補助的な業務を外部の業者に委託するようになった。この動きはまた，清掃や広告などの専門企業を生み出し，サービス産業化が進むきっかけともなった。

　オイルショックを契機に，日本では ME 化が進展した。ME 化とは製品や製造装置にマイクロエレクトロニクス（半導体を中心とする電子部品）を組み込み生産性を向上させることである。まず，高性能な電子製品の開発が行われた。IC（集積回路），LSI（大規模集積回路），MPU（マイクロ・プロセッサ・ユニット）といった半導体素子が開発され，それらが自動車，テレビやビデオをはじめとする民生用機器に組み込まれた。また，産業用ロボット，NC 旋盤，CAD，無人輸送装置，複写機，ファックスにも組み込まれ，製造装置や OA 機器の性能が向上した。高性能なマイクロエレクトロニクスが組み込まれた製造装置は，製造業における多品種少量生産体制の確立や高精度加工，省資源・省エネルギー化を実現するための技術的基盤となった。また，OA 機器は事務作業の合理化を通じて人件費削減にもつながった。

[2]　同質的競争

　日本企業の国際競争力の源泉となったのは，「減量経営」と ME 化による生産性の向上だけではなく，国内市場における企業間競争にもあった。「ジャパ

ン・アズ・ナンバーワン」を実現した産業分野では，特定の大企業間で活発な競争が行われていた。そこで行われた競争は，たとえば1970年代後半から80年代にかけての DRAM 開発競争のように，特定の尺度（たとえば回路の集積度）に沿った同質的な競争であった。同質的競争によって促進されたインクリメンタル・イノベーション（画期的な技術の開発ではなく，改良を積み重ねるような技術開発）は，製品品質の優秀さとともに，きめ細やかなマーケティング技術，コスト切り下げの工夫や改善，そして労働組合の企業経営への包摂と相俟って，日本の製造業の国際競争力を高めた。

　同質的競争による競争力の高まりにより，日本の製品はアメリカ市場を筆頭に海外に大量に輸出されるようになった。これは同時に日本企業がアメリカ企業に対抗できるだけの規模のマーケットを手に入れたことを意味するものであった。三洋電機社長の井植が言うように，産業内で競争を行うためにはマーケットを確保し，大量生産・大量流通を実現しなければならなかった。

　　「いえ，東芝サン百年，日立，三菱サン70年，やや新しい松下サンで65年。
　　ウチはどうか，といいますと，たかだか34年です。国内では，老舗の皆さ
　　ん方が大きな網でごっそり魚をすくってしまわれる。サバやアジぐらい残
　　してくれてもよさそうなもんですが，イワシ一匹残してくれませんわ。
　　で，結局，よそさんがまだ手を付けていない外洋にまで出かけていって，
　　そこで漁をやるよりしようがなかったんですな。気がついてみると，国際
　　化の一番進んだ会社になってました。」（内橋，2011，241頁）

4　産業と企業の動向

［1］　自動車産業

1 ）競争的な産業構造

　日本の自動車生産台数は1960年代より増加しはじめ，オイルショックで生産台数が一時的に低下することはあっても，80年代半ばまでは一貫して増加を続けた。70年の生産台数は約530万台であったが，80年には約1,100万台を超え，日本はアメリカを抜いて世界第1位の自動車生産国となった。他方で，国内市場は70年の約410万台から79年の約500万台へとわずかに伸びたのみであり，成

図表10-3 自動車の生産と輸出

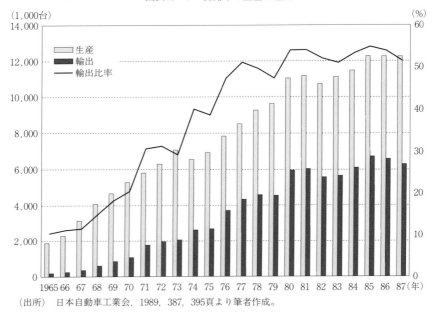

(出所) 日本自動車工業会，1989，387，395頁より筆者作成。

熟段階にあった。したがって自動車各社は国内で組み立てた自動車を海外市場へと輸出した。輸出比率は70年代初頭には約30％であったが，80年代には50％を超えるようになった（図表10-3）。

　自動車産業が国際競争力をもつようになった要因の1つは，競争的な産業構造である。日本市場はアメリカと比較すると狭いにもかかわらず乗用車メーカーが9社あり，トラック・バスメーカーを加えると11社が競争を行っていた。同質的な競争は自動車市場の多様化と，製品ライフサイクルの短縮化を導いた。多品種の自動車を比較的少量に生産するためにトヨタ自動車はトヨタ生産方式をより洗練化させ，1978年には1企業の1組立工場で年間約3万2,000仕様の自動車を生産した（第8章参照）。競合する他の自動車企業もトヨタ生産方式を模倣し，また自社の条件に合うように改善し，70年代には日本的生産システムとして広く普及した。

2）日本的労使関係

日本的労使関係も，自動車の国際競争力を高めた。日本的生産システムは工場の現場で働く従業員の技能，熟練，工夫と従業員のチームワークの上に成り立つシステムである。企業別組合，終身雇用慣行，そして年功序列賃金制度は，従業員が特定企業に継続して雇用され，企業特殊的な能力を習得することを保障した。OJT を中心に開発された従業員の技能は，長期にわたって日本の自動車産業企業の競争優位の源泉であった。

　また，工場運営に従業員の主体的な参加を促すものとして，QC サークル活動（品質改善をボランタリーに進める小集団活動）があった。トヨタ自動車では，QC サークルは1960年代に従業員全員参加型の品質・作業改善活動として開始された。71年になると，全社的に QC サークルを支援・推進する機関として不良撲滅運動推進委員会（79年に QC サークル活動推進委員会となる）を発足させて活動を推進した。QC サークル数は60年代半ばから拡大し始め，70年代半ばに一時減少するが，80年代後半には7,000を超えるサークルが活動しており，毎年1サークルあたり4件程度の課題に取り組んでいた。QC サークル活動は，トヨタ自動車や他の自動車企業だけではなく，幅広く日本の製造業に普及し，日本製品の高品質を実現した。

3）輸出から現地生産へ

　しかし，トヨタ生産方式により競争力をつけた日本車がアメリカ市場へなだれ込むと，日米貿易摩擦が発生した。1980年にはアメリカ市場で約191万台の日本製乗用車が販売され，市場の21.3％を獲得した。このような集中豪雨的輸出に対して，アメリカ自動車産業は政府間協議を通して日本自動車企業に対米輸出の抑制を求めた。その後81年から輸出自主規制が始まり，年間168万台の輸出枠が「自主的に」決定された（第9章参照）。

　輸出が制限された日本企業は，輸出ではなくアメリカに工場を設立して現地で自動車生産を開始した。1982年にホンダがオハイオ工場で乗用車の生産を開始したことが北米生産の始まりで，83年には日産自動車も現地生産を開始した。トヨタ自動車は，日本的な労使関係を前提に構築されたトヨタ生産方式のアメリカでの有効性を確かめるべく，84年に GM と合弁で NUMMI（New United Motor Manufacturing, Inc.）を設立し，カローラの現地生産を開始した。

第Ⅲ部　グローバル化の中の日米企業

北米における現地生産は，自動車企業の本格的な多国籍化の始まりであった。

2　半導体産業

1）技術導入と開発

　日本の半導体産業は，1950年代にアメリカからトランジスタ技術を導入して始まった。トランジスタの生産にはソニー，東京芝浦電気（東芝），日立製作所，日本電気，三菱電機，三洋電機，沖電気工業，富士電機などが参入した。60年代に入ると日本企業はIC技術を導入する。63年に日本電気がフェアチャイルドと特許実施契約を締結して技術を導入し，68年にはソニーがテキサス・インスツルメンツ（TI）と合弁会社を設立した。ソニーだけではなく，日本企業はTIの特許を3.5％のロイヤリティで使用できるようになり，日本企業によるIC技術の導入と開発が進んだ。

　半導体産業の技術水準が大幅に向上したのは，電卓開発競争と国家プロジェクトによる超LSI開発の貢献が大きい。1969年にシャープは，アメリカのロックウェル製LSIを搭載した電卓を9万9,800円で発売した。72年になるとカシオ計算機が日立製作所製LSIを搭載した6桁電卓カシオミニを1万2,800円で発売し，電卓競争が勃発した。電卓はLSIを使用することで小型化，軽量化，そして低価格化が実現できることから，カギとなる部品であるLSIの開発が進んだ。76年になると，国家プロジェクトとして超LSI技術研究組合が結成され，4年間にわたり開発が行われた。このプロジェクトにはコンピュータ総合研究所，日電東芝情報システム，日立製作所，富士通，三菱電機，日本電気，東芝が参加し，総事業費は737億円であった。プロジェクトは成功裏に行われ，超LSIの開発に成功し，80年代の日本半導体企業の国際競争力を支える技術的基盤となった。

2）電子立国日本

　日本企業は，半導体の中でもDRAM（記憶素子）市場で成功を収めた。日本のシェアは1975年にはほとんどなかったが，80年半ばまで一貫してシェアを拡大させ，86年には80％近くにまで高まった。その間，82年には日米のシェアが逆転した。

　DRAMは3年間で4倍に集積度が高まる製品であり（ムーアの法則），集積

度の高度化を目指した企業間の同質的競争を得意とする日本企業が世界市場を席捲するのは必然であった。DRAM製品ごとにリーディング企業をみていくと，1K DRAMではインテル（出荷ピークは1974年），4K DRAMではモステック（同79年）であったが，16K DRAMでは日本電気（同82年），64K DRAMでは日立製作所（同84年），256K DRAMは再び日本電気（同88年），1M DRAMでは東芝（同91年）であった。

　日本の半導体産業のDRAM開発における優位は1990年代後半には失われたのであるが，85年頃をピークとして日本企業が世界を制したことは，「ジャパン・アズ・ナンバーワン」を確信に変える根拠となった。

3　汎用コンピュータ

1）産業育成政策

　日本が汎用コンピュータ（大型電子計算機）の開発に取り組み始めたのは，1950年代であった。53年頃から東京大学，通産省電気試験所，電電公社の電気通信研究所などで研究が開始され，日立製作所，日本電気，富士通，東京芝浦電気，三菱電機など電機企業が参入した。計算機の素子として最初は真空管が使用されていたが，場所をとることや消費電力問題があるため，それを代替する素子の開発が進められた。パラメトロン素子を使ったもの，トランジスタを使ったもの，ICを使ったもの，そしてLSIを使ったものへと開発の焦点は移っていった。

　1960年代になると政府のコンピュータ産業育成政策が始まった。政府は56年からIBMと基本特許使用に関する交渉を開始してライセンスを獲得し，60年8月に日本企業はIBM特許の使用が可能となった。57年6月には電子工業振興臨時措置法が制定され，技術開発に対して補助金が交付されるようになった。さらに政府はコンピュータ開発補助金，日本電子計算機（JECC）の設立，そして外資の制限と輸入制限措置により産業の育成を図った。このような政府の育成政策の下で，電機各社はコンピュータの開発を進めた。

　さらに電機各社は，1961〜64年までの期間にアメリカ企業から技術導入を行い，大型計算機の国産化を進めた。1962年7月には富士通，日本電気，沖電気が電子計算機技術研究組合を設立し，65年に大型計算機FONTACを完成させ

第Ⅲ部　グローバル化の中の日米企業

た。64年に IBM のシステム360が発表されると，68〜70年にかけて日本の電機各社は対抗機種を発表した。このような技術導入と開発競争の中で，68年以降に開発された大型計算機は，素子として IC を100％使ったものになった。

政府は1971年7月にコンピュータに関する資本と貿易の自由化方針を決定した（75年に完全自由化）。その前年の70年には，IBM が新しくシステム370を発売した。日本のコンピュータ産業は，世界市場の70％のシェアを占める IBM に対抗するために，通産省の指導の下に産業再編を行った。71年に富士通と日立製作所，三菱電機と沖電気，日本電気と東芝が業務提携を行い，3グループはそれぞれシステム370の対抗機種の開発に乗り出した。この開発には政府による電子計算機等新機種開発促進費が交付された（76年まで）。その結果，M シリーズ（富士通—日立製作所），ACOS シリーズ（日本電気—東芝），COSMO シリーズ（三菱電機—沖電気）が開発され，70年代後半から相次いで出荷された。これら新シリーズの開発成功により，富士通，日本電気，日立製作所はコンピュータ関連の売上を拡大させた。

1970年代後半からは，第4世代コンピュータの開発が官民一体となって行われた。76年に結成された超 LSI 技術研究組合からは，大型計算機に搭載する超 LSI 技術が生み出された。さらに通産省の指導によりさらにグループが再編され，富士通—日立製作所—三菱電機と，日本電気—東芝の2つのグループが新世代コンピュータ開発に取り組んだ。第4世代の大型汎用コンピュータのハードウェアには超 LSI が素子として組み込まれており，日本企業は1980年代初めまでにハードウェア技術で IBM を凌ぐまでになった。

2）ハードウェアにおける優位

日米の技術を比較すると，論理素子技術（1チップ当たりのゲート数）では日本がアメリカを上回っていた。LSI の集積度を高めるという基準で同質的な競争が行われた結果，日本の技術がアメリカを凌駕したのである。

日本企業はハードウェア技術の優位を武器に汎用コンピュータの輸出を開始した。輸出額は1981年に輸入額を超え（同年の輸出額は約2,000億円），80年代半ば以降は巨額の輸出が行われるようになった（89年の輸出額は約1兆5,500億円）。特に富士通と日立製作所は IBM の大型コンピュータと互換性をもたせたシステムを構築しており（IBM 互換機戦略），アメリカの互換機メーカーであるアム

第 10 章　ジャパン・アズ・ナンバーワン

ダールとアイテルに大型および超大型計算機を OEM 輸出してアメリカ市場での売上を伸ばすことができた。

　日本企業はハードウェア技術に競争優位をもっていた一方で，基本ソフトウェア（OS）技術やコンピュータの設計技術ではアメリカ企業が競争優位をもっていた。IBM は，互換機を OEM 輸出していた富士通と日立製作所に対してソフトウェア使用料の支払いを認めさせ，利益を得た。ハードウェア技術における優位とソフトウェア技術における劣位という日本のコンピュータ産業の特徴は，1990年代以降今日においても日米企業間競争の趨勢を規定している要因の１つであり，むしろそのような特徴が歴史的に形成されてきたことに注意を向ける必要があろう。

〔4〕　経営戦略と組織
1）日本企業の事業部制組織とその展開

　ここでは高度成長期から安定成長にかけての大企業の経営組織と戦略の特徴について，東芝の事例を取り上げて検討する。

　東芝は明治時代から GE と資本・技術提携を結び経営を行ってきた（1905年に東京電気が，10年に芝浦製作所が GE と提携）。GE からは最先端の電気技術を導入するだけではなく，事業経営の方法も学んだ。GE は戦前から多角的な経営を行っていたが，1952年になってコーディナーにより全社的に事業部制が導入された（第7章参照）。東芝もこの GE の組織改革に対しては大きな関心をもって観察しており，62年5月に事業部制を導入し，11事業部・15のスタッフ部門からなる管理組織を構築した。その後多角化による事業の拡大を受けて事業部の数が増加し，76年には27事業部が3事業グループに分けて管理されるようになった（**図表10‐4**）*。

　　＊東芝の組織図をみると GE の組織図（図表7‐3）とよく似ている。それは，東芝が GE の組織を参考に事業部制組織を構築したためであるが，もちろんアメリカ企業の組織をそのまま移植したわけではない。「日本型」の事業部制の研究によれば，アメリカ企業においては，事業部はインベストメント・センター（投資利益率が計算される単位）という位置づけであったが，日本企業においてはむしろプロフィット・センター（利益責任をもつ単位）であった。事業部制が日本企業に導入される場合は，日本の経営環境や保有する経営資源状況に合わせて修正され，日本的な事

第Ⅲ部　グローバル化の中の日米企業

図表10-4　東芝の経営組織（1976年）

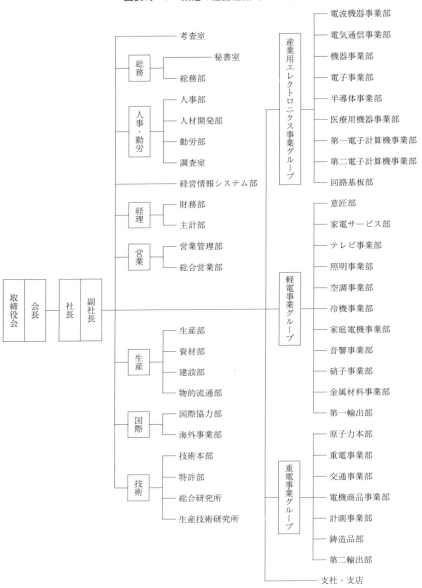

（出所）　東京芝浦電気，1977，244頁対抗。なお，省略した箇所がある。

業部制として定着した。

1970年代に GE は SBU 組織を導入し戦略事業計画に基づく経営を行うようになったが，東芝も GE の経営手法を参考にして76年に第1次中期経営計画を策定し，実行に移した。「選択経営の道」と題された計画の下では，大型・中型汎用コンピュータ事業からの撤退（78年2月）や，医療機器事業の強化（100億円をかけて那須工場を建設し78年6月に完成）が進められた。82年には「W作戦」が策定され半導体の世界戦略が強化され，さらに84年には「I作戦」が策定されて情報技術への投資が重点化された。これらの経営計画の結果，ワードプロセッサ「ルポ」やノート PC「ダイナブック」が開発されて大ヒット商品になった。

このように，東芝は1980年代前半にはワードプロセッサやノート PC に事業を多角化したが，多角化したとは言っても製品・事業は比較的相互に技術的な連関をもつものであった。85年の東芝の事業内容をみると，多数の製品事業を営み多角化が進んでいることは明らかであるが，これらの事業は「重電機」「通信機器・電子機器」「家庭電器」に区分され，それぞれにまとまりをもっていた。アメリカ大企業が技術的関連の薄い事業へと多角化（非関連多角化）して成長を目指したことと比較すると，東芝は非関連多角化の程度はかなり低かったといえる。東芝は，総合電機メーカーとしての総合力を生かしつつ情報関連産業を強化して成長したのである。

2）輸出と海外直接投資

1970年代には電機企業も製品輸出を拡大させた。東芝においては，65年までの輸出は主に商社を通じて行われていた。同年になると東芝の海外事業は新しい段階に入り，海外販売事務所と販売子会社を設置し始めた。つまり，海外における流通・販売機能を内部化するようになったのである。65年に東芝アメリカ社が設立され，67年には本社管理組織の中に第一輸出部，第二輸出部，国際協力部，海外事業部の4部門が設置された。

1975年以降になると，直接投資による海外生産拠点の設立が行われるようになり，多国籍化が始まった。すでに65年以来東芝は途上国においては現地政府に請われて民生用電子機器を合弁で現地生産していたが，そのような活動は本流ではなくマージナルな活動であった。しかし70年代半ばにはアメリカやヨー

第Ⅲ部　グローバル化の中の日米企業

ロッパに生産拠点を設置して本格的な国外生産を開始したのである。

　1985年段階における東芝の海外事業子会社（連結子会社のみ）には，東芝イ
ンターナショナルアメリカ社（アメリカ：重電部門の製造および販売会社），東芝ア
メリカ社（アメリカ：家庭電器部門の製造および販売会社・通信電子機器部門の販売
会社），東芝英国社（イギリス：家庭用電器部門および電子部品部門の販売会社），東
芝ヨーロッパ社（西ドイツ：通信電子機器部門および電子部品門の販売会社）があっ
た。

⬭ **Check Points !**

①1970年代から80年代にかけて，経済成長のあり方が内需主導から輸出主導へと転換し
　た。日本企業は，アメリカ市場に製品を大量に輸出するようになった。
②製造業の競争優位は，オイルショックを受けた減量経営と ME 化による生産性の向上
　だけではなく，大企業間の同質的競争，日本的労使関係を基盤とした生産システム，
　政府による産業育成政策によってもたらされた。
③東芝は GE から事業部制組織，SBU 組織や戦略事業計画のアイデアを導入したが，そ
　のまま適用するのではなく，日本の経営環境に合わせて修正して導入した。アメリカ
　企業がコングロマリット的な事業展開をみせたことと比較すると，東芝の多角化は関
　連する事業分野への多角化であった。

参考文献

○年次報告書

東京芝浦電気（1986）『有価証券報告書』（第147期）。

○書籍・論文

宇田川勝（2013）『日本の自動車産業経営史』文眞堂。

宇田川勝・橘川武郎・新宅純二郎（2000）『日本の企業間競争』有斐閣。

宇田川勝・中村青志［編］（1999）『マテリアル日本経営史——江戸期から現在まで』有
　　斐閣。

内橋克人（2011）『新版　匠の時代6』岩波現代文庫。

奥和義（2012）『日本貿易の発展と構造』関西大学出版部。

塩見治人・堀一郎［編］（1998）『日米関係経営史——高度成長から現在まで』名古屋大
　　学出版会。

塩地洋［編著］（2008）『東アジア優位産業の競争力——その要因と競争・分業構造』ミ
　　ネルヴァ書房。

下谷政弘・鈴木恒夫［編著］（2010）『「経済大国」への軌跡　1955〜1985』（講座・日本
　　経営史5）ミネルヴァ書房。

東京芝浦電気株式会社 ［編］（1977）『東芝百年史』東京芝浦電気株式会社。

日本自動車工業会 ［編］（1989）『日本自動車産業史』財団法人日本自動車工業会。

深尾京司・中村尚史・中林真幸 ［編］（2018）『現代 2 ――安定成長期から構造改革期 (1973-2010)』（岩波講座・日本経済の歴史第 6 巻）岩波書店。

伏見多美雄・横田絵理（1993）「事業部制マネジメント・コントロールにおける日本的 特質――フィールド・スタディを基礎にして」（『管理会計学』第 2 巻第 2 号）。

宮本又郎・阿部武司・宇田川勝・沢井実・橘川武郎（2007）『日本経営史 ［新版］ ―― 江戸時代から21世紀へ』有斐閣。

第11章

リストラクチャリングからニュー・エコノミーへ

　1914年を頂点とする第1次グローバル経済は，第1次世界大戦や世界恐慌，第2次世界大戦とその後の IMF・GATT 体制の中で後退を余儀なくされていたが，70年代末になると今日に至るグローバル化が始まった。国際経済関係が緊密になり，企業間の国際競争も激しくなる中で，60年代までアメリカ経済の成長を牽引してきた巨大製造業企業は，70年代になると日本企業やヨーロッパ企業との競争において軒並み優位性を失った。第2次グローバル経済の最初の局面において，アメリカ企業は保護主義的な対応を行ったり，国際的な分業体制を構築して対応したり，あるいは戦略立案方法と管理組織を変革して対応しようとした（第9章参照）。

　本章では，国際競争力を失ったアメリカ企業が，グローバル化が進展する中で1980年代にどのような変革に取り組み，90年代以降の新たな成長軌道を敷いていったのかを明らかにする。その際，多国籍企業化を含む戦略的対応，組織的対応，そしてイノベーションへの取り組みに着目する。

キーワード：リエンジニアリング　リストラクチャリング　ニュー・エコ
　　　　　　ノミー　IT 産業

1　1980・90年代のアメリカ経済

1　新自由主義による経済再編

1）マクロ経済の成長

　アメリカ企業の国際競争力が低下したとはいえ，国内市場は引き続き成長を続けていた。1980年のアメリカの人口は約2億3,000万人であったが，90年には約2億5,000万人，2000年には約2億8,000万人へと継続的な拡大をみせた。実質 GDP の成長率は，80年代には大きな振幅をみせるが，平均すると約3.0％であった。この成長率は，70年代のそれと同じであった。しかし，90年代に

第11章　リストラクチャリングからニュー・エコノミーへ

なると成長率は約3.3％と上昇し，しかも継続して安定的な成長をみせるようになった。実質GDP（2000年ドル）は80年の約5兆1,600億ドルから90年の約7兆1,100億ドル，そして2000年の約9兆8,200億ドルへと拡大した。80年と00年の実質GDPを比較すると，アメリカ経済は約1.9倍に成長した。

　しかし，1980・90年代の経済成長を通してGDPの産業構成に変化があったことに注目する必要がある。製造業の付加価値額がGDPに占める割合をみると，80年にはおよそ20％であったものが90年には16.3％，2000年には14.5％と継続的に比重を下げた。他方で，金融・保険・不動産・リース業が占める割合は，80年の15.9％から90年の18.0％へ（製造業の付加価値割合を超える），さらに00年の19.7％へと拡大した。また，専門・ビジネスサービスも80年の6.7％から90年の9.8％へ，そして00年の11.6％へと拡大し，同年には両者で付加価値額の30％以上を占めた。金融サービスや専門・ビジネスサービス分野が急速に成長したことは，新しいアメリカ経済の特徴を示している。

2）貿易赤字の拡大

　1980年代にアメリカのマクロ経済問題として認識されたのは巨額の貿易赤字であった。**図表11-1**は財とサービスに分けて貿易収支の推移を示したものである。財の貿易収支はすでに80年には赤字であったが，赤字幅は80年代半ばにかけて拡大した。貿易赤字の中でも特に対日貿易赤字額が突出しており，自動車・カラーテレビ・半導体の各分野では貿易摩擦として政治問題化した。貿易赤字の原因の1つは80年代前半のアメリカの高金利とドル高にあったので，85年には先進5か国蔵相・中央銀行総裁会議でドル安誘導のための政策協調が合意された（プラザ合意。第12章参照）。合意による為替安によって，財の貿易赤字は80年代後半には縮小していった。

　しかし，1990年以降になると，財の貿易赤字が急激に悪化する。これは，アメリカ大企業がよりグローバルな事業展開を行うようになったことによるものである。アメリカ企業は中国をはじめとして諸外国で生産や組立を行い，製品を逆輸入し販売する，つまり世界最適生産を全面的に行うようになったのである。当時のクリントン政権は，このようなアメリカ企業の新しいグローバル経営戦略を追認した。90年中頃には貿易赤字を問題視しなくなったのである。

187

第Ⅲ部　グローバル化の中の日米企業

図表11-1　貿易収支（1981～2000年）

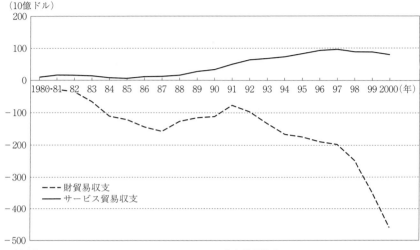

（出所）　US President, 2005, pp. 238, Table B-24 より筆者作成。

3）レーガノミクス

　1980年代におけるアメリカ経済の出来事で重要なのは、経済政策が70年代までのケインズ主義政策から新自由主義政策へと転換したことである。81年に大統領に就任したロナルド・レーガンは、不況期に財政出動により有効需要を創出し経済を成長させるケインズ主義政策（「大きな政府」）から、規制緩和を含む供給サイドの構造改革により経済を成長させる新自由主義政策（「小さな政府」）へと政策を大きく転換させた（レーガノミクス）。

　供給サイドの構造改革では、アメリカ産業が収益性の高い産業を中心としたものに再編され、これは今日のアメリカ経済およびグローバル経済の特徴を規定するものとなった。つまり、今日の日米経済やグローバル経済は、1980年代のアメリカで形成され始めた枠組みの中で展開していると理解できる。

2　大量生産体制の変容

　新自由主義政策の下で、1970年代までのアメリカの大量生産体制は大きく変化した。前述のように、GDPに占める製造業の割合（付加価値額）が縮小し、

第11章　リストラクチャリングからニュー・エコノミーへ

代わって金融・保険や専門・ビジネスサービスなどサービス業の割合が増えた。同様に，雇用においても製造業からサービス業への重心の移動がみられた。

アメリカの総雇用数に占める製造部門，製造業，サービス業の被用者の割合の変化をみると，すでに製造業の被用者は1981年には25.0％とサービス業（専門・ビジネスサービス，情報サービス，金融サービス，教育・医療サービス）の30.1％よりも小さかったが，その後も継続的に割合を減らして2000年には15.7％になった。他方でサービス業における被用者の割合は増加し，特にビジネス向けサービスに雇用される労働者の割合が大きくなった。サービス業の被用者の割合は，81年の30.1％から00年の38.8％にまで拡大した。

国際競争力を失ったアメリカの製造業企業は，1980年代には機関投資家の圧力の下でリエンジニアリング，リストラクチャリングを行い，大量の労働者を解雇し，製造業部門の被用者が減少した（前述）。他方で，サービス化と情報化が進展しサービス業で雇用される労働者が多くなった。このような変化は60年代に黄金期を迎えたアメリカ的な労使関係に基づく大量生産体制を弱体化させるものであった。しかし，アメリカ経済成長の勢いが失われたわけではなく，IT産業や新たなサービス業の成長がすでに準備されつつあった。大量生産体制の基軸であった従来からの大企業は，コア・コンピタンスを見極めて新たな成長軌道をいかに描くかを模索した。

③　IT産業の成長とニュー・エコノミー

1）イノベーション政策

1980年代にはイノベーションを促進する政策的な枠組みが新たに形成された。1つ目は，特許をはじめとする知的財産の保護を強化し，新規技術開発と事業化に対するインセンティブを高める政策である。一連の政策はプロパテント政策（特許の強い権利を認める政策）と呼ばれ，2020年代の今日においてもこの政策は継続している。もう1つは競争力政策である。サプライサイドの構造改革を通して，高付加価値・高生産性部門を国内に形成するための政策や，研究開発投資の促進のための政策が実行された。

これらイノベーション促進政策は，今日に至るアメリカ経済政策の1つの軸

189

第Ⅲ部　グローバル化の中の日米企業

となっているが，その成果はすでに1980年代から現れていた。前出図表 9 - 2
によって81年から2000年までのアメリカ特許登録件数の推移をみると，内国人
特許も外国人特許もともに似た傾向を示しているが，前者に注目すると，80年
代前半から登録件数が増加し始め，90年代に入っても増加を続けている。最も
少ない83年の登録件数は 3 万2,871件であったが，97年には 6 万1,708件にまで
増加し，00年には 8 万5,068件に達した。また，外国人による特許登録との比
較でみると，80年代は内国人よりも外国人の登録件数の増加が大きく，内国人
のものは登録全体に占める割合を減らしていたが，90年代になると内国人によ
る登録がより早いスピードで増加しており，アメリカ国内におけるイノベー
ション関連活動が活発になったといえる。

　2 ）ニュー・エコノミー

　1990年代のアメリカは，それまでの10年間とは異なり，目立った景気後退を
経験することなく経済成長が持続した。景気循環が消滅し新しい経済が到来し
たとして「ニュー・エコノミー」と呼ばれるようになった経済成長は，設備投
資により主導されたものであった。

　経済成長の要因を分析すると，1992年から2000年まで，一貫して民間設備投
資のGDP成長に対する寄与率が高く，なかでも情報処理機器やソフトウェア
などICT関連投資が成長を牽引していた。より詳しくみると，90年代前半は
製造部門全体がGDPの成長に寄与していたが，後半は製造部門の中でも「コ
ンピュータ・電子製品製造」の寄与率が突出して高かった。このような経済成
長の背景には，90年代のITC産業の展開があった。93年に本格化したイン
ターネットの商業利用は通信産業の成長を促進し，過剰ともいえる設備投資が
行われた。通信産業における設備投資は情報関連サービス業の成長を促し，さ
らに設備投資が行われてコンピュータ・電子製品製造が成長したのである。こ
のようなICT産業の成長は証券ブームによる投資資金の流入によって支えら
れていた（00年初頭までの株価上昇は「ドットコム・バブル」と呼ばれる）。

　ICT産業の成長は従来の統合型大企業ではなく，ハイテク産業集積（シリコ
ンバレーなど）から生まれたインテル，マイクロソフト，アップル，ヤフー，
グーグル（後に巨大テック企業と呼ばれるようになる）といった新しいタイプの企
業が担った。さらに，ICT産業が成長したことにより利用可能となった情報

ネットワーク技術を用いて，新しいタイプの企業ばかりではなく統合型大企業においてもリストラクチャリングとリエンジニアリングが行われ，あるいはフラットな企業組織の実現を可能にした。さらに情報ネットワーク技術は事業拠点のグローバル化と，世界最適生産・最適立地を可能にした。

2　大量生産体制の動揺

［1］　自動車産業におけるリエンジニアリング

　1980年代にGMは従業員約10万人を削減し，フォードとクライスラーもそれぞれ約5万人を削減するなど，70年代から国際競争力を失いつつあったアメリカ自動車企業は国内工場を閉鎖し，大規模な人員削減を行い，経営立て直しを図った。生産を削減した分の利益を確保するためビッグ・スリーは非自動車部門へ多角化するが，結局うまくいかず，90年代には「選択と集中」の経営戦略によって自動車事業へと回帰した。

　「選択と集中」の背後で，1980年代から90年代にかけて，アメリカ自動車企業は日本的生産システムを学習し，そのエッセンスの導入を図った。70年代以降，自動車産業のみならずアメリカの製造企業は日本の加工組立型産業の生産システムに注目していたが，ビッグ・スリーもトヨタ自動車に代表される日本的生産システムを本格的に導入した。生産現場におけるジャパナイゼーションは，アメリカ自動車企業の対日「逆キャッチアップ」を助けた。

1）非関連多角化から「選択と集中」へ

　自動車の生産と販売で国際競争力を失ったビッグ・スリーは，利益確保のために事業を多角化した。GMは1984年に非関連事業への多角化を進める「スター・トレック計画」を発表し，85年にヒューズ・エアクラフト（航空・宇宙）やコロニアル・グループ（住宅・不動産ローン）を買収し，さらに86年には電子機器メーカーのエレクトロニック・データ・システム（EDS）を買収した。フォードも84年にスターネット（衛星通信サービス）を，85年にスペリーの農業機械（トラクター）部門やファースト・ネーションワイド・ファイナンス（金融）などを買収した。クライスラーは85年にガルフストリーム（小型ジェット機），ファイナンス・アメリカ（消費者金融），87年にはジープとAMC（サブコ

第Ⅲ部　グローバル化の中の日米企業

ンパクトカー）などを買収し，多角化を進めた。89年の GM の純利益をみると，全体の純利益が約42億2,400万ドルであったのに対し，GMAC（GM 金融会社）の利益は単独で約11億1,100万ドル，EDS は約 4 億3,500万ドル，GM ヒューズ・エレクトロニクスは約 7 億8,000万ドルであり，単純計算で約半分の利益を自動車以外の事業から生み出していた。

　しかし，1990年代初頭になると，ビッグ・スリーは巨額の赤字を計上するようになった。GM も90年から92年にかけて 3 期連続の赤字を計上した。赤字の原因は北米自動車事業の不振であり，損失額は多角化した非自動車事業の利益ではカバーできないほどであった。各社は多角化戦略から「選択と集中」戦略へと舵を切り，不要な事業を売却した。GM は92年にガスタービン部門，ナショナル・カー・レンタル・システムズを売却，93年にはロータス（86年に買収した英スポーツカーメーカー）を売却，95年に EDS（86年に買収）を分離，そして97年にはエイビス・レンタカー，ヒューズ・エレクトロニクスの防衛部門を売却した。フォードも89年に鉄鋼部門を，91年に宇宙通信・防衛部門，トラクター部門を売却し，金融子会社については株式を公開した。さらに95年にはバジェット・レンタカーを売却し，ハーツ・レンタカーも本業から分離した。同様にクライスラーも，89年に航空・宇宙事業，93年にランボルギーニ（87年に買収した伊スポーツカーメーカー），そして94年にスピナー・カーレンタルを売却した。

2 ）日本的生産システムの導入

　1980年代にアメリカ自動車企業は非関連多角化投資により利益を確保したのであるが，国際競争力を失った自動車製造事業に対して何もしていなかったわけではなかった。ビッグ・スリーは競争相手から日本的生産システムを学び，自動車生産のリエンジニアリングを行ったのである。

　アメリカ自動車企業は，日本の自動車メーカーからの競争圧力に対応する 1 つの手段として，1980年代半ばに日本企業との間で戦略的提携を行った。84年に GM はトヨタ自動車と合弁会社 NUMMI を設立し，カリフォルニア州の工場で小型車（カローラ）を製造して GM ブランドで販売した。現在はテスラの工場となっている NUMMI の工場で GM はトヨタ生産方式を学び，トヨタ自動車もまたこの工場で北米生産の可能性を探った（第10章参照）。また，85年に

第 11 章　リストラクチャリングからニュー・エコノミーへ

マツダはアメリカ工場で小型車の生産を開始したが，フォードはこの自動車を
自社ブランドで発売した。さらに同年，クライスラーと三菱自動車が合弁企業
を設立した。日米間の戦略的提携は，アメリカ自動車企業にとって，短期的に
は小型車の OEM 供給を受けることにより自社ブランドを守るとともに，長期
的には日本的生産システムを学ぶ機会となった。

　GM は1984年に事業部制から集権的な職能部制に組織変更を行った（トヨタ
自動車は職能部制組織をとる）。組立事業部（組立工場20）とフィッシャー車体事
業部（車体部品工場19）を解体して 3 つのグループ（B・O・C〔ビュイック・オー
ルズモービル・キャデラック〕グループ，C・P・C〔シボレー・ポンティアック・カナ
ダ GM〕グループ，トラック・バスグループ）に再編し，それぞれの統括本部が企
画・開発・生産を管理するようにした。3 つの生産部門で製造された自動車は
各グループの販売チャネルで市場に供給されるようになり，車種ごとにまとめ
られていた伝統的な事業部制は終焉した。巨額赤字から復活した後，94年には
北米自動車事業を 4 生産部門（生産・開発）と 1 つの販売部門（7 チャネル）に
再編し，部品生産はデルファイ・オートモーティブ・システムズとして組織し
た後に分離した。

　GM は1984年の組織変革により開発・生産・販売を集約するとともに，従来
は内製していた部品生産を外部化し，トヨタ自動車に倣ってサプライヤー・シ
ステムを構築した。また86年から原価低減運動を開始し，92年にはトヨタ自動
車の「かんばん方式」の GM 版である PICOS（購買部品適正投入方式）を導入
した。その後，QC サークルの GM 版である「創意チーム」，開発主査制度の
GM 版である「新車推進センター」を相次いで導入し，ぜい肉を落としたリー
ン生産方式の実現を目指した。

　ビッグ・スリーはトヨタ生産方式に代表される日本的生産方式を自動車製造
現場に導入したのであるが，そのまま導入することはできなかった。というの
も，「多能工」「小集団作業」「QC サークル」を実現するためには，労働者が
必要とされる作業に柔軟かつ効率的に取り組むことが必要であり，そのために
は終身雇用慣行（長期雇用），年功序列賃金，企業別組合に代表される日本的な
労使関係の土台が必要であった。しかしアメリカにはそのような労使関係はな
く，あいまいな職務範囲や異なるインセンティブ・システムの導入には労働組

193

第Ⅲ部　グローバル化の中の日米企業

合の強い反対があった。しかし労働組合の抵抗に遭いながらも，アメリカ自動車企業は修正を加えながらトヨタ生産方式のエッセンスの導入を進めた。自動車1台当たりの組立時間をみると，日本においては1989年の16.8分から93年の16.2分へと短縮されたが，アメリカでも同時期に25.1分から22.9分へと短縮された。開発工数（人・百万時間）をみると，日本では同期間に1.7から2.1へと増加しているに対して，アメリカでは3.4から2.3へと大きく減少した。このようなアメリカ自動車産業におけるリエンジニアリングは，本業である自動車製造業の業績を改善し，90年代に「日米再逆転」と言われる成果を導いた。

2 　リストラクチャリング

1）USスチール

　1970年代半ば以降日本や西ヨーロッパに加えて韓国やブラジルなど新興工業国において鉄鋼産業が成長し，国際競争力をもった鉄鋼企業がアメリカ市場に進出して激しく競争するようになった。

　鉄鋼製品を大量に輸出していた日本の鉄鋼企業は，80年代になると直接投資を行いアメリカ市場での競争に対応しようとした。84年にはNKK（日本鋼管）がナショナル・スチールを買収して北米拠点とし，87年から89年にかけて新日鉄はインランド・スチールと合弁でI/NテックとI/Nコートを設立し，現地生産を行う日系自動車企業向けに高級自動車鋼板，冷延鋼板や亜鉛メッキ鋼板を供給するようになった。新たな国際競争圧力を受けて，アメリカ鉄鋼企業の生産は落ち込み，収益は低迷した。

　主力製品において国際競争力を失ったアメリカ鉄鋼企業は，1970年代末から非関連多角化によりコングロマリット化していった。USスチール社長のデイビッド・ロデリックは，79年に大規模なリストラクチャリングを推進し鉄鋼事業を大幅に縮小した。同時に，鉄鋼部門の利益縮小を補うためにM&Aを通じてエネルギー事業へと多角化した。82年に同社はマラソン・オイル（石油会社）を約59億ドルで買収し，さらに86年にはテキサス・オイル&ガスを約36億ドルで買収した。これらの企業買収のため，USスチールは70億ドルに上る資産や子会社を売却して資金を準備した。テキサス・オイル&ガスを買収した86年には，ついに会社名称をUSスチールからUSXコーポレーションに変更し，

鉄鋼にこだわらずコングロマリットとして成長することを表明した。91年には
USXの利益のすべてがエネルギー事業からもたらされるほど，多角化に力が
入れられたのである。

　しかしUSXは鉄鋼事業を全て諦めたわけではなく，事業の立て直しを行っ
た。1990年代になるとアメリカ市場では高炉をもたないミニミルと呼ばれる鉄
鋼企業が登場し競争力をもつようになり，2000年にはアメリカにおける粗鋼生
産の45％を産出するようになった。ミニミルは鉄スクラップを原料として電炉
で鉄鋼製品を製造し，条鋼部門に強かった。USXはそれまでのフルライン政
策を放棄し，鋼板市場（中級汎用品）に資源を集中させた。USスチールの製品
構成をみると，70年には幅広い鉄鋼製品を供給しており鋼板類の構成比は40％
であったが，96年には84％となって生産品目を絞り込んだことがわかる。同時
に，人員削減，製鉄所の集約化，そして連続鋳造機の導入により生産性の改善
を図った。

　USXは鉄鋼と石油事業を2大事業としていたが，鉄鋼と石油では収益性が
大きく異なっていた。1つの資本において大きく利益率の異なる部門をもつこ
とは資本市場からみても合理的ではなく，2002年にUSXはUSスチールとマ
ラソン・オイルに分割され，「スチール」の名前が復活した。

　2）GE

　①製造業から金融サービス企業へ

　電気機械分野を中心に多角的な経営を行っていたGEも，国際競争圧力の下
で事業再編に取り組まなければならなかった。82年にCEOに就任したジャッ
ク・ウェルチは大胆な事業のリストラクチャリングを推進した。

　ウェルチは多角的に経営されていた事業ポートフォリオを変革し，成長性の
高いビジネスを中心とした事業構造に組み替えていった。**図表11-2**はウェル
チがリストラクチャリングにあたって事業を仕分けした概念図である。3つの
丸で囲まれた「サービス」「テクノロジー」「中核」に資源を集中し，範囲外に
あるエアコンや大型変電装置などは継続すべき事業としないことを示してい
る。また，「ナンバーワン・ナンバーツー戦略」を導入し，世界市場シェアで
1位または2位を占めなければ，その事業を再建・売却・撤退するとした。世
界市場で1位や2位になれば価格支配権を得ることができ，高い収益を期待す

第Ⅲ部　グローバル化の中の日米企業

図表11－2　ジャック・ウェルチの3つの円

（出所）ウェルチ／バーン，2001，178頁。

ることができる。ウェルチは高収益事業に資源を集中させて会社全体の収益性を確保し，GEの市場価値（株価）を高めようとしたのである。

事業構造の組み換えは，活発なM&Aによって行われた。1981年から2000年までにGEが手掛けたM&Aの件数は，事業の売却が258件，買収が593件であった。主な事例としては，84年のユタ・インターナショナルの売却（76年に買収。第9章参照），86年の蒸気タービン発電機事業の売却，同年におけるRCAの買収，87年の小型家電事業の売却，93年の宇宙用電子製品事業の売却などがあった。なかでもRCAの買収でGEは放送ネットワーク事業を行うNBCを獲得したが，RCAが手掛けていたその他の事業については売却した。

事業別売上高の構成の変化をみると，1980・90年代に行われたリストラクチャリングによってGEが製造業から金融サービス業へと大きく転換したことがわかる（図表11－3）。81年には電力システム（21.0％），産業システム（18.7％），主要電気機器（10.9％）など製造業中心の売上高構造であったが，91年には金融サービス（26.7％）が最も大きくなり，航空機エンジン（12.8％），産業システム（11.3％），電力システム（10.1％）が続いた。2001年には金融サービス（45.1％），電力システム（15.6％）と，金融サービス事業だけで半数近い売上を占めるようになった。

②組織のフラット化

製造業から金融サービス業への事業の大幅な組み換えに加えて，管理組織に

第 11 章　リストラクチャリングからニュー・エコノミーへ

図表11‑3　GE の売上高のセグメント別構成 (%)

	1981	1986	1991	1996	2001
航空機エンジン	10.3	15.8	12.8	7.6	8.8
主要電気機器	10.9	10.9	8.9	7.7	4.5
放　送		4.8	5.1	6.3	4.5
産業システム	18.7	12.5	11.3	12.6	9.0
素　材	7.1	6.2	7.7	7.9	5.5
電力システム	21.0	13.9	10.1	8.8	15.6
技術製品サービス	10.5	8.6	8.5	5.7	7.0
その他		2.0	0.4	3.8	
航空宇宙事業		11.4	8.7		
消費者向け製品	14.7	12.3			
天然資源	6.0				
金融サービス	0.8	1.5	26.7	39.6	45.1

（注）　正確な連続性は保証されない。
（出所）　谷口・長谷川，2008，163頁，表 7‑1 より筆者作成。

も変革が加えられた。1970年代のジョーンズ社長の下では戦略計画スタッフが SBU 組織の事業計画を策定していたが，膨大なデータ分析に多くの資源が割かれ「分析まひ症候群」に陥っていた。これに対してウェルチは，CEO が SBU 責任者を直接監督するように組織を変更し，戦略計画スタッフも80年の 200人から約半数にまで削減して戦略策定プロセスを改革した。また，GE 全体の組織構造も変革した。85年にはセクター制を廃止し，現場の社員から CEO まで12階層あった管理組織をフラット化した。垂直的な官僚制組織から企業家精神が発揮しやすい，スタートアップ企業のような組織を目指した。

　さらにウェルチは，組織だけではなく従業員の自主的な参加を促すリーダーシップ改革にも力を入れた。1988年から始まった「ワークアウト」は，マネジャーとフォロワーが一堂に会して現場で問題と解決策を話し合い，よいアイデアはすぐに実行するという，タウンミーティング形式のカイゼン運動であった。他のアメリカ企業と同じように GE も日本企業のベスト・プラクティスを学習し，アメリカの風土に合うように改変して取り入れた。ワークアウトは日本の QC サークル活動・小集団活動と似たものであり，従業員の自主的な事業参加を促した。また，品質管理による生産性向上運動として，90年代半ばからシックスシグマの取り組みが始まった。シックスシグマはアメリカ企業モトローラが開発した品質管理の手法で，100万個の製品について不良品を3.4個に

197

第Ⅲ部　グローバル化の中の日米企業

抑えようとするもので，その手法を身につけて実践するリーダーには「ブラックベルト」「グリーンベルト」の資格が与えられた。

　ウェルチの改革は，1980年代初頭には銀行家やアナリストからは，まだ黒字を生み出している事業を必要がないにもかかわらず切り捨てるものと大批判を浴びた。しかし，時代が下るにつれて国際競争が激化しアメリカ産業の競争優位が次々に失われると，ウェルチのリストラクチャリングは称賛を浴びるようになり，他のアメリカ企業（のみならず日本企業）もウェルチの手法に倣った経営改革を行った。

3　IT 産業のグローバル展開

⬚1⬚　半導体産業における日米逆転と再逆転

　半導体産業は，今日のグローバルな情報インフラストラクチャーの最も重要な基礎的素材である半導体（LSI をはじめとする半導体製品）を製造・供給する産業である。重要なメモリ部品である DRAM は1970年にインテルが世界に先駆けて商品化し，その後回路の集積度は 2 年間で 2 倍のスピードで高くなっていった。80年代半ばの 64K DRAM をめぐる競争では日本の半導体メーカーが優位となり，256K DRAM では日本企業のシェアが90％を超え，半導体産業において日米逆転が発生した（第10章参照）。

　しかし，アメリカ半導体産業は，競争優位を失った DRAM 事業から競争優位にあるマイクロプロセッサ（MPU）やシステム LSI 事業に経営資源を移して復活を遂げた。インテルは1986年に DRAM 市場からの撤退を決め，MPU 事業に資源を集中させた。**図表11 - 4** で世界の半導体生産上位企業をみると，86年には 1 位日本電気，2 位東芝，3 位日立製作所と日本企業が上位 3 位をすべて独占していたが，92年以降はインテルが最大企業として 1 位にランクされた。IT 産業の最も重要な部門の 1 つで日米再逆転が起こり，これ以降アメリカは IT 産業や IT サービス産業において世界のリーダーとしての地位を固めていく。

第11章　リストラクチャリングからニュー・エコノミーへ

図表11−4　世界半導体生産上位10位

	1981年	1986年	1992年	1995年	2000年
1	TI（米）	日本電気（日）	インテル（米）	インテル（米）	インテル（米）
2	モトローラ（米）	東芝（日）	日本電気（日）	日本電気（日）	東芝（日）
3	日本電気（日）	日立製作所（日）	東芝（日）	東芝（日）	日本電気（日）
4	フィリップス（欧）	モトローラ（米）	モトローラ（米）	日立製作所（日）	サムスン（韓）
5	日立製作所（日）	TI（米）	日立製作所（日）	モトローラ（米）	TI（米）
6	東芝（日）	NS（米）	TI（米）	サムスン（韓）	STMicro（欧）
7	NS（米）	富士通（日）	富士通（日）	TI（米）	モトローラ（米）
8	インテル（米）	フィリップス（欧）	三菱電機（日）	富士通（日）	日立製作所（日）
9	松下電子工業（日）	松下電子工業（日）	フィリップス（欧）	三菱電機（日）	インフィニオン（欧）
10	FCI（米）	三菱電機（日）	松下電子工業（日）	ヒュンダイ（韓）	マイクロン（米）

（出所）　電子情報技術産業協会 IC ガイドブック編集委員会，2006，34頁，表1−2−1より作成。

２　マイクロソフトとインテル

　インテルの成長は，インテル単独でなされたのではなく，パーソナル・コンピュータ（PC）市場の拡大，そして PC に基本ソフト（OS）を供給したマイクロソフトの成長と連携して実現された。

　かつて電子計算機（コンピュータ）といえば大型汎用機（メインフレーム・コンピュータ）のことを指した。しかし1970年代になると PC の開発と発売が相次ぐようになり，市場も成長した。71年にインテルがマイクロプロセッサ4004を開発し，74年には MITS 社が世界初の PC であるアルテア8800を発売した。初期の PC は愛好家向けの製品であったが，77年にアップルが実用的な PC である Apple II を発売して成功すると，メインフレーム市場で支配的な地位にあった IBM もこの新しい市場への参入を決断した。80年に IBM は PC 開発に乗り出し，翌年8月に IBM-PC を発売した。

　IBM の PC 開発は，それまでの開発方法と異なり，ハードウェアと基本ソフト（OS）の仕様を公開して他社も開発に参加できるオープン・アーキテク

199

第Ⅲ部　グローバル化の中の日米企業

チャの考え方をとった。IBM の内部には抵抗もあったが，PC の開発期間が1
年と設定されたこともあり，オープン・アーキテクチャとせざるを得なかっ
た。バス・アーキテクチャ（デバイス間でのデータ伝送規格）が公開されたので，
サードパーティーもアプリケーション，拡張カード，プリンタやディスプレイ
など周辺機器を製造できるようになった。なかでも IBM の PC 開発において
重要な役割を果たし，その後の IT 産業の急速な発展に寄与したのは，後に
「ウィンドウズ」を発売するマイクロソフトと，ウィンドウズ PC にマイクロ
プロセッサを供給したインテルであった。

　1975年に設立されたマイクロソフトは，当時はまだ，プログラミング言語の
1つである BASIC を開発していた零細企業であった。同社は80年に IBM と
基本ソフト（OS）の開発契約を締結し，そのときに開発された IBM-DOS は
IBM の成長に伴って業界標準となった。というのは，IBM は OS 開発をマイ
クロソフトに委託する際に，開発された OS の独占納入契約を締結しなかった
からである。つまり，マイクロソフトは IBM の委託により開発した OS を
IBM だけではなく他の PC メーカーにも供給することが可能であったのだ。
オープン・アーキテクチャを利用して IBM-PC 互換機市場に参入したコン
パック・コンピュータもマイクロソフトの OS を採用し，互換機メーカーの成
長によってもマイクロソフトのシェアは拡大していった。

　すでに本書で何度か登場しているインテルは，フェアチャイルドのスピンア
ウト・ベンチャーとして1968年にロバート・ノイスとゴードン・ムーアによっ
て設立された企業である。70年には DRAM 1103を発売してこの分野の草分け
的存在となった。71年には世界初のマイクロプロセッサである i4004 を発売し
た。そのきっかけは PC の開発ではなく，日本企業が電卓に用いる LSI の開発
を依頼したことであった。インテルは80年に IBM-PC 向けのマイクロプロ
セッサを開発し，マイクロソフトの場合と同じく IBM-PC が成長するととも
に同社も成長していった。DRAM 分野では日本企業との国際競争で劣位と
なったため，86年にインテルは DRAM 事業から撤退し，経営資源をマイクロ
プロセッサに集中した。

　マイクロソフトの OS は IBM-PC に採用されたインテルのマイクロプロ
セッサ向けに開発されたものであり，両者の相性は当然ながら優れたもので

第11章　リストラクチャリングからニュー・エコノミーへ

あった。OSがバージョンアップされるたびにインテルのマイクロプロセッサも処理速度を向上させ，両者は「ウィンテル連合」として共進化を遂げていった。今日のIT産業の発展も，両者による貢献が大きい。

[3]　グローバル生産ネットワークの構築

　今日の新しいタイプの企業は，従来の統合企業のように原料調達・開発・製造・流通・販売の全過程を内部化して管理的調整を行うのではなく，グローバルなサプライチェーンを形成して製造や組立を外部に委託しつつも全過程を管理して経営を行っている。エレクトロニクス産業におけるグローバルな生産のネットワーク化は，1980年代にシリコンバレーで形成された電子機器受託生産サービス（EMS）に始まる。フレクトロニクス（現・フレックス。本部はシンガポール）やソレクトロン（2007年にフレックスが買収）がアジア諸国に製造・組立工場を展開した。今日では鴻海精密工業（台湾）や，半導体の受託生産を行うファウンドリである台湾積体電路製造（TSMC）などアジア企業が電子機器や半導体の受託生産を行い，アップルをはじめとするアメリカIT企業の製品の生産を担っている。

　また，部品や製品の製造・組立だけではなく，財務・会計やデータ処理業務など知識集約的なサービス業務も海外企業に委託するオフショアリングが行われ始めた。これはPCの普及，通信ネットワークの整備とITサービスのグローバル化によって可能となったものである。今日のグローバル経営は，1990年代に始まるIT産業の急速な進展とグローバルな生産ネットワーク，ITサービスのネットワークを基盤としている。

(Check Points!)

①国際競争力を失い業績が悪化したアメリカ製造企業は，1980・90年代にリエンジニアリングとリストラクチャリングに取り組んだ。

②アメリカ企業は，日本的生産方式の要素を取り入れて本業の競争力を改善する一方で，非関連分野への多角化を行った。非関連多角化は「選択と集中」によって本業に回帰することもあれば，製造業からサービス業へと中心事業を移すこともあった。

③1990年代になるとIT産業企業の成長が加速し，マクロ経済的にもニュー・エコノミーと呼ばれる継続的な成長がみられた。IT企業は，グローバルな通信ネットワーク

第Ⅲ部　グローバル化の中の日米企業

基盤を提供することにより今日のグローバル化を推進していると同時に，自身も多国籍化を進めてグローバルな生産ネットワークを構築している。

参考文献

Welch, Jack and John A. Byrne（2001）*Jack: Straight from the Gut,* Business Plus: New York, NY.（宮本喜一［訳］『ジャック・ウェルチ わが経営』（上・下）日本経済新聞社，2001年）

安部悦生・壽永欣三郎・山口一臣・宇田理・高橋清美・宮田憲一（2020）『ケースブック　アメリカ経営史［新版］』有斐閣。

井上博・磯谷玲［編著］（2008）『アメリカ経済の新展開——アフター・ニュー・エコノミー』同文舘出版。

河﨑信樹・河音琢郎・藤木剛康［編著］（2021）『現代アメリカ政治経済入門』ミネルヴァ書房。

河﨑信樹・村上衛・山本千映（2020）『グローバル経済の歴史』有斐閣。

塩見治人・堀一郎［編］（1998）『日米関係経営史——高度成長から現在まで』名古屋大学出版会。

塩見治人・橘川武郎［編］（2008）『日米企業のグローバル競争戦略——ニューエコノミーと「失われた十年」の再検証』名古屋大学出版会。

谷口明丈・須藤功［編］（2017）『現代アメリカ経済史——「問題大国」の出現』有斐閣。

谷口明丈・長谷川信（2008）「『選択と集中』による異質化の進行——電気機械産業：GEと東芝」（塩見治人・橘川武郎［編著］『日米企業のグローバル競争戦略——ニューエコノミーと「失われた十年」の再検証』名古屋大学出版会）。

電子情報技術産業協会 IC ガイドブック編集委員会［編］（2006）『IC ガイドブック（第10版）』日経 BP 企画。

延岡健太郎（1998）「米国自動車企業の競争力向上における日本的経営手法の学習」（『経済経営研究』第47号）。

橋本輝彦（1997）『アメリカ経営史と企業革新』創風社。

平野健（2016）「過剰資本と現代のアメリカ経済」中央大学経済研究所 Discussion Paper No. 263.

第**12**章

製造業のグローバル展開

　1985年から2000年までの期間は，日本経済がバブル経済による熱狂から不良債権問題や就職氷河期で揺れる「失われた10年」へと急激な変化を経験した時代であった。85年のプラザ合意はバブル経済の引き金となり，バブル崩壊後は不良債権が金融システムの重荷となって企業経営にも長期間にわたりネガティブな影響を与えた。他方，実体経済面においては，製造企業はプラザ合意による急激な円高という新たな環境の下でグローバル化や事業展開を進め，成長し続けていた。本章では，バブル経済とその後の「失われた10年」における日本企業の動きを考察していく。

キーワード：プラザ合意　円高　生産の海外展開　総合電機企業

1　バブル経済から「失われた10年」へ

１　印象的な日本企業の動き

　本章では，マクロ経済の動向を確認する前に，プラザ合意前後から2000年にかけて起こった日本企業の印象的かつ時代を象徴する動きをピックアップしてみよう。バブル経済から「失われた10年」へと舞台が大きく転換する様子が，企業の動きからも見て取れる。

　1980年代はプラザ合意（85年９月）による後半の急激な円高ドル安だけではなく，前半から民営化や規制緩和が進められていた。85年には電電公社が民営化されNTTが発足し，87年には国鉄が分割民営化されJR各社が誕生した。この間86年には労働者派遣法が施行され，専門業務とされた13業務から派遣労働が解禁された（その後範囲が広げられた）。一方，バブル経済による資産価値の上昇と円高を背景として，日本企業が外国の象徴的な企業や資産を買収する動きに注目が集まった。88年にはブリヂストンがアメリカの競合企業である

203

第Ⅲ部　グローバル化の中の日米企業

ファイアストンを買収した。翌年には三菱地所がニューヨークのロックフェラーセンターを買収し，ソニーはコロンビア映画を買収した。さらに91年3月にはイトーヨーカ堂がかつてコンビニエンス・ストアのフランチャイズを受けていたサウスランドを買収した。

日経平均株価は1989年12月29日に3万8,915円87銭の最高値を記録した。しかし年が明けると下落し始め，90年10月には株価が2万円を割り込んでバブル経済の崩壊が誰の目にも明らかとなった。95年に三菱地所はロックフェラーセンターを売却した。国際競争力を有していた自動車産業にも変化が訪れ，96年にはフォードがマツダを子会社化し経営権がアメリカ企業に移った。97年には三洋証券，北海道拓殖銀行，山一證券が相次いで経営破綻し，日本中に衝撃が走った。さらに翌年には日本長期信用銀行と日本債券信用銀行が経営不振から国有化された。99年にはNTTドコモによる「iモード」サービスの開始といった明るいニュースもあったが，日産自動車がフランス企業ルノーの傘下に入りカルロス・ゴーンが社長に着任するなど，日本企業の国際競争力が失われつつあることが明らかになった。2000年には雪印乳業で集団食中毒事件が発生し，三菱自動車でもリコール隠しなど不祥事が発覚して企業倫理やコンプライアンスが問題となった。

2　マクロ経済の動き

1）国内市場の伸び

1980・90年代の日本の実質GDP成長率を，同期間におけるアメリカと比較してみよう。日本経済は80年代前半には年率6％を超える成長をしていたが，85年には円高不況で3％を割り込んだ。再び翌年から高い経済成長を維持し，90年には年率5.6％の成長を記録した。これに対してアメリカ経済は80年と82年にマイナス成長を記録し，その後プラス成長に転じるも80年代後半には成長率は傾向的に低下し，91年には再びマイナス成長を記録した。例外の年はあるものの，80年代は日本の方が実質GDP成長率は高かった。

しかし，1990年代になると日本経済が低迷する。91年から93年まではバブル経済崩壊の影響で成長率が急速に低下し93年には0.2％となった。同年から景気が持ち直し低成長を維持するものの，97年の消費税増税（3％から5％へ）や

第 12 章 製造業のグローバル展開

相次ぐ大型倒産の影響で暗転し，98年（－2.0％）と99年（－0.2％）は再びマイナス成長となった。90年代のアメリカは「ニュー・エコノミー」で3～4％程度の安定的な成長が持続したが，対照的に日本の成長率は低下しアメリカよりも低いままであった。

国内市場の状況を人口の伸びからみると，1980年に約1億1,710万人であった日本の総人口は90年に約1億2,360万人，2000年には約1億2,690万人へと増加したが，伸び率は次第に小さくなった。また，この期間には世帯構成に大きな変化がみられた。世帯主が30歳代の家族構成の変化をみると，85年には夫婦と子の世帯が58.3％を占めていたが，90年に55.1％，95年に51.0％，そして2000年には47.1％へと傾向的に低下した。これに対し，夫婦のみの世帯は同期間に7.4％から9.1％，11.9％，13.0％へと増加し，単身世帯も15％から18.4％，22.5％，そして26.7％へと増加した。このような変化は，高度成長期や安定成長期のときの国内市場に対してとは異なる対応を企業に迫った。

2）産業ごとの動向

産業別の成長を1980年と2000年の実質付加価値額を比較してみると，製造業は約56兆円から約109兆円と1.9倍に拡大している。製造の中で伸びの大きいものをみると，電気機械が約1.8兆円から約19兆円へと10.7倍拡大しており，化学（約2.5兆円から約8.5兆円へ3.3倍拡大），輸送機械（約6兆円から約11兆円へ1.8倍拡大）の伸びも大きかった。他方で，製造業における就業者数は20年間のうちに約1,360万人から約1,250万人へと100万人以上減少した。したがって，1人当たりの付加価値額をみると製造業全体で約414万円から約870万円へと2.1倍に上昇しており，部門別にみると電気機械で8.2倍（約113万円から約932万円），化学で3.4倍（約494万円から約1,701万円），石油・石炭製品で2.6倍（約6,280万円から約1億6,171万円）に上昇している。バブル期から「失われた10年間」にかけても，製造業の生産性は向上したのである。

製造業以外では，金融・保険業が約10兆円から約28兆円へ2.7倍，卸売・小売業も約32兆円から約65兆円へ約2倍，その他のサービス業（民間と非営利）は約62兆円から約105兆円へと1.7倍拡大している。サービス業における就業者1人当たりの付加価値額の増加率は金融・保険業が2.5倍（約601万円から約1,490万円），卸売・小売業が2.0倍（約316万円から約617万円）であったが，サー

205

第Ⅲ部　グローバル化の中の日米企業

ビス業（民間と非営利）全体では約531万円から約503万円へと５％程度減少した。

[3]　研究開発

　日本の研究開発と特許登録の傾向は興味深い動きを示している。実質研究開発費の伸びをみると，1980年の約４兆円から91年の約10兆円へと，80年代には一貫して増加傾向にあったが，バブル崩壊後に研究費の支出が低下した（94年は約９兆円）。90年代初頭の研究費減少を機関別にみると，92年と93年は企業の研究開発費が減少し，94年は企業のみならず研究機関と大学の研究費も減少した。90年代中頃からは再び研究開発費が増加するが，伸び率は小さかった。

　他方で特許登録件数はやや異なった動きをしている（前出図表10－1）。1980年代の内国人の特許登録件数は，研究開発費が一貫して増加しているにもかかわらず年間５万件程度と安定しており，バブル崩壊直後には減少するが92年以降は登録が増加し，96年には約18万8,000件のピークに達する。その後登録件数は減少するが，2000年においても約11万2,000件と80年代よりも件数が多かった。80年代は研究開発費が増加するものの，特許をはじめとする知的財産を積極的に用いて事業を行う事例は少なかったが，90年代になるとインターネットや携帯電話の普及が進み，アメリカのみならず日本でもIT産業が成長し始めた。80年代半ばからプロパテント政策（第11章参照）を採用しIT産業の国際競争力強化を後押しするアメリカと競争するため，日本においても新たな技術を企業化するために特許出願と登録が増加したといえる。

2　プラザ合意と日本経済の変化

[1]　バブル経済の形成と崩壊

　1985年９月，アメリカの貿易不均衡とドル高を是正するために，ニューヨークのプラザホテルで先進５か国蔵相・中央銀行総裁会議（米・英・仏・西独・日）が開催され，協調して為替レートをドル安に誘導することが合意された（第11章参照）。この合意（プラザ合意）を受けて，日本では86年１月から約１年間に公定歩合（中央銀行が市中銀行に貸出を行うときの基準金利）が５％から2.5％

第 12 章　製造業のグローバル展開

に引き下げられた。公定歩合引き下げは，ドル暴落を協調して回避し安定的な
ドル安を誘導するという目的と，円高不況を和らげる目的をもっていた。金利
が低下し資金調達コストが低下したことで，多くの資金が株式や土地の投機に
向かった。地価や株価は86年頃から急速に上昇し始め，経済のファンダメンタ
ルズ（成長率や金利など基礎的な要因）で説明できる以上に株や土地などの資産
価格が上昇し，バブル経済が発生した。

　しかし，1989年 5 月から90年まで立て続けに金利が引き上げられると株価の
下落が始まり，地価も91年頃をピークに下落した。バブル期に株式や土地の投
機を行った企業は経営が行き詰まり，そのような企業に融資した金融機関には
不良債権が積み上がり，金融システムが機能不全になった。

［2］　本格的な多国籍化

1 ）貿易にみる変化

　バブル経済と「失われた10年」の背後で，日本経済と企業の国際化が急速に
進展した。財の貿易から国際化の進展をみると（**図表12-1**），まず1985年以降
の円高で日本からの輸出総額が一時的に落ち込んだが，90年代には中国経済の
発展に牽引され拡大傾向となった。輸出依存度は85年以降に急速に低下し，そ
の後も90年代半ばまでは低い状態が続く。この背景には日本企業が製造拠点を
海外に移し生産を現地化したことがあった。しかし，90年代後半からは中国経
済の拡大を受けて貿易依存度が再び上昇する新しい状況が出現した。

　また，貿易相手国にも変化があった。1980年代後半以降，貿易関係において
アジアの重要性が大きくなったのである。80年代前半は自動車や家電の輸出拡
大により北米輸出の割合が拡大したが，プラザ合意を契機に割合が低下し始め
た。他方で輸出先に占めるアジアの割合が80年代後半から上昇し始め，90年に
は北米を逆転した。アジアへの輸出割合は90年代半ばまで上昇し，97年のアジ
ア通貨危機で急激に減少する。アジア通貨危機はアジア市場を消費市場として
とらえる観点からは日本企業にとって制約となったが，第三国への輸出品の生
産拠点としてとらえる観点からはむしろ好条件であった。通貨危機を機会に日
本企業はさらにアジアでの現地生産を拡大し経営をグローバル化させた。

　輸入先に占めるアジアの割合は1980年から2000年までの期間を通して一貫し

207

第Ⅲ部　グローバル化の中の日米企業

図表12-1　輸出総額と輸出依存度

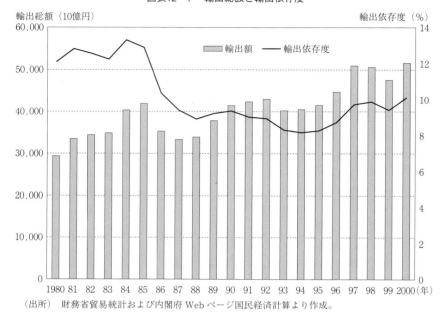

(出所)　財務省貿易統計および内閣府Webページ国民経済計算より作成。

て北米を上回っていた。90年代に入りアジアからの輸入の比率はさらに高くなった。アジアへの輸入依存の高まりの背景には、日本企業が現地生産した製品を逆輸入して日本市場で販売する事例が多くなったことがある。

2）海外生産の拡大

　日本企業のグローバル展開はプラザ合意後に質的な変化を遂げた。1970年代までの日本企業の海外展開は商業（総合商社）、金融・保険業における営業網の拡大が中心であった。しかし、プラザ合意後の急速な円高により製造業の本格的な海外直接投資が進み、海外生産比率が高まった。製造業全体でみると海外生産比率は85年には3.0％であったが2000年には14.5％にまで上昇した。また、海外進出企業のみを取り上げると、85年の海外生産比率は8.7％であったが90年には17.0％、95年には24.5％、そして00年には34.1％にまで上昇した。

　グローバル化して国際競争力を構築した企業は、大きく2つの戦略をとっていたといわれている。1つ目はグローバル・プロダクツ戦略であり、たとえば

第12章 製造業のグローバル展開

ソニーは革新的な製品を開発しグローバル市場で販売して成長した。他方で，日本企業は製品革新の激しいエレクトロニクス業界で競争を行う上で，情緒的価値を訴求するブランド力が弱いことが課題であると指摘されている。もう1つはグローバル・オペレーション戦略である。これは生産や販売を世界最適地で行う戦略であり，東レなどがこの戦略を採用していた。

3 製造業企業の展開

[1] 自動車産業

1）海外生産の進展

　自動車産業では1980年代半ば以降，現地生産が急速に進展した。対北米市場では貿易摩擦を経て輸出自主規制が実施され，80年代前半から現地生産が始まっていた。85年のプラザ合意後の円高は，このような日本の自動車企業による米現地生産の動きを急速に拡大させた。

　1985年の北米（アメリカ，カナダ，メキシコ）における現地生産台数は約30万台であったが，その後急速に拡大し，90年には約160万台，95年には約260万台，2000年には約300万台にまで拡大した。このような現地生産の伸びに対応して対北米輸出は減少し，88年に約290万台あった輸出台数は96年には約130万台となり，その後はやや増加して00年には約190万台となった（**図表12‐2**）。いずれにせよ，世界最大の北米市場に対するアプローチが製品輸出から現地生産へと大きく転換したのである。

　他方で，アジア諸国においても現地生産が拡大した。生産台数は1985年に約21万台であったものが90年には約95万台，アジア通貨危機の97年には200万台を超えた。輸出台数は対北米と比較して当初より少なかったが，97年までは毎年48万台から75万台を輸出していた。アジア事業の成長は輸出よりも現地生産が牽引していたといえる。97年の通貨危機は，経済の混乱や所得の減少によってアジアの自動車消費市場を縮小させた。しかし，通貨安は日本の自動車企業にとっては現地工場で生産した製品を割安で第三国へ輸出できる機会を作り出した。たとえばトヨタ自動車のタイの現地工場は拡張されてグローバルな生産拠点の1つとなった。

第Ⅲ部　グローバル化の中の日米企業

図表12-2　自動車輸出と現地生産

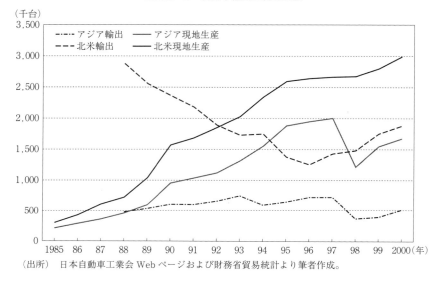

（出所）　日本自動車工業会 Web ページおよび財務省貿易統計より筆者作成。

2）各社によるグローバル化対応の違い

　このような自動車産業の動きを，トヨタ自動車のグローバル生産の展開からみておこう。1985年の同社の生産台数を地域別にみると，日本国内での生産は約367万台であり，全生産台数379万台の92％を占めていた。その後90年までは国内生産，海外での現地生産ともに拡大し，同年には国内で約420万台，海外で約93万台，合計で約520万台の生産を行った（海外生産比率は18％に上昇）。しかし90年代に入ると国内生産は縮小し，2000年には約340万台となった（90年と比較して20％減）。

　他方で現地生産は拡大し，2000年に約200万台となった。1990年と比較すると2倍以上に拡大しており，現地生産比率も36.3％にまで上昇した。トヨタ自動車の00年のグローバル生産台数は約540万台で，同社はプラザ合意から「失われた10年」の期間を通して，生産のグローバル化によって継続的な成長を遂げたのである。

　自動車産業企業のグローバル化への対応は，各社のもつ資源や組織能力によって異なっていた。トヨタ自動車は2000年度に154社の海外連結子会社を擁

第 12 章　製造業のグローバル展開

して事業を行い，売上高約12兆8,000億円，純利益約4,068億円を記録した。同社は単独でグローバル化に対応できたといえよう。他方で，日産自動車は異なったグローバル化対応を迫られた。同社も1998年までに69社の連結海外子会社を展開して事業を行い，連結売上高は約 6 兆6,000億円であったが，バブル期から積み上がった有利子負債に苦しみ，連結純損益は約140億円の赤字であった。結局，99年 3 月にフランスのルノーから資本を受け入れ（00年時点で36.82％を保有），カルロス・ゴーンが COO（最高執行責任者）に着任した（00年から CEO）。日産自動車は，ルノーの傘下に入って経営を立て直し，グローバル市場での成長を試みた。

［2］ エレクトロニクス産業

1 ）1990年代の成長と変化

　2000年代以降に急速に国際競争力をなくした日本の電機・エレクトロニクス企業ではあるが，バブル期から「失われた10年」にかけて次々に新しいヒット商品を市場に送り出すとともに，急激な円高に対応するために生産の国際移転を進めた。また，国内の生産現場においても効率化を進め，まずまずの成績を収めていた。

　図表12 - 3 は主な民生用電子機器の国内生産台数の推移を示している。ビデオテープレコーダー（VTR）やテレビは高い生産水準を維持しており，家庭用ビデオカメラや PC の生産は拡大傾向にあった。VTR やテレビの国内生産台数は1980年代後半からすでに減少傾向にあったが，90年代になると急速に減少した。これは海外での生産が進んだからであり，たとえば92年に約755万台あったカラーテレビの輸出は96年には約365万台にまで減少し，その差分が海外生産されたと考えられる。テレビや VTR の国内生産は減少したが，他方で携帯電話（いわゆるガラケー）と PC の生産台数が急激に拡大し，成長を牽引した。

　生産が減少したとはいえテレビや VTR，家庭用ビデオカメラの国内生産が終了したわけではない。残された国内の生産工場では，生産現場のオペレーション効率を高める努力がなされた。工場では SCM（サプライ・チェーン・マネジメント）やセル生産方式が導入され，生産性の向上，開発リードタイムの短

図表12-3 国内生産の推移

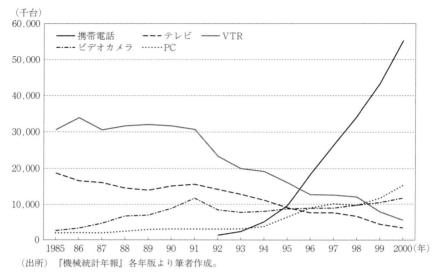

(出所) 『機械統計年報』各年版より筆者作成。

縮，コスト削減が達成された。つまり，工場レベルにおいては「失われた10年」においても「ものづくり」が強化され，一定の成果を上げていたのである。

他方で，電子立国日本の戦略的製品として1970年代から開発に力を入れたDRAMを主軸とした半導体産業は，微細加工技術の追求と品質管理の徹底による高い歩留まりによって低コストで高品質なDRAMの大量生産に成功し，世界市場において高いシェアを獲得した（第10章参照）。国際競争力をもつ日本製DRAMを脅威に感じたアメリカ政府は，86年の日米半導体協定によってアメリカへのDRAMの供給制限とアメリカ企業の日本市場へのアクセスの確保を日本に約束させた。DRAM供給が制限されたことにより価格が高値安定し，日本企業はかえってDRAMに依存することになった。また，アメリカ企業の市場アクセス保障はインテルをはじめとするアメリカ企業が強みをもつMPUなどPC向け論理素子分野において行われ，日本企業がこの分野に進出することを抑制した。日米半導体協定はアメリカがMPU競争優位を確立するとともに日本企業のDRAM依存を進めた点で，日本の電機・エレクトロニクス企業

の運命に重大な影響を与えたのである。

1990年代に入ってサムスンをはじめとする東アジアのエレクトロニクス企業が積極的な投資行動によりDRAM生産で競争力をもつようになると，日本の優位性は急速に失われていった。DRAMを成長の軸としていた日本の総合電機企業は経営が不安定化し始め，2000年以降になるとエレクトロニクス製品のグローバルな垂直分業が進み，大規模なリストラクチャリングや総合電機企業の解体が進んだ。

ただし，DRAMやPC向け論理素子では競争力を喪失したが，日本の半導体産業がすべての半導体製品分野で衰退したわけではない。家電製品や自動車に組み込まれる論理素子（特定用途向けIC）は生産が拡大し，1985年に約24億個であった生産個数は90年に約58億個，95年には約86億個，そして2000年には約155億個にまで拡大した（他方でDRAMを含む記憶素子の生産個数は85年に約11億個，90年に約16億個，95年に約21億個，00年に約20億個と論理素子と比較して少数であり増加幅も小さかった）。論理素子分野ではロームなど専業企業が成長し競争力を高めた。

以下では，民生用エレクトロニクス企業としてシャープを，総合電機企業として東芝を取り上げ，1985年から2000年までの経営の特徴をみよう。

2）シャープ

1935年に早川金属工業として設立されたシャープは，ラジオやテレビをはじめとする民生用エレクトロニクス製品の製造と販売で成長を遂げ，90年代中頃においても電子機器（カラーテレビ，液晶テレビ，VTR，ハイビジョンシステムなど），音響機器（ラジカセ，ステレオ，CDプレーヤー，光ディスク，電話機など），電化機器（ルームエアコン，冷凍冷蔵庫，洗濯機，石油ストーブ，加湿器，食洗器，照明器具など），情報機器・電子部品（電卓，電子手帳，電子レジスタ，複写機，POSシステム，PC，ワープロ，ファクシミリ，LSI, IC，太陽電池パネルなど）の事業領域で開発・製造・販売を行っていた。90年に研究開発に投じられた費用は売上高の7.8％にあたる約893億5,100万円であり，幅広い分野で積極的な製品の開発が継続されていた。

1990年代末になると，シャープは「液晶デジタルネットワーク戦略」を打ち出し，オンリーワン商品の創出とインターネットを活用した情報提供サービス

の強化に乗り出した。98年4月にはICと液晶デバイス分野で開発から生産までの一貫体制を構築するため，IC天理開発本部とIC福山事業本部を統合して「IC事業部」とし，さらに液晶天理開発本部と液晶三重事業本部を統合して「TFT液晶事業部」とする組織再編を行った。さらに2000年には約1,329億円（連結売上高の6.6%）を研究開発に投じた。開発されたオンリーワン商品には液晶テレビのAQUOS，携帯端末のZaurusの他に，液晶デバイス，携帯電話向けのフラッシュメモリ，ビデオカメラ向けCCD・MOSイメージ素子があった。00年の売上高はエレクトロニクス機器（AV機器，電化製品，通信・情報機器）が約1兆2,892億円，電子部品等事業が約8,323億円であったが，営業利益は前者が約307億円，後者が約753億円と電子部品の利益率が高かった。

　シャープ製品は国際競争力をもっており，1985年に北米とヨーロッパ向けを中心に売上の60.4%を輸出していた。80年代後半以降は円高に対応して現地生産を増やしたため輸出比率は90年には55.2%，95年には44%にまで低下したが，海外市場で大量生産製品を販売することで成長するスタイルは不変であった。売上高は，85年から2000年までの期間，86年（円高不況）と98年（アジア通貨危機）を除いて増加し続けた。純利益は，国内や海外の市況が悪化すると大きく減少したが，2000年までは損失を出さずに経営を行うことができた。

3）東　芝

①総合電機企業の強みと弱み

　東芝は，電球やラジオ真空管を製造販売していた東京電気と，重電機器メーカーの芝浦製作所が1939年に合併して設立された会社である。第2次世界大戦後には家庭用電気製品分野に本格的に進出し，総合電機企業として多角的な経営を行った。85年においても，重電機器（原子力発電や火力発電設備），家庭用電気（カラーテレビなど），通信・情報機器（PC，ワープロ，半導体事業）にわたる多角的な事業経営を行っていた。総合電機の強みの1つは，あるセグメントで稼ぎ出された利益をもとに多角的な事業展開を行い，成長を実現できる点にある。高度成長期には重電機器が，80年代には半導体事業が安定的な利益を生み出し，多角的経営のための資金を提供していた。

　1980年代から2000年にかけての東芝の経営はDRAM事業を中心として情報通信関連事業を進めていくというものであった。東芝は82年に「W作戦」を

第12章　製造業のグローバル展開

開始し，半導体事業に経営資源を重点的に投入し始めた。その投資額は83年から88年までの 6 年間に約5,700億円に上り，それは毎年約1,000億円という（2000年以降にはみられない）積極的な投資行動であった。その結果，「1988年度の東芝全体の営業利益1,760億円の約三分の二は半導体が稼ぎ，そのうちの約60％は 1MDRAM による利益」(『1991年度版日本半導体年鑑』）と指摘されるほどであった。DRAM 事業からの利益を原資として，東芝は事業の「集中と選択」を行った。84年には「I作戦」を実施し，情報技術事業を強化した。「I作戦」からは日本語ワードプロセッサーの「ルポ」やノートブック型 PC の「ダイナブック」といったヒット商品が生み出された。90年になると「I-90作戦」が実施されたが，これは「I作戦」を継続するというものであった。94年には「ADI ビジョン」が打ち出され，個人情報通信機器，新社会システム，ソフトウェア・サービスへの展開が図られた。

　1980年代から2000年までの経営戦略は，半導体事業（DRAM 事業）への積極的な投資と，DRAM 事業から生み出される利益によって情報産業関連分野に多角化しようとする，総合電機企業の強みを生かしたものであった。売上高は85年から00年までの期間，86年（円高不況），92年（バブル崩壊），98年（アジア通貨危機）を除き拡大し続けた。

　他方で当期純利益は大きな振幅をみせた。「W作戦」により DRAM 事業が経営の基盤となった1980年代後半には1,000億円を超える利益を計上していたが，90年代前半には利益が減少した。90年代半ばに利益は回復するもののアジア通貨危機後の98年には約90億円，99年には約330億円の損失を計上した。99年の赤字の原因を探るためにセグメント別の経営実績を確認すると（**図表12-4**），半導体事業を中心とした電子デバイス部門が大幅な営業赤字を計上（約236億円の赤字）していることがわかる。翌年には電子デバイス部門の営業利益は約1,164億円に急回復しているが，他の事業においても収益性が低下していることをみると，利益が大きく振れる DRAM 事業が他の事業を支える経営構造となっており，2000年以降に日本製 DRAM の国際競争力が低下していく中で総合電機企業としての経営が不安定になる構造が，すでに90年代後半にはでき上がっていたといえる。

215

第Ⅲ部　グローバル化の中の日米企業

図表12 - 4　東芝のセグメント別連結売上高・営業利益　(100万円)

	1999年度		2000年度	
	売上高	営業利益	売上高	営業利益
情報通信・社会システム	1,858,279	38,102	1,827,007	27,277
デジタルメディア	1,517,692	48,644	1,578,590	23,846
重電システム	570,681	9,342	582,667	17,457
電子デバイス	1,477,318	△23,610	1,551,351	116,354
家庭電器	659,894	5,354	708,317	18,429
その他	473,386	26,497	695,721	27,513

（出所）　東芝『有価証券報告書』各年版より作成。

②多角的経営の国際比較

　ここで，総合電機企業である東芝の経営戦略と組織の特徴を，国際比較の視点から考察しておこう。第11章でみたように，GM や GE といったアメリカ企業は1980年代に非関連多角化（コングロマリット化）し，90年代になるとリストラクチャリングを進めてむしろ本業に集中するようになった。他方で，日本の大企業全体の多角化傾向に関する研究によると，産業によって大きく異なるものの，90年代には全体として専業型の企業が減少し非関連多角化戦略をとる企業が増加した。東芝は総合電機企業であり原子力発電からノート PC まで幅広い事業を展開していたが，6分野にまとめられた関連分野（図表12 - 4）をみるとアメリカ企業のように非関連多角化せず，またリストラクチャリングにより専業化するのでもなく，幅広い電機・エレクトロニクス製品の開発・生産・販売を行っていたといえる。

　東芝はすでに事業部制を採用していたが，1980年代に半導体事業に経営資源を集中させることに対応して事業本部制とした。事業本部はいくつかの事業部を束ねるもので，プロフィットセンターとして位置づけられた。93年には，純利益の急減に際して，市場対応を強化するために事業グループ制を導入した。そして，90年代末に純利益が減少・損失が発生すると本格的な「選択と集中」が開始され，99年には全社的にカンパニー制が導入された。カンパニー制は6つの事業それぞれを1つの会社と見立てて独立採算とするものであった。カンパニー制の導入は，意思決定の迅速化，階層性の緩和と人員の削減を目指すものであった。

第 **12** 章　製造業のグローバル展開

③　化学産業

　石油を原料とする石油化学産業は，さまざまな製品に用いられる基礎材料を生産・供給する素材産業である。化学企業は，高度成長期に臨海地域に石油コンビナートを相次いで建設し，その中に原料ナフサから化学製品の基礎材料であるエチレンを製造するエチレンセンターを建設した。しかし，1980年代になるとエチレンとその誘導品を製造する基礎化学分野において過剰生産設備問題が発生し，市況も悪化した。

　しかし1985年以降にエチレン生産量が拡大し，同年に約442万トンであったものが96年には約700万トンに達した。エチレン生産量拡大の背景には原油価格が低下して原料ナフサの価格が低位安定したこと，アジア地域における需要が拡大したこと，そして合成樹脂などの分野において新しい需要が生まれたことがあった。

　他方，原油価格の変動によって大きく利益が変動する基礎化学分野において国際的な競争力を維持するために，各社はエチレン生産の集約化に取り組んだ。1994年には三菱化成と三菱油化が合併して三菱化学が設立され，97年には三井石油化学と三井東圧化学が合併して三井化学が誕生した。このような企業合併による生産集約に加え，エチレン設備の廃棄も進められた。2001年には三菱化学が四日市事業の設備（27万トン）を廃棄したが，これは大規模エチレンセンター廃止の最初の事例であった。さらに，エチレンの誘導品分野（ポリエチレン，ポリプロピレン，ポリスチレン，塩化ビニル樹脂など）においても統合と集約化が進行した。

　1980年代以降，日本の化学産業は機能性化学分野において国際競争力を高めた。機能性化学分野の中でも，半導体や液晶ディスプレイ（LCD）など電子製品に用いられる化学材料（シリコンウェハ，フォトレジスト，偏光板，偏光板保護フィルムなど）は，エチレンなど基礎化学分野の事業と比較すると小規模であるが収益性は高い。それゆえ化学産業における高収益企業には，大規模企業ではなく中規模の企業が多い。たとえばクラレは自社技術であるポバールを原料としてLCD偏光板を製造しており，その世界シェアは80％ときわめて高い。また，JSR，日立化成，日東電工もさまざまなLCD材料を製造し高い収益を上げている。これら高収益企業は，自社技術を活用できるニッチ市場を選択

217

第Ⅲ部　グローバル化の中の日米企業

し，国際競争力のあった日本のエレクトロニクス企業と共同で素材開発を行い電子材料を開発したのである。

　さらに中規模企業だけではなく，エチレンセンターを保有する総合化学企業も機能性化学分野へと進出して基礎化学分野と両輪で経営を行っている。住友化学は1983年に愛媛地区でのエチレン生産から撤退したが，同年に本格的に電子材料事業に参入し，ポジ型フォトレジスト，液晶ディスプレイ用フィルム，エポキシ樹脂，光ディスクの製造に進出した。エチレンセンターをもつ中規模企業である昭和電工は，最後発のエチレンセンターであり最新の技術を用いているために基礎化学分野でも競争力をもつが，88年にはハードディスクの生産を開始し，機能性化学分野においても事業を展開するようになった。今日の日本化学産業の国際競争力は，80年代から90年代にかけて新しく開発された機能性化学分野に基礎をもつものである。

Check Points！

①日本の製造業企業は，プラザ合意から「失われた10年」の1990年代にあっても，まずまずの業績を上げることができた。それは，日本の産業企業がグローバル化に対応するとともに，生産性の向上に取り組んだからである。

②自動車企業は生産のグローバル化を進め，電機・エレクトロニクス企業は半導体（DRAM）を中心とした事業展開と生産の海外移転を進め，化学企業は機能性化学分野（主に電子材料）への事業展開を行った。

③第14章でみるように，自動車，電機・エレクトロニクス，化学における各産業企業の戦略的対応の違いは，2000年以降の明暗を分けた。半導体事業を軸としていた電機・エレクトロニクス企業は，DRAMの競争優位の喪失や産業構造の垂直分裂によって困難を抱えるようになった。

参考文献
○年次報告書
シャープ株式会社『有価証券報告書』各年版。
株式会社東芝『有価証券報告書』各年版。
トヨタ自動車株式会社『有価証券報告書』各年版。
日産自動車株式会社『有価証券報告書』各年版。
国土交通省編［編］（2013）『国土交通白書2013（平成24年度年次報告）——若者の暮らしと国土交通行政』日経印刷。

第 12 章　製造業のグローバル展開

○書籍・論文

石井里枝・橋口勝利［編著］（2017）『日本経済史』ミネルヴァ書房。

上野恭裕（2005）「1980年代以降の日本企業の多角化戦略と事業集中」（『大阪府立大学経済研究』第51巻第 3 号）。

柏原久（1990）『東芝が発見した「新大陸」──Ｉ作戦で名門が激変した』徳間書店。

橘川武郎・久保文克［編著］（2010）『グローバル化と日本型企業システムの変容　1985～2008』（講座・日本経営史 6 ）ミネルヴァ書房。

橘川武郎・平野創・板垣暁［編］（2014）『日本の産業と企業──発展のダイナミズムをとらえる』有斐閣。

塩見治人・堀一郎［編］（1998）『日米関係経営史──高度成長から現在まで』名古屋大学出版会。

塩見治人・橘川武郎［編］（2008）『日米企業のグローバル競争戦略──ニューエコノミーと「失われた十年」の再検証』名古屋大学出版会。

橘木俊詔［編］（2003）『戦後日本経済を検証する』東京大学出版会。

平野創（2016）『日本の石油化学産業──勃興・構造不況から再成長へ』名古屋大学出版会。

深尾京司・中村尚史・中林真幸［編］（2018）『現代 2 ──安定成長期から構造改革期（1973-2010）』（岩波講座・日本経済の歴史第 6 巻）岩波書店。

藤田実（2000）「1990年代の半導体産業──逆転と再逆転の論理」（『企業環境研究年報』第 5 号）。

宮本又郎・阿部武司・宇田川勝・沢井実・橘川武郎（2007）『日本経営史［新版］──江戸時代から21世紀へ』有斐閣。

経営史学会［編］（2004）『日本経営史の基礎知識』有斐閣。

○ Web 資料

トヨタ自動車「トヨタ自動車75年史」〈https://www.toyota.co.jp/jpn/company/history/75years/index.html〉（2023年12月 8 日最終閲覧）

日本政策投資銀行「90年代以降の企業の研究開発動向」〈https://www.dbj.jp/reportshift/report/research/pdf/63_s.pdf〉（2023年12月 8 日最終閲覧）

日本自動車工業会「日本メーカーの四輪車海外生産台数の推移」〈https://www.jama.or.jp/statistics/facts/foreign_prdct/index.html〉（2023年12月 8 日最終閲覧）

第13章

ネットワーク化と統合化

　21世紀に入ると，国境を越えるヒト・モノ・カネ・情報の流れはますます大規模になり，アメリカ企業も新たな展開をみせるようになった。なかでも，金融資産の拡大（ファンドの影響力の増大）によって複合企業・統合企業がさらなる変革を求められるようになったことは，21世紀の新たな特徴といえるだろう。本章では，今世紀に入りアメリカ大企業がどのような戦略・組織の変革を求められたのかをみていく。

　くわえて，21世紀の最初の20年間には，グーグルやアップルなど巨大テック企業が新たなリーディング企業として登場してきた。アメリカで次々と市場を牽引する企業が生み出されるのはなぜだろうか。第2次グローバル経済における「アメリカの強さ」についても考察する。

キーワード：ファンド資本主義　ネットワーク化　サービス化

1　ファンド資本主義

1　国内市場の成長

　2001年の9.11同時多発テロ，07年から10年にかけての世界金融危機（08年にはリーマン・ブラザースが破綻）といった大きなショックを受けつつも，21世紀の最初の20年間にアメリカ経済は成長し続けた。人口増加率は次第に低下したものの（2000年代が年平均0.93％，10年代が同0.68％），00年に約2億8,240万人であったアメリカの人口は，10年には約3億980万人，20年には約3億3,180万人へと20年間に約5,000万人も増加した。

　実質GDP（名目）は，2000年に約10兆2,500億ドル（同時期の日本のGDP約5.0兆ドルの約2倍）から10年の約15兆500億ドル（日本の約1.9倍），そして20年には約20兆8,940億ドル（日本の約4.1倍）へと成長した。成長率をみると，9.11同時多発テロが発生した01年，リーマンショックの08年，そして新型コロナウイル

220

スが世界的に蔓延した20年に大きな落ち込み（08年と20年はマイナス成長を記録）がみられたが，00年代には1.8%，10年代においては2.3%程度の安定した経済成長がみられた。

2 **金融資産の蓄積とファンド**

　他方，同時期において世界的な金融資産の蓄積が進んだ。実体経済に対する金融部門の肥大化は1980年代からの現象であるが，2000年代以降になると金融技術の進歩や情報通信技術の発展によりさらに成長を加速した。世界の金融資産残高は，80年には名目 GDP とほぼ同じ額であったが，マッキンゼーの報告書によると00年に約160兆ドル，20年には約520兆ドルにまで成長し，その額は世界の GDP の約6倍に達した。巨額の金融資産はアメリカ金融市場へと流れ込み，ダウ・ジョーンズ平均株価（年平均）は，01年の約1万ドルからリーマンショック前年の07年の約1万3,300ドルへと値上がりし，08年には約8,800ドルへと急落するものその後再び上昇を始め，10年には約1万1,600ドル，15年には約1万7,600ドル，そして20年には約2万6,900ドルにまで上昇した。

　アメリカ金融市場（のみならずグローバルな金融市場）において金融資産を保有し運用しているのは機関投資家である。機関投資家は投資信託や年金基金など一般投資家の資産を運用する金融機関であり，2000年代初頭にはアメリカの株式全体の約66%を保有していた。機関投資家は成長企業に対して巨額の投資を行っており，たとえば GAFA（グーグル，アップル，フェイスブック，アマゾン）に対するアメリカ資産運用大手3社の投資額は約500兆円に上った。

　巨額の資金の流入は，アメリカ企業の成長と株価の持続的成長を支えるものであった。アメリカ企業の利益額の推移をみると，金融部門においても非金融部門においても，世界的な金融危機の時期を除いて，2000年以降に拡大して安定的に巨額の利益が生み出されていることがわかる。特に非金融部門における巨額利益は，GAFA のような巨大テック企業に対する投資によって拡大しただけではない。巨額のファンドは，これまでアメリカ経済の成長を支えてきた複合企業・統合企業に投資され，企業分割や事業再編を通して大きな利益が生み出されるようになったのである。このような投資は「もの言う株主」や「アクティビストファンド」と呼ばれる機関投資家によって行われており，経営者

第Ⅲ部　グローバル化の中の日米企業

はますます株主の利益と株価を意識した経営を行わなければならなくなった。機関投資家が経営に積極的に関与（といっても製造や事業の方法ではなく経営資源の配分に関与）しようとする傾向は，00年以降に特に特徴的であるといえる。

2　研究開発とイノベーション

1　研究開発投資の拡大

　金融市場に流れ込む巨額の資金は，アメリカ企業が研究開発により多くの資源を投入して新技術を獲得し，世界に先駆けて新たな財やサービスを生み出す原資となっている。テクノロジー企業の研究開発投資は盛んで，2020年にグーグルは約276億ドル（収入の15.1％に相当），アップルは約188億ドル（同7％），フェイスブックは約184億ドル（同21％），アマゾンは約427億ドル（同11.1％）*，マイクロソフトは約193億ドル（同13％）を研究開発に充当した。電気自動車の開発製造販売を行うテスラの同年の研究開発費約15億ドル（同5％）と比較しても，GAFAやマイクロソフトといった巨大テック企業がいかに巨額の資金を研究開発に充てているかがわかる。

　　＊アマゾンの「Technology and content」費用には，新技術の研究開発費だけではなく事業の基盤となるサーバー，ネットワーク機器，データセンターへの投資が含まれているので研究開発費が他企業と比較して巨額になっている。

　さらにベンチャーキャピタル（VC）が革新的なアイデアや技術をビジネスに結びつけようとするスタートアップ企業に巨額の資金を投資している。世界の機関投資家が保有する資産の2％を運用するVC（その多くはシリコンバレーに拠点を置いている）には，2020年に約4,500億ドル（約51兆円）の資金が新規に流入した。巨額の資金は研究開発やその成果の事業化に用いられ，アメリカ発のイノベーションを促進している。

2　特許の拡大

　プラットフォーム企業やスタートアップ企業による研究開発の成果は，アメリカ特許の増加にも現れている。図表13-1は1990年から2020年までのアメリカ特許登録の推移を内国発明と外国発明に分けて示したものであり，リーマン

第 13 章　ネットワーク化と統合化

図表13-1　アメリカ特許登録件数の推移

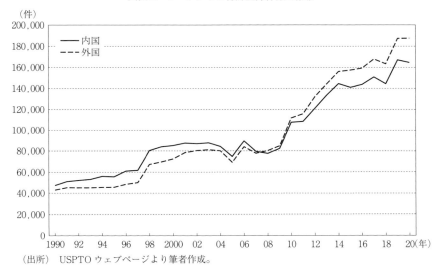

（出所）　USPTO ウェブページより筆者作成。

ショック後の10年から急速に内国発明が増加していることがわかる。外国発明の中にはアメリカ企業の海外子会社における発明をアメリカで特許登録したものも含まれているから，10年代にはアメリカ企業の研究開発と特許取得がより活発になったといえる。

2020年の特許登録件数ランキング上位20位に含まれるアメリカ企業には，IBM（9,118件，1位），マイクロソフト（2,909件，4位），インテル（2,865件，5位），アップル（2,788件，8位），クアルコム（2,276件，10位），アマゾン（2,244件，11位），フォード（2,205件，13位），グーグル（1,187件，17位），GE（1,757件，18位），マイクロン（1,534件，19位）があった。フォードとGE以外はすべてITサービス企業と半導体企業であり，21世紀のIT技術基盤を提供する企業であった。これらの企業は後にみるようにサービス化，専業化，ネットワーク化によってグローバルに巨額の利益を生み出して成長している企業である。

金融市場から多額の資金を得て研究開発を行い，その成果を知的財産として確保して世界的なビジネスモデルを構築して利益を生み出し，それが再び株主へと還流して資金が新たな成長に投資される。株主重視のアメリカ資本主義

第Ⅲ部　グローバル化の中の日米企業

は，資本市場を媒介とした資金循環でイノベーションを推進するという側面をもっている。

3　複合企業の苦悩

1　代表的アメリカ企業の変化

　21世紀に入ると，アメリカを代表する大企業のリストが大きく変化した。『フォーチュン』誌の企業ランキングであるグローバル500によると，2000年に最も収入の大きかったアメリカ企業は自動車企業のGM（1,891億ドル）で，第2位が小売業のウォルマート（1,668億ドル），第3位が石油業のエクソン・モービル（1,639億ドル）であった。アメリカ企業10位以内には，他にもフォード（4位），GE（5位），IBM（6位），アルトリア・グループ（タバコ企業，9位），ボーイング（10位）といった製造業が含まれていた。しかし，20年になると10位以内に入る製造業はなくなってしまった（**図表13-2**）。

　2020年に最も収入の多かったアメリカ企業はウォルマート（5,591億ドル）で，第2位がアマゾン（3,861億ドル），第3位がアップル（2,745億ドル）であった。さらに図表13-2によって20位までの大企業の特徴をみると，第1に小売業（一般および医薬品）企業の収入が大きいことがわかる。第2に，アマゾン，アップル，アルファベット，マイクロソフトといったITサービス企業の収入が大きい。第3に，医療保険企業が上位に来ていることも特徴的であろう。そして第4に，製造業が見当たらない。伝統的な大企業も，エクソン・モービルと通信企業のAT&Tを除いて上位に食い込むことはなかった。

　19世紀末からアメリカの経済成長の中軸にあった製造業企業が21世紀に入って急速に勢いをなくし小売業やITサービス企業に置き換わったことの象徴的な出来事の1つは，GEがダウ・ジョーンズ平均株価を構成する30銘柄から外れたことである。GE株は1896年にダウ・ジョーンズ平均株価が公表され始めて以降100年以上にわたり構成銘柄であり続けていたのであるが，業績不振により2018年に銘柄を外れ，代わってドラッグストア大手のウォルグリーン・ブーツ・アライアンス（図表13-2の16位）が加わった。

224

第 13 章　ネットワーク化と統合化

図表13‑2　アメリカ企業収入ランキング上位20位

(100万ドル)

順位	企業名	業種	収入
1(1)	ウォルマート	小売	559,151
2(3)	アマゾン	小売	386,064
3(6)	アップル	IT	274,515
4(7)	CVS ヘルス	小売・医療	268,706
5(8)	ユナイテッドヘルス・グループ	医療保険	257,141
6(11)	バークシャー・ハサウェイ	機関投資家	245,510
7(12)	マッケッソン	医薬品	238,228
8(17)	アメリソース・バーゲン	医薬品	189,894
9(21)	アルファベット（Google）	IT	182,527
10(23)	エクソン・モービル	石油	181,502
11(26)	AT&T	通信	171,760
12(27)	コストコ	小売	166,761
13(28)	シグナ	医療保険	160,401
14(30)	カーディナルヘルス	医薬品	152,922
15(33)	マイクロソフト	IT	143,015
16(36)	ウォルグリーン・ブーツ・アライアンス	医薬品	139,537
17(40)	クローガー	小売	132,498
18(41)	ホーム・デポ	小売	132,110
19(43)	JP モルガン・チェース	金融	129,503
20(45)	ベライゾン	通信	128,292

（注）　カッコ内はグローバル500における順位。
（出所）　フォーチュン・グローバル500より筆者作成。

2　アクティビストファンドと GE

1 ）複合企業の経営

　1981年から20年間にわたり CEO を務めたジャック・ウェルチは，GE を製造業企業から金融とサービスを中心とする企業へと作り替えた（第11章参照）。「20世紀最高の経営者」と呼ばれたウェルチから偉大な会社である GE の経営を引き継いだのはジェフ・イメルトであった。2001年9月に CEO となったイメルトは，グローバルリサーチセンターを強化し，部門を越えた共同研究を通して全社的にアイデアの共有を図り，新たな事業を創造しようとした。新事業のターゲットの1つは環境ビジネスで，イメルトは環境ビジネスに関連するプロジェクトを「エコマジネーション」と総称して事業を進めた。グローバルリサーチセンターを中心に有機発光ダイオードの研究開発と事業化が行われ，風力発電などグリーンエネルギー事業では M&A やグーグルとの提携を通して

225

第Ⅲ部　グローバル化の中の日米企業

ビジネスを進めた。

　しかし，2008年9月のリーマンショックは複合企業 GE の扇の要であり株価を支えていた金融事業を直撃した。07年には約220億ドルの利益を計上していたが，09年には約114億ドルとなりおよそ半減してしまった。「稼ぐ力」を維持するために，イメルトは業績不振が続く金融事業や放送事業である NBC ユニバーサルを売却し（13年），エネルギー・インフラ関連事業に資源を集中しようとした。さらに15年には「デジタル・インダストリアル・カンパニー」を目指すとして，プレディックスという基盤ソフトウェアを開発し，ハードとソフトを融合したサービスを提供しようとした。しかしこの DX の取り組みがなんらかの成果を生み出す前に GE の利益は急減し，15年には58億ドルの赤字を計上した。

2）アクティビストファンドの介入

　「稼ぐ力」が弱まる中でも株価を維持するため，イメルトはファンドから出資を受け入れて事業を再生しようとした。2015年にアクティビストファンドであるトライアン（Trian Fund Management）は，GE の発行済株式の1.5％を25億ドルで取得した。トライアンが GE に出資したのは，GE が展開する事業の中にはグローバル市場で競争力をもち利益を生むものがあり，事業を再編することによって株価上昇の可能性があると考えたからである。実際に，事業セグメントごとの収入と利益をみると，パワー（電力システム），航空（航空機エンジン），ヘルスケアは事業規模が大きくまた利益額も大きいが，オイル＆ガス，照明，そしてキャピタル（金融事業）は事業規模も利益も小さく，金融事業は巨額の赤字を生み出していた（図表13‐3）。

　イメルトの GE は2016年にハイアールに家電事業を売却して事業再編を進めた。しかし，投資家からの信頼を得ることはできず，同年にイメルトは CEO を退任せざるを得なくなった。イメルトの後任の CEO となったのはジョン・フラナリーであった。しかし同時に，トライアンの CIO であるエド・ガーデンが取締役となり，GE の経営に直接関与するようになった。フラナリーは GE の財政を立て直そうとしてリストラクチャリングを進め，17年にはオイル＆ガス事業をアメリカの油田サービス企業であるベーカー・ヒューズと統合してベーカー・ヒューズ GE カンパニー（BHGE）とし，その上で BHGE 株を市

226

第 13 章　ネットワーク化と統合化

図表13-3　GE のセグメント別収入と利益

(100万ドル，%)

事業領域	収入(a)	利益(b)	(b)/(a)
[2008年]			
エネルギー・インフラ	43,046	6,497	15.1
技術インフラ	41,605	7,460	17.9
NBC ユニバーサル	16,969	3,131	18.5
GE キャピタル	67,645	8,063	11.9
ホーム＆ビジネス・ソリューション	10,117	365	3.6
合　計	181,581	25,516	14.1
[2017年]			
パワー	35,990	2,786	7.7
再生エネルギー	10,280	727	7.1
オイル＆ガス	17,231	220	1.3
航　空	27,375	6,642	24.3
ヘルスケア	19,116	3,448	18.0
輸送機器	4,178	824	19.7
照　明	1,987	93	4.7
キャピタル	9,070	-6,765	-74.6
合　計	125,227	7,975	6.4

（出所）　GE, *Annual Report*, 2010, 2017年版より作成。

場で売却した。しかしそれでも投資家の信頼を取り戻すことはできず，株価は
フラナリーの在任期間中に半分以下に下落した。結局フラナリーは14か月で
CEO を退任させられ，代わってローレンス・カルプが CEO となった。カル
プは126年の GE の歴史の中で初めて外部から登用された CEO であった。

　アクティビストファンドに主導された GE は，その後も大胆な事業売却を進
めた。2019年にはバイオ医療・検査機器事業をアメリカのダナハーに売却し
た。さらに21年には GE を航空機エンジン，医療機器，電力の３事業会社に分
割し，24年までに各社が株式を上場することを発表した。ついに GE の解体に
至ったのである。

　多様な事業を統合して経営するコングロマリットであった GE は，21世紀初
頭，遅くともリーマンショックまでは複合企業であることを強みとしていた。
しかし，複合企業であることのメリットがみえなくなり，投資家からはむしろ
「コングロマリット・ディスカウント」としてネガティブな評価を与えられる
ようになった。株式市場やアクティビストファンドからの圧力により，複合企

227

第Ⅲ部　グローバル化の中の日米企業

業は競争優位のある事業ごとに専業化をめざすようになったのである。

③　M&A による事業再編

　GE の事例のように，大企業のトップマネジメントによってではなく，アクティビストファンドの主導によって事業再編が行われることは，もはや一般的になった。

1）クラフト・ハインツの事例

　2015年の HJ ハインツとクラフト・フーズ・グループの合併によるクラフト・ハインツの設立もファンド主導によって行われたものであった。HJ ハインツは1896年にペンシルバニア州ピッツバーグで創業されたケチャップで有名な企業で，クラフト・フーズは1909年にイリノイ州シカゴ近郊で設立されたチーズで有名な企業であり，いずれも100年を超える歴史をもつアメリカを代表する加工食品企業であった。

　アクティビストファンドの 3G キャピタルとバークシャー・ハザウェイ（図表13‐2参照）は2013年に HJ ハインツを買収して非公開化し，15年にクラフト・フーズ（旧クラフト・フーズから分社化）と合併してクラフト・ハインツとした。合併は，アメリカの加工食品市場の伸びが鈍化する中で経費削減を行うこと，クラフト・フーズは北米市場，HJ ハインツは海外市場で強みをもっており，双方の強みを生かしてグローバルに事業拡大することを目指していた。15年には北米で2,500人（全従業員の 5 ％強）の人員削減を発表し，さらに17年までに年間15億ドルの経費削減を目標とした。新生クラフト・ハインツの事業整理と統合は，3G キャピタルのパートナーであったベルナルド・ヒース CEO（HJ ハインツ CEO。3G キャピタルに買収されたバーガーキングの CEO も歴任した）によって行われた。しかしヒースは目立った業績を残すことができず，投資家から迫られて19年 6 月末に CEO を辞任した。後任の CEO は 3G キャピタルによって，外部からミゲル・パトリシオ（世界ビール大手アンハイザー・ブッシュ・インベブの幹部）が選任された。

2）ダウ・デュポンの事例

　ダウ・ケミカルとデュポンも，それぞれ100年を超える歴史をもつアメリカを代表する化学企業であったが，アクティビストファンドによる統合圧力を背

228

景として2017年に合併しダウ・デュポンとなった。

　2015年に両社が統合を発表したときの計画によると，新生ダウ・デュポンは30億ドルのコスト削減を行い，両社の事業を農業，素材化学，特殊産業品の3部門にまとめて将来的に事業分割を行うとされた。事業分割の目的は，コングロマリット経営が資本市場において忌避され，複合企業であり続けることが「コングロマリット・ディスカウント」として企業の評価を下げていることに対して，事業ごとに投資判断や研究開発のスピードと透明性を増して効率的な経営を目指すことであった。当初の分割案に対してアクティビストファンドから異論が出され，分割計画の見直しが行われたが，最終的に，ダウ・デュポンは，19年に素材化学の「ダウ」，特殊化学品の「デュポン」，そして種子や農薬など農業関連事業を行う「コルテバ・アグリサイエンス」に分割され，それぞれの強みを生かした経営を行うようになった。

4　サービス化とネットワーク化

☐1☐　IBM

1）ソリューション・サービスへの転換

　GE が発電機やジェットエンジンから金融サービスまでを手掛ける複合企業であったのに対して，IBM はコンピュータ関連事業を行う専業企業であった。しかし，コンピュータ関連事業といっても広範囲な事業を含んでおり，多角化した事業構造を市場の変化に対して柔軟に再編しなければ成長できなかった。IBM は1990年代以降のインターネット普及と IT 産業のグローバル展開の中で，事業構造を大型コンピュータやワークステーションの製造販売といったハードウェア中心の構造からソリューション・サービス中心へと転換した。

　事業転換を主導したのはルイス・ガースナー（CEO 在任期間，1993〜2001年）であった。ガースナーはアメリカン・エキスプレスや RJR ナビスコの CEO を歴任した人物で，IBM にとっては長い歴史の中で初めて外部から登用された CEO であった。ガースナーによる事業転換はたんに製造事業から撤退することではなく，競争力のあるサービスを提供するためにハードウェア事業を強化し，その上で多様なビジネス IT サービス（ソリューション・サービス）を提供

229

第Ⅲ部　グローバル化の中の日米企業

しようとするものであった。IBM は M&A によって社外の資源を獲得し，内部化・統合化を進めた。ソフトウェア技術の獲得では，基盤ソフトウェア関連企業の買収を行った。同時に，ビジネス IT サービスを提供する顧客との接点を獲得するため，医療，金融，石油化学，生命保険・年金，住宅など特定分野の IT サービス関連企業やコンサルティング企業，さらに顧客企業の情報システム部門を買収した。

　ガースナーの後を継いだサミュエル・パルミサーノ（CEO 在任期間，2001〜12年）も事業転換を進め，2004年には PC 部門を中国の聯想集団（レノボ）に売却した。このような事業転換の結果，IBM の収益構造は1990年代から2000年代にかけて大きく変化した。93年には収入の約65％をハードウェア関連事業が占めていたが，09年になるとサービス関連事業から58％の収益がもたらされるようになり，ハードウェア関連事業の収益は全体の17％になった。

　ビジネス IT ソリューションを提供する企業として，IBM は高い利益率を維持しており，2013年には収入に対して16.5％もの純利益を上げた。IBM の好成績は，10年代以降も急速に変化する IT 業界において適切に事業変革を行い続けているためである。12年にパルミサーノの後を継いだジニー・ロメッティ（CEO 在任期間，2012〜20年）は，クラウドサービスや AI 事業（コグニティブ・コンピューティング・システム）に対して経営資源を投入した。20年の経営実績をみると，クラウドおよびコグニティブ・システム事業の収入は約234億ドル（収入の31.8％）で粗利益は約181億ドル（粗利益率77.5％）であり，粗利益の半分以上を稼ぎ出していた。また，クラウド・サービスの技術的基盤を提供するグローバル・テクノロジー・サービス事業の収入は約258億ドル（収入の35.1％）で粗利益は約90億ドル（粗利益率34.8％），コンサルティングを中心とするグローバル・ビジネス・サービス事業の収入は約162億ドル（収入の22.0％）で粗利益は約48億ドル（粗利益率29.7％）であった。

２）研究開発と知財の確保

　クラウド・サービスや AI を使ったコグニティブ・コンピューティング事業の成長には，ハードウェアおよびソフトウェア双方における技術開発が必要である。IBM はこれら新技術に対して研究開発投資を行い，その成果を知的財産として取得している。1年間の特許登録（アメリカ特許）は1995年に1,383

件，2005年に2,941件であったが，10年代に入ると件数を拡大させ，15年に7,309件，20年には9,118件を登録した（登録件数ランキング1位）。

　どのような研究開発を行っているかを特許の内容から調べてみると，たとえば2020年1～3月に登録された特許（1,536件）の技術分類で最も多かったのは「電気的デジタルデータ処理」（国際特許分類G06F：497件，32.4%）や「特定の計算モデルに基づく計算装置」（G06N：50件，3.3%），「管理目的，商用目的，金融目的，経営目的，監督目的または予測目的に特に適合したデータ処理システムまたは方法」（G06Q：49件，3.2%）に分類されるソフトウェアやビジネスモデル関連のものであった。同様に「半導体装置，他に属さない電気的固体装置」（H01L：300件，19.5%），「デジタル情報の伝送」（H04L：229件，14.9%）といったクラウド・システムやコグニティブ・コンピューティングのハードウェアに関する特許が多いことも特徴である。IBMはハードとソフトの両面の技術開発を通して，グローバルにITサービス分野を主導するようになっているのである。

2　ITプラットフォーマー

1）アップル

①デザイン重視の製品開発

　アップルの創業者であるスティーヴ・ジョブズは，前年に発売したPCマッキントッシュの不振により1985年に同社を追放される。しかし，95年にマイクロソフトがWindows95を発売しアップルの利益率が低下すると，ジョブズは97年に暫定CEOとして経営に復帰した。ジョブズは複雑な製品系列を整理するとともに，コンセプトの明確化とデザイン性を重視した（"look and feel"）製品開発を行った。98年には半透明でカラーバリエーションのあるディスプレイ一体型PCであるiMac G3を発売した。さらに2001年にはストレージにフラッシュメモリを使用したiPod（音楽プレーヤー）を発売し，03年にはiTunes Music Storeを立ち上げてiPodと連携した音楽配信を開始した。そして07年になるとiPhoneを発売し携帯電話および携帯端末市場に革命を起こした。

②バリューチェーンの管理

　1990年代半ばから，アップルでは自社の製造工場を製造請負企業に売却し，

第Ⅲ部　グローバル化の中の日米企業

図表13-4　スマイルカーブ

（出所）　Mudambi, 2008, p. 707 および Stöllinger, 2021, p. 95 より筆者作成。

その企業と委託生産契約を結ぶようになった。ジョブズ復帰後にはカリフォルニア州サクラメント，アイルランドのコーク，シンガポールに保有していた工場を売却してファブレス企業となった。アップルは韓国LGなどの半導体企業，台湾の鴻海（フォックスコン）などのEMS企業を組みこんだグローバルなサプライチェーンを構築した。

　製品の企画から消費者への販売までの一連の流れを価値連鎖（バリューチェーン）としてとらえ，それぞれの段階でどの程度の付加価値が生まれているか（各段階の参加者に付加価値が配分されているか）を示したものがスマイルカーブである（図表13-4）。アップルは研究開発，ブランド化，デザインの工程を内部化しており，高い収益性を確保している。他方で，付加価値が低いとされる部品の調達や組立はグローバルなサプライチェーンを構築してEMSに委託している。しかし，アップルはたんに部品製造や組立をEMSに任せているのではなく，製造過程にも投資を行いサプライチェーンの統合と調整に関与している。このようなサプライチェーンの統合と調整によって，iPhoneは一定品質での大量生産が可能となり，それがアップル製品に競争優位を与えているのである。

　また，販売段階においてもアップルは独自のアウトレットを保有している。2001年にアップルは直営店であるアップルストアの展開を開始して顧客との接点をもち，さらに11年からはクラウドサービス（iCloud）を展開しビッグデータの囲い込みも行っている。このようにみると，アップルはデザインから顧客管理までのサプライチェーンを，外部資源のネットワークを統合し調整することによって，巨額の利益を生み出しているといえる。

2）アマゾン

　アマゾン（Amazon.com, Inc.）は，1994年にジェフ・ベゾスによってCadabra.com として創業された企業で（翌年にアマゾンに改称），書籍のネット販売を祖業としていた。同社は97年にはナスダックに上場し，99年には「ワンクリック特許」（97年出願）を取得して競争優位を確保し，2001年のドットコム・バブルの崩壊を乗り越えて成長した。06年にはクラウドコンピューティング・サービスであるアマゾン・ウェブ・サービス（AWS）を開始し，10年頃から軌道に乗せることに成功した。07年には電子書籍端末であるキンドルを発売し，17年になるとアメリカのスーパーマーケットであるホールフーズ・マーケットを買収した。

　図表13-4のスマイルカーブで考えるならば，アマゾンはバリューチェーンの最終段階において顧客と強固な関係を築いている。アマゾンはクイック・デリバリーを実現する（できるだけ早く顧客に商品を届ける）ために「フルフィルメント・センター」という巨大な配送センターを建設し，顧客掌握の基盤としている。アマゾンによる顧客の掌握は，他の企業にとって電子商取引プラットフォームであるアマゾン・マーケット・プレイスに参加し，アマゾンの倉庫に商品を置くことのメリットを発生させる。くわえてアマゾンのサイトでは取引履歴の解析による推奨機能により販売機会が高まるため，アマゾンのプラットフォームに参加する企業はより多くなり，ますます顧客がアマゾンで商品を購入するようになる。アマゾンは，取引企業との力関係においても顧客との関係においても優位な立場に立ち，巨額の利益を実現しているのである。

　さらにアマゾンは2005年からアマゾン・プライム（毎月一定額の会費を支払えば配送料が無料になり，ストリーミング・ビデオが見放題になる）を開始して優良顧客の囲い込みを行っている。さらに，クラウドサービス（AWS）でのビッグデータ解析により，顧客やその購買行動を分析し関係をより強固なものにしようとしている。

3）グーグル

　グーグルは，1996年にラリー・ペイジがウェブ上のリンクを使った評価システム（検索システム）を開発したことに始まる。98年に資金100万ドルでグーグルを設立した。2000年にセルフサービス型広告のアドワーズをリリースし，03年にはコンテンツ連動型広告配信サービスであるアドセンスをリリースした。ウェブの閲覧者ごとにその人の趣味・関心に合わせて表示する広告を変えるシ

第Ⅲ部　グローバル化の中の日米企業

ステムは，それまでマス広告が一般的であった市場に革新をもたらすものであり，アドセンスは1日あたり100万ドルの利益を稼いだ。

グーグルも，図表13-4のスマイルカーブでみればバリューチェーンの最終段階において顧客をしっかりと掌握していることが強さの源泉である。ウェブで情報を検索するとき，世界中のユーザーは無料でグーグルの検索エンジンを用いることができ，ユーザーが行った検索に関する情報はグーグルに蓄積され，そのデータ蓄積に基づく効率の良いウェブ広告は企業を引き付けるのである。

2006年になるとグーグルはデータセンターへの投資を開始し，08年からクラウドコンピューティング・サービスであるグーグル・クラウド・プラットフォームを提供している。グーグルもクラウドサービスを通じてクライアント企業や彼らの顧客のビッグデータを囲い込み，より大きな利益を実現しようとしている。

4）フェイスブック

フェイスブックは2004年にマーク・ザッカーバーグらによって創業されたソーシャル・ネットワーキング・サービス（SNS）を提供する企業である。フェイスブックは他のSNSサービスをM&Aで吸収してサービスを連携・拡大させた。12年には写真と動画の共有アプリであるインスタグラムを，14年にはインスタントメッセージアプリであるワッツアップを買収した。20年時点において同社はフェイスブック，インスタグラム，メッセンジャー，ワッツアップ，オキュラス（Oculus）のサービスを展開している。

フェイスブックの収入は2011年に約37億ドルであったが15年に約179億ドルへ，そして20年には約860億ドルへと急速に成長した。同社のほとんどすべての収入は広告費であり，無料でSNSサービスを利用するユーザー情報の蓄積とそれに基づくコンテンツ連動型の効率の良い広告の提供により，多くの広告主から広告料を得ている。やはりフェイスブックも，無料サービスの提供によりデータを蓄積し，バリューチェーンの最終段階において顧客をしっかりと掌握しているのである。

第 **13** 章　ネットワーク化と統合化

⟨ **Check Points !** ⟩

①アメリカでは（世界的にも）ファンドの力が強まり，その圧力の下で20世紀の経済成長を牽引してきた複合企業が分解を始めた。統合企業は調達・生産・マーケティングのすべてを内部化するのではなく，最も競争優位のある部門に専業化した。

②チャンドラー的な統合企業が分解したようにみえるが，バリューチェーンはアダム・スミスの「神の見えざる手」によって調整されるようになったわけではなく，グローバル・ブランドや技術的な優位性をもつ企業がネットワークを統合して調整を行い，バリューチェーンを管理する企業が巨大な利益を獲得するようになった。

③アメリカの特徴の１つは，研究開発に多額の資金が投じられて新たなスタートアップが継続して生み出されていることである。研究開発をグローバル化する傾向はあるものの国内における研究開発がより伸張している。巨大テック企業は積極的な研究開発投資を行い，自動車産業では電気自動車のテスラが成長した。

参考文献

○年次報告書

Alphabet Inc. Form 10-K For the Fiscal Year Ended December 31, 2020.

Amazon.com Inc. Form 10-K For the Fiscal Year Ended December 31, 2020.

Apple Inc. Form 10-K For the Fiscal Year Ended September 25, 2021.

Facebook Inc. Form 10-K For the Fiscal Year Ended December 31, 2020.

General Electric. *Annual Report*, 2001-2020年版.

International Business Machines. *Annual Report*, 2001-2020年版.

Microsoft Corporation. Form 10-K For the Fiscal Year Ended June 30, 2021.

Tesla, Inc. Form 10-K For the Fiscal Year Ended December 31, 2020.

○書籍・論文

Gryta, Thomas and Ted Mann（2020）*Lights Out: Pride, Delusion, and the Fall of General Electric,* First Mariner Books.（御立英史［訳］『GE 帝国盛衰史──「最強企業」だった組織はどこで間違えたのか』ダイヤモンド社，2022年）

Linden, Greg, Kenneth L. Kraemer and Jason Dedrick（2009）"Who Captures Value in a Global Innovation Network? The Case of Apple's iPod", *Communication of the ACM,* Vol. 52, No. 3, pp. 140-144.

Magee, David（2009）*Jeff Immelt and the New GE Way: Innovation, Transformation, and Winning in the 21st Century,* McGrow-Hill.（関美和［訳］『ジェフ・イメルト　GE の変わり続ける経営』英治出版，2009年）

McKinsey Global Institute（2021）*The rise and rise of the global balance sheet: How productively are we using our wealth?* McKinsey & Company.

Mudanbi, Ram（2008）"Location, control and innovation in knowledge-intensive industries", *Journal of Economic Geography* 8, pp. 699-725.

第Ⅲ部　グローバル化の中の日米企業

安部悦生・壽永欣三郎・山口一臣・宇田理・髙橋清美・宮田憲一（2020）『ケースブック　アメリカ経営史［新版］』有斐閣。

小栗崇資・夏目啓二［編著］（2019）『多国籍企業・グローバル企業と日本経済』新日本出版社。

河音琢郎・豊福裕二・野口義直・平野健［編］（2023）『21世紀のアメリカ資本主義――グローバル蓄積構造の変容』大月書店。

田島慶三（2016）「ダウ・ケミカルとデュポンの経営統合の行方」（『経営センサー』（東レ経営研究所）2016年6月）。

谷口明丈・須藤功（2017）［編］『現代アメリカ経済史――「問題大国」の出現』有斐閣。

三和裕美子（2016）「経済の金融化とファンドによる企業支配」（『経営学論集』第86集，千倉書房）。

森原康仁（2017）『アメリカIT産業のサービス化――ウィンテル支配とIBMの事業変革』日本経済評論社。

森原康仁（2019）「プラットフォーム・ビジネスとGAFAによるレント獲得」日本比較経営学会『新たな産業革命と企業経営――光と影』（『比較経営研究』第43号）。

森原康仁（2019）「垂直分裂と垂直再統合――IT／エレクトロニクス産業における現代大量生産体制の課題」（『経済論叢』（京都大学）第193巻第2号）。

○新聞記事

「事業分野　補完性高く　ダウ・デュポン3600億円削減効果狙う」『日経産業新聞』2015年12月15日。

「HJハインツと合併　クラフト・フーズ」『日本経済新聞』2015年3月26日。

「米食品「クラフト・ハインツ」船出　定番不振，苦境脱却なるか」『日経産業新聞』2015年8月3日。

「クラフト・ハインツ　北米，2500人削減」『日経産業新聞』2015年8月14日。

「統合後の分割見直し　ダウとデュポン，株主反対」『日本経済新聞』2017年5月13日。

「GEを除外　ダウ導入時の「古株」消える」『日本経済新聞』2018年6月21日。

「米GE CEO退任　フラナリー氏リストラ頼み限界」『日本経済新聞』2018年10月2日。

「ダウ・デュポン，来年3分割」『日経産業新聞』2018年11月16日。

「食品・日用品，敏腕CEO退場　投資家の圧力・改革結果出ず」『日経産業新聞』2019年5月30日。

「GE専業シフト，生き残り　航空機エンジンなどに3分割」『日本経済新聞』2021年11月11日。

「ベンチャー投資，年金も政府系も」（The Economist記事翻訳）『日本経済新聞』2021年11月30日。

第14章

「失われた」成長

　「失われた10年」と言われた1990年代の経済的な低迷は，21世紀に入っても「失われた20年」あるいは「失われた30年」として継続した。「失われた」とはいっても，よくみると21世紀初めの20年間には，73か月続いたいざなみ景気（2002年1月〜08年2月）や，71か月続いたアベノミクス景気（12年11月〜18年10月）といった成長がみられた。しかし，いずれの景気拡大も力強いものではなく，一般の労働者・生活者にとっては実感を伴わないものであった。力強い経済成長はなぜ失われたのか。われわれはなぜ成長を実感できないのか。第2次グローバル経済下の競争において，日本の経済と企業経営はどのような課題に直面しているのかを考える。

キーワード：アクティビスト　コングロマリット・ディスカウント　専業企業

1　2000〜20年の日本経済

　1980年代には平均6.3%，90年代にも平均1.2%あった実質GDP成長率は，2000年代には平均0.6%，10年代には平均0.4%とさらに低下した。新型コロナショックの影響を受けた20年（−4.3%）を除くと年平均0.9%成長となるが，それでも20世紀末の経済成長よりも低かった。リーマンショックと世界同時不況の影響を受けて09年の成長率が−5.7%と大きく落ち込んだことも，企業経営に大きな影響を与えた。

　国際比較すると，アメリカの実質GDP成長率も世界金融危機（リーマンショック）で−2.5%，新型コロナショックで−2.3%と落ち込んだが，いずれも日本の落ち込みよりも軽微であった。また，アメリカ経済の成長率は2000年代が年平均1.8%，10年代は平均1.7%（20年を除くと2.2%）であり，日本経済の相対的な弱さがわかるであろう。

237

第Ⅲ部　グローバル化の中の日米企業

　2000年代における日本経済に関する重要な出来事の1つは，人口の伸びが止まり，減少し始めたことである。日本の人口のピークは08年の約1億2,808万人で，10年から人口が継続的に減少し始め，20年には約1億2,615万人となった。人口減少が経済に与えるインパクトは重大で，消費市場が縮小し，労働力供給も減少した。労働力不足に対しては，日本は外国人労働力（技能実習生など）で対応しており，届け出のあった外国人労働者数は20年10月末時点において172万人余りとなった。

　日本経済の成長を特徴づけるもう1つの変化は，非正規雇用の増加と所得の低下である。非農林業部門の雇用者に占める非正規雇用者の比率は，1990年に20％であったものが，2000年に25.8％，10年には33.6％へと増加し，20年には37.8％に達した。非正規雇用者の所得は正規雇用者よりも低く抑えられており，日本経済全体でみて労働者の所得を押し下げる要因となった。序章でも述べたように，1997年を100とした実質賃金の伸びを国際比較すると，主要国の実質賃金が伸びているのに対して日本は減少しており，2016年に89.7となった。つまり，20年間に日本の実質賃金は10％以上も減少したことになる。前述の人口減少とも合わせて考えると，消費市場としての日本経済の規模が縮小したことが，ここ20年間の歴史的「事件」であるといえる。

2　国際経済関係の変化

［1］　貿易構造

　21世紀の最初の20年間には，国際経済関係においても歴史的な変化が起こった。貿易収支の推移をみると，2000年代にはリーマンショックとその後の世界同時不況まで輸出入ともに増加し，貿易収支も黒字であった。しかしリーマンショックと11年3月の東日本大震災を経て貿易構造に変化が起き，1980年以降31年ぶりに貿易赤字となったのである。その要因の1つは輸入増加で，震災復興需要と円高（震災直後の3月17日に1ドル＝76円25銭）を受けて輸入数量が増加したこと，くわえてエネルギー価格が高騰したことである。もう1つの要因は日本企業の行動に起因するものであり，海外での現地生産がさらに拡大して日本からの輸出が以前ほどは増加しないようになったこと，そして日本製品の競

争力低下によって輸出が足踏みするようになったことである。

　貿易の地域構造それ自体の変化は少なかった。第12章でみたように，1985年のプラザ合意後の円高を受けた製造拠点の海外展開により，輸出先に占める北米の割合が低下し，90年にはアジアの割合が北米の割合を逆転した。同様の傾向は21世紀の最初の20年間にも継続した。輸出に占める北米の割合は2000年には31.3％であったが，最初の10年間にさらに低下し，10年には16.6％，20年にはやや戻して19.6％となった。他方，アジアの割合は上昇し，00年に41.1％であったものが10年には56.1％，20年には57.3％となった。また，輸入についても北米の割合は00年の21.3％から20年には12.7％へと低下し，反対にアジアの割合は41.7％から51.0％へと上昇した。貿易構造におけるアジア依存が10年代により強まったのである。

2　投資で稼ぐ国

　プラザ合意以降，製造業をはじめとする日本企業は国境を越えて事業を拡張していったが，2010年代に入るとその動きはさらに強まった。日本の海外直接投資額（ネット，フロー）の推移をみると，投資額はリーマンショックまで継続的に拡大しており，08年の投資額（収支）は約11兆5,000億円であった。リーマンショックと世界同時不況によって投資額は減少するが，東日本大震災後，海外直接投資はそれ以前にも増して急激に拡大した。17年の投資額は約19兆5,000億円となり，19年には約28兆2,000億円を記録した。このような海外直接投資の伸びの背景には，日本企業が事業拠点のグローバル展開を進めたことに加えて，国境を越えたM&Aを積極的に進め，さらにそのM&Aの金額が巨額に上っていることがある。

　日本企業が海外直接投資を積み上げて経営をグローバル化した結果，経常収支（すなわち海外からの稼ぎ）に歴史的な変化が表れた。前述の通り，貿易収支はリーマンショックや東日本大震災を経て赤字となり，2010年代後半には黒字となるが，以前のように日本は貿易で稼ぐ国ではなくなった。他方で，海外投資から得られる利子や配当の受け取り（第一次所得収支）は継続的に拡大しており，05年には貿易収支額を凌駕するようになった（**図表14‒1**）。すなわち，00年代半ば以降，日本は貿易ではなく海外投資によって稼ぐ経済構造となり，10

第Ⅲ部　グローバル化の中の日米企業

図表14-1　経常収支の変化

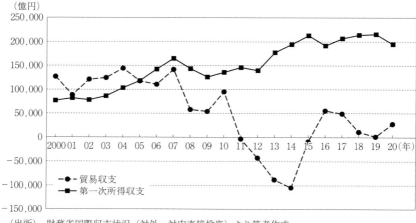

（出所）財務省国際収支状況（対外・対内直接投資）より筆者作成。

年代にはそれが定着したのである。

3　日本企業の変容

1　日本のトップ企業

　図表14-2は，2020年12月末時点における日本企業上位20社を，時価総額を基準にして並べたものである*。この表をみると，グローバル・ブランドをもち，事業を世界的に展開している企業が上位にあることがわかる。トヨタ自動車は生産した約882万台のうち半数の約441万台を海外で生産しており，また販売した約896万台のうち約672万台，すなわちおよそ75％を海外で販売するというようにグローバル経営を進めている。他にも，ソニーやファーストリテイリング，任天堂などがグローバル・ブランドをもち世界的に事業を展開している企業である。もう1つの特徴は，複合企業ではなく専業企業が上位にあることである。たとえばキーエンスはセンサー技術に基づくソリューションビジネスを日本のみならず主要国で展開しており，日本電産（現・ニデック）は各種モーターの専業企業としてグローバルなM&Aを通して事業を拡大させている。村田製作所は積層セラミックコンデンサなど，スマートフォンや小型エレ

第 **14** 章　「失われた」成長

図表14‐2　日本企業時価総額トップ20（2020年）

(億円)

順位	企業	業種	時価総額
1	トヨタ自動車	輸送機器	259,636
2	ソフトバンクグループ	情報・通信業	168,397
3	キーエンス	電気機器	141,060
4	ソニー	電気機器	129,699
5	ファーストリテイリング	小売業	98,086
6	中外製薬	医薬品	92,398
7	任天堂	その他製品	86,677
8	日本電産	電気機器	77,397
9	第一三共	医薬品	75,190
10	信越化学工業	化学	75,165
11	リクルートホールディングス	サービス業	73,282
12	KDDI	情報・通信業	70,646
13	日本電信電話	情報・通信業	69,855
14	ダイキン工業	機械	67,181
15	エムスリー	サービス業	66,129
16	村田製作所	電気機器	62,985
17	オリエンタルランド	サービス業	61,972
18	三菱 UFJ フィナンシャル・グループ	銀行業	61,947
19	ソフトバンク	情報・通信業	61,897
20	東京エレクトロン	電気機器	60,368

（出所）　東京証券取引所ウェブページより筆者作成。

クトロニクス製品に不可欠な電子部品を専業とするグローバルなサプライヤーである。

　＊企業ランキングを作成するときの評価は，本書のこれまでの各章にもあるように，19世紀末から20世紀初めにかけては資産総額によって，20世紀の大部分は売上高によって，そして今日では株式市場における時価総額によって行われることが一般的である。企業の評価基準の変遷は，それ自体として資本主義の変化を示す1つの指標として興味深い。

　他方，日本のトップ企業を国際比較すると，グローバル市場で首位にある企業よりもはるかに時価総額が小さい。世界で最も時価総額が高いアップルの時価総額は約9,644億ドル，2位のマイクロソフトは約9,495億ドルであり，同じ基準で比較するとトヨタ自動車の時価総額は約1,788億ドルとアップルの5分の1以下であった（2019年4月）。1989年の世界のトップ企業は1位のNTT，2位の日本興業銀行をはじめ5位までが日本企業によって占められていた（トヨ

241

図表14-3 投資部門別株式保有比率の推移

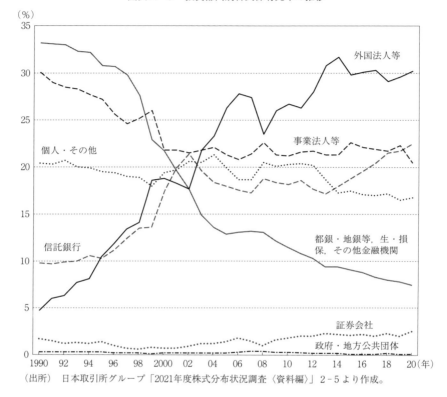

(出所) 日本取引所グループ「2021年度株式分布状況調査〈資料編〉」2-5より作成。

タは世界11位)ことと比較すると,「失われた30年」の間に日本企業の評価が相対的に低下したことが明らかである。

2 日本企業の所有者

2000年代における最も大きな変化は,日本企業の所有者が変化したことである。**図表14-3**は日本企業の株式の所有者の変化を示したものであるが,1990年代までは外国法人等(ファンド)の保有比率が急速に拡大してはいるが,都銀・地銀等金融機関等の保有比率はまだ大きかった。しかし,00年代に入ると比率が逆転し,外国法人等の保有比率が最も大きくなり20年には30%を超えるまでになった。他方,都銀・地銀など金融機関の保有比率は継続的に低下し,

20年には10%以下となった。つまり，00年を境として，高度成長を支えた日本的経営の特徴であった日本の金融機関中心の保有構造から，外国のファンドを主軸とする保有構造へと変化し，企業経営にさまざまな影響を与えるようになったのである。これが日本企業が経験しているグローバル化なのである。

外国ファンドを中心とした株式保有構造への変化は，日本企業のコーポレート・ガバナンス改革と軌を一にしていた。1990年代以降ガバナンス改革の必要性が叫ばれ，早くから経営をグローバル化していたソニーは97年に経営機構改革を行い，取締役の人数を大幅削減し，社外取締役の割合を増やして監督機能に専念するようにするとともに，執行役員を設置して業務の執行に専念させた。99年以降の国際会計基準の導入を意識した会計制度改革や，コーポレート・ガバナンスの実効性を強化する2001年から02年にかけての商法改正，さらに15年からのコーポレート・ガバナンスコードの適用は，すべての企業がソニーのような指名委員会等設置会社にはならなかったが，経営者の意識に大きな影響を及ぼした。いずれの企業も，以前にも増して株主との対話（IR）を進め，株価を意識した経営を行うようになった。

３ 投資抑制

しかし，株主の期待に応えて経営資源を有望な分野へと投資し成長するようになったかというと，そうはならなかった。バブル崩壊後，日本企業はROA（純資産利益率）やROE（株主資本利益率）といった新たに注目されるようになった指標を改善するため，不良資産（Asset 資産や Equity 株主資本）の圧縮を進めた。2000年代以降になっても，日本企業は資産や株主資本の圧縮によってROA や ROE を改善する方法を変えなかった。法人企業調査によって08年から20年までの日本企業（全業種・全規模）の利益余剰金と固定資産額（各期末の各期末の土地・建設仮勘定・その他の有形固定資産・ソフトウェアを除く無形固定資産・ソフトウェアの合計）の推移をみると，利益余剰金は約310兆円から約550兆円へと77.4％も拡大しているにもかかわらず，固定資産の伸びは08年の約500兆円から約547兆円へと9.4％拡大したにすぎなかった。すなわち，日本企業はリーマンショック後も利益を計上し続けているものの，その利益を利益余剰金（企業内部の現金・預金）としてため込み，資金をほとんど新規設備投資へと向

第Ⅲ部　グローバル化の中の日米企業

けなかったのである。

　これは諸外国と比較しても特殊な現象であった。2000年から20年までの先進国の資本ストックの伸びは，日本が９％であったのに対してイギリスは59％，アメリカは48％，フランスが44％，ドイツが17％であった（『日本経済新聞』2021年12月５日付）。

　日本企業が稼いだ利益は，研究開発にも向けられていない。主要国における研究開発投資の推移をみると，日本の研究開発投資はアメリカ，EU（27か国合計），そして中国に比べても少なく，また伸びも他国に比べて低い。具体的にみると，日本の研究開発費（OECD 推計）は，2000年の約13.8兆円から2010年の約15.9兆円，そして2020年の約17.3兆円と伸長した（20年間に1.3倍）。他方で，アメリカの研究開発費は同様に約37.2兆円，約45.8兆円，約67.5兆円（同1.8倍）と拡大，中国は約4.1兆円，約21.6兆円，約58.2兆円（同14.2倍）へと跳躍しており，日本の研究開発費は実質額でも成長率でも見劣りするようになった。研究開発費の大部分は企業によって賄われていることを考慮すると，日本企業が新規技術の開発に積極的な投資を行っていないといえる。

　研究開発の１つの成果を示す特許登録件数にもその動きは如実に表れている。内国人の特許登録件数は2013年までは継続して増加し約22万5,571件のピークを迎えるが，その後は急激に減少し，20年の新規登録件数は約14万件（ピークより約38％の減少）となった（図表14‐4）。他方，外国人登録件数は00年代に拡大し，登録全体に占める割合は10年代初頭には20％を超え，20年には21.8％となった。特許登録件数は知財戦略にも影響を受けるので登録件数の減少がそのまま技術力の低下と言い切ることはできないが，研究開発費の伸びと外国人特許の割合の増加を考慮すると，日本企業が研究開発に積極的に投資しなかったことは明らかである。

　日本企業が利益を計上し余剰資金を確保しつつも，それを設備投資や研究開発投資など新規事業を開拓する方向に向けることができなかったことは，「失われた」経済成長の主要な要因の１つである。資金が新規投資に向けられなかったことによって雇用創出や労働者の賃金上昇が実現せず，経済成長が力強いものにならなかった。また，新製品や新サービスの創出やイノベーションを起こす力の低下は，日本企業がグローバル市場で競争する上で重大な足枷と

第14章 「失われた」成長

図表14-4 特許登録件数の推移（1991～2020年）

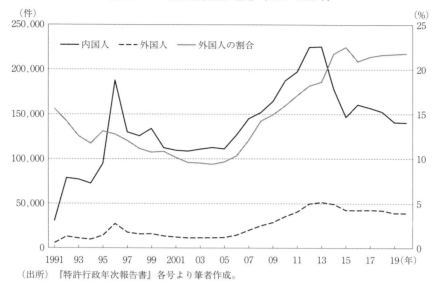

（出所）『特許行政年次報告書』各号より筆者作成。

なっている。余剰金を現金・預金としてため込み有利な投資先を見出せない企業は，外国ファンドを中心としたアクティビストの標的となる。専門経営者が資源配分において合理的な判断を下せないのであれば，利益余剰金を配当などの形で資本家に還元し金融市場を通してそれを再配分せよ，という圧力が日本企業に加えられているのである。

4　複合企業・統合企業の苦悩

1　エレクトロニクス産業の構造変化

1990年代以降，ほとんどの工場においてSCMやセル生産方式が導入され，生産リードタイムの短縮やコスト削減が進められた。日本の「ものづくり」の現場では生産性が高まったのであるが，それが企業全体としての競争力強化に結び付いたかといえば，特にエレクトロニクス産業ではそうではなかった。その要因の1つは，90年代以降にエレクトロニクス産業の構造が変化したことにある。

第Ⅲ部　グローバル化の中の日米企業

　組立型産業の特徴をもつエレクトロニクス産業では，各企業が開発・設計から販売までを一貫して担う垂直統合型の産業モデルが一般的であった。たとえば半導体産業では，ICチップの設計から生産，検査，販売までを東芝や日本電気といった単一の企業が担い，PC産業では企画・開発から設計，生産，販売までを単一企業が行っていた。しかし，次第に部品間のインターフェースが標準化され部品の独立性が高まると，各部品や特定の製造工程を担う専業企業が成長し，産業構造が変化したのである。半導体設計ではAMD（Advanced Micro Devices）やエヌビディア，クアルコムといったアメリカ企業がグローバルな競争優位をもち，半導体生産ではTSMCや聯華電子（UMC）といった台湾企業が優位性をもつようになった。PC産業では，IBMやHP（ヒューレット・パッカード），デル・コンピュータがPCの企画や開発を行い，鴻海精密工業といったEMS企業が東アジアで設計と生産を行うという構造になった（第11章参照）。

　このように，2000年代以降エレクトロニクス産業は急速にグローバルな規模で垂直分業構造へと変化した。そのような構造下においては，製品のコンセプトや部品を設計する領域や，ブランドによる顧客への販売やアフターサービスを行う企業は巨額の利益を得ることができる一方で，その中間に位置する製造や組立では十分な利益を稼ぐことができない（スマイルカーブ）。他方で，組立を行う鴻海などは生産を労働コストの低い地域で集中的に行うだけではなく，製品設計も請け負うことで，スマイルカーブの中間に位置しながらも利益を得るようになった（第13章参照）。

　日本のエレクトロニクス企業も，最初はNIEs諸国へ，次いでASEAN地域へ，そして中国とアジア地域の成長に沿って生産の海外シフトを進め「ものづくり」の最適立地を進めた。しかし，複合企業・垂直統合型企業として成長してきた日本企業は，21世紀の垂直分業型産業構造に素早く対応することができず，成果につながっていないのである。後にみるように，日本のエレクトロニクス企業の中で成長しているのは，グローバルなサプライチェーンの一部を担う専業企業である。

246

第 14 章　「失われた」成長

[2]　総合電機企業の解体

　東芝は1980年代に半導体事業で成功してから，同事業を中心に複合経営を行うようになった（第12章参照）。その戦略は90年代にも継続し，経営者は情報関連分野を中心として総合電機企業として成長していく姿を構想した。しかし2000年代になると，複合経営の軸としていた半導体事業と情報関連事業の業績が急激に悪化した。01年の事業セグメント別業績をみると，デジタルメディア事業（PC，モバイル・コンピューティング機器，携帯電話，DVD/CD 機器等）は売上高約１兆5,000億円と最も売り上げが大きいが，営業利益は約149億円の赤字であった。さらに，電子デバイス事業（半導体，液晶ディスプレイ等）も引き続き売上高１兆円を超えて主力事業の１つであったが，営業利益は約1,763億円の赤字であった。エレクトロニクス産業のグローバルな構造変化と半導体製品の価格低下（半導体不況）により，複合経営の扇の要としていた事業のグローバルな競争力が弱体化したのである。

　しかし，東芝は戦略をすぐに変更することはなかった。むしろ，デジタルプロダクツ事業，電子デバイス事業，社会インフラ事業を主力３事業と位置づけ，複合経営を継続しようとした。電子デバイス事業に対してはより多くの経営資源を割り当て，デジタルプロダクツ事業も電子デバイス事業との関連を強化して収益の柱とすることを目指した。社会インフラ事業を強化するために，東芝は原子力発電事業を主力とするウェスチングハウス・グループを2006年に54億ドル（約6,000億円）で買収し，11年にはスマートグリッド（送電システム）に競争力をもつランディス・ギアを23億ドル（約1,863億円）で買収した。他方で，10年には携帯電話事業を，12年にはモバイルディスプレイ事業を分離して「集中と選択」を進めた。

　このような事業構造の再編は，結局，困難を次から次へと生み出す元凶となった。2015年に会計不正が発覚し，過度な利益目標のプレッシャーの下で利益の水増しが行われていたことが明らかとなった。また，買収したウェスチングハウスの原子力事業で巨額損失が発生し，15年には約4,600億円の損失を，さらに翌年には約9,700億円の巨額損失を計上することとなった。傷ついた財務基盤を立て直すため，東芝は競争力のあった医療機器事業を16年に売却し，17年にはウェスチングハウス・グループ（１ドル！），ランディス・ギア（2,000

247

第Ⅲ部　グローバル化の中の日米企業

億円），そして18年には半導体メモリー事業を売却した。事業売却により17年と18年にはそれぞれ約8,000億円と約1兆円の当期純利益を計上することはできたが，経営規模は縮小してしまった。01年に約5兆9,500億円あった売上高は20年には約3兆544億円まで縮小し，従業員規模も約18万8,000人から約11万7,300人にまで減少した。同時に研究開発投資額も約3,262億円から約1,505億円へと50%以上減少した。

　東芝が事業再編を進める中で，外国ファンドが株式保有を拡大し経営に関与するようになった。2017年12月に東芝は第三者割当増資を実施し，約6,000億円の増資をアクティビストを含むファンドが引き受けた＊。東芝は外国ファンドの買収の標的とされ，21年にはCVCキャピタルパートナーズが買収提案を行った（後に中止）。さらに同年11月にはファンド主導で会社分割案が提案され，23年になると国内企業連合が2兆円で東芝を買収し非上場する案が株主総会で決議された。専門経営者が明確な成長戦略を描けない中で，アクティビストをはじめとするファンドが主導権を握り，経営を進めようとしたのである。

　　＊2022年の東芝の大株主はエフィッシモ・キャピタル・マネージメント（10.41%），3Dインベストメント・パートナーズ（7.57%），ファラロン・キャピタル・マネジメント（6.75%）など，外国ファンドによって占められていた。（『日本経済新聞』2022年2月6日付）。

5　グローバル競争優位の確立

［1］　専業企業の展開

　エレクトロニクス産業のグローバルな産業構造の変化は，東アジアにおける新しい分業関係の形成でもあった。東アジアの投資と貿易構造をみると，2000年代半ばには日本から韓国や台湾に資本財が輸出され，韓国や台湾で加工された半製品がさらに中国に輸出されて最終製品として組み立てられ，アメリカをはじめとするグローバル市場へと供給されるという財の流れがみられた。日本企業の視点からみれば，日本はエレクトロニクス製品（完成品）の競争力を失ったが，アジア諸国に対して生産設備や原料・部品を供給するようになり，そのような製造加工連鎖の中で化学産業や電子部品産業が競争優位を発揮する

ようになっている。

　東アジアを中心としたエレクトロニクスのサプライチェーンの中で競争力を
もつ企業の1つが村田製作所である。村田製作所は京都の電子部品メーカーと
して成長し，2001年度にはすでに売上高約4,000億円，税引前利益約525億円，
従業員約2万7,000人の大企業であった。積層セラミックコンデンサのシート
厚縮小技術や，多様な顧客との連携によって新たな市場を開拓する能力を基盤
に単なるサプライヤーを超えたグローバルな成長力をみせ，海外売上高比率も
64.1％と高かった。

　21世紀最初の20年間におけるスマートフォンや携帯端末ビジネスの急速な発
展に対して，村田製作所は「グローバルネットワークと顧客層の厚み」をコア
コンピタンスと認識し，サプライチェーンにおけるグローバルな専業企業とし
ての成長を図った。その結果，2020年度の売上高は約1兆6,300億円（01年比で
約4倍），税引前当期純利益約3,164億円（同6倍），従業員約7万5,000人（同4
倍）となった。事業セグメントは20年前と大きくは変わらず，積層セラミック
コンデンサをはじめとするコンデンサ（売上高約6,300億円），表面波フィルタや
圧電センサーなど圧電製品（同約1,300億円），その他電子部品（同約3,900億円），
そして通信モジュールなどモジュール製品（同約4,800億円）であったが，海外
売上高比率はさらに高まり，92％となった。研究開発投資も積極的で，20年度
の研究開発費は約1,017億円であった。

2　グローバルマーケットをつかむ

　「ユニクロ」や「ジーユー」というアパレルブランドを展開するファースト
リテイリングは，21世紀に入り本格的に経営をグローバル化して成長を遂げ
た。2001年8月期の売上高は約4,186億円，経常利益は約1,032億円とすでに
SPA（アパレル製造小売）企業としては巨大であったが，その売上は国内の507
店舗から得ていた。中国に生産管理事務所をもち現場における技術指導や品質
管理を通して国境を越えたサプライチェーンを構築していたが，販売先の市場
は国内に限られていたのである。

　ファーストリテイリングは2000年にイギリス子会社，01年に中国子会社，そ
して04年にはアメリカ子会社を設立し，01年にロンドンで4店舗をオープンし

第Ⅲ部　グローバル化の中の日米企業

て海外展開の口火を切った。SPA 業界のライバルである ZARA や H&M がファッション中心であるのに対して，ファーストリテイリングは究極の普段着（Life Ware）を押し出して製品を差別化し，グローバル展開を進めた。コロナショック直前の19年 8 月期の決算をみると，売上収益は約 2 兆3,000億円（01年比5.5倍），営業利益は約2,600億円（同2.5倍）であった。同年度の売上高の地域別割合をみると，海外ユニクロ事業の売上高が約 1 兆260億円，国内ユニクロ事業は約8,729億円と海外売上の方が大きかった＊。国内を超える売上を海外で実現するために，ファーストリテイリングは20年時点でユニクロ店舗を海外で1,379店舗（国内ユニクロ店舗数は817），従業員約 3 万3,000人（準社員・アルバイトは約 2 万6,000人。国内ユニクロの従業員数は約 1 万3,000人，準社員・アルバイト約 3 万人）を組織していた。01年までは海外店舗がなかったことを考えると，21世紀の最初の20年間にファーストリテイリングは大胆にグローバル化を進め，それに成功したといえよう。

　　＊ファーストリテイリング全体の売上の内訳は，国内ユニクロ事業38.1％，海外ユニ
　　　クロ事業44.9％，ジーユー事業10.4％，グローバル・ブランド事業6.6％であった。

　ファーストリテイリングの事業を価値連鎖の視点から考察すると，アップルのそれとよく似ている（第13章参照）。ファーストリテイリングが世界市場で販売する衣料品は，432か所の縫製工場と126か所の一部工程外注先によって製造されている（2023年 3 月 1 日時点）。これら供給網は中国307工場，ベトナム69工場，バングラデシュ41工場，カンボジア29工場をはじめ全20か国（日本を含む）に広がっている。ファーストリテイリングは製造工程において技術指導や品質管理を通してサプライチェーンの管理を行っているが，製造設備は保有していない。同社は02年に立ち上げたユニクロデザイン研究所（R&D センター）を中心に製品企画を行い，グローバルに配置した1,379店舗と国内817店舗を通してブランド管理を行い，顧客をしっかり掌握しているのである。つまり，スマイルカーブにおいて最も付加価値の高い企画・開発と流通・販売を管理して大きな利益を得ているのである。

第 14 章　「失われた」成長

図表14-5　ソニーのセグメント別収入および利益比較

(億円)

2001年度			2020年度		
セグメント	売上・営業収入	営業利益・損益	セグメント	売上・営業収入	営業利益・損益
エレクトロニクス	53,104	△82	エレクトロニクス・プロダクツ＆ソリューション	19,207	1,392
			イメージング＆センシング・ソリューション	10,125	1,459
ゲーム	10,037	829	ゲーム＆ネットワークサービス	26,563	3,422
音　楽	6,428	202	音　楽	9,399	1,881
映　画	6,358	313	映　画	7,588	805
金　融	5,122	221	金　融	16,689	1,646
その他事業	1,464	△86	その他事業	2,642	2,205
連結合計	75,783	1,346	連結合計	89,994	11,924

（出所）　ソニー，有価証券報告書（2001年度版，2020年度版）より筆者作成。

3　複合経営

1 ）ソニー

　東芝のように躓いた企業がある一方で，複合経営を続けながらも成長した企業もある。ソニーは2001年度において売上高・営業収益約 7 兆6,000億円，営業利益約1,300億円の規模であった。20年後の営業指標をみると売上高・営業収益は約 9 兆円と1.2倍の伸びであったが，営業利益は約9,700億円と7.2倍に拡大した。

　このような，ソニーの利益を生む経営体質への変化を2001年と20年の事業セグメントの比較から観察すると（図表14-5），まず20年間でエレクトロニクス，ゲーム，音楽，映画，金融という構成は大きく変化していないことがわかる。他方で，エレクトロニクス事業はエレクトロニクス・プロダクツ＆ソリューション事業とイメージング＆センシング・ソリューション事業へと再編され，01年の売上・営業収益約 5 兆3,000億円は 2 つの関連事業を合わせて約 2 兆9,000億円へと縮小したものの，営業利益は約82億円の損益から約2,850億円の収益へと大きく改善した。

251

第Ⅲ部　グローバル化の中の日米企業

この間，ソニーは2001年にエリクソンと合弁会社 Sony Ericson を設立して携帯電話事業を移管し，03年には韓国サムスンと液晶ディスプレイパネル製造を行う合弁会社 S-LCD を設立し，12年にはこの合弁会社をサムスンに売却した。14年には VAIO ブランドをもつ PC 事業を売却し，さらに17年には電池事業を村田製作所に売却した。他方で，02年にはアイワを吸収合併してオーディオ事業を強化するなど，売却だけではなく買収によっても競争力を強化している。ソニーは「テクノロジーに裏打ちされたクリエイティブエンターテイメントカンパニー」として，M&A を用いてコアコンピタンスの強化に成功し複合経営を維持しているといえる。

ところでソニーの事業のうちゲーム&ネットワークサービス事業，エレクトロニクス・プロダクツ&ソリューション事業，そしてイメージング&センシング・ソリューション事業は，ゲーム機（PlayStation）を含めて製造販売事業としての性格をもつ。これら製品のうち，ソニーは66％を自社生産で行い，34％を委託生産している。自社生産のうち61％は日本，24％はアジア・太平洋地域，13％は中国で行われ，それぞれの地域から92％，72％，53％を輸出している。アップルやユニクロとは異なり，ソニーは製品のうち3分の2をグローバルに自社生産しながらも競争力を維持しているところに特徴がある。

さらに，イメージング&センシング・ソリューション事業の主要製品であるスマートフォンやデジタルカメラ用イメージセンサーは，高い技術力で競争優位をもっている。ソニーはゲームや音楽，映画といったグローバルな規模でダイレクトに消費者をつかむ事業をもつ一方で，村田製作所のようなエレクトロニクス部品（モジュール）のトップ企業としてサプライチェーンの中で競争力をもつ事業もあわせもっている複合企業といえる。

2）日立製作所

日立製作所も幅広い製品とサービスを扱う複合企業である。2009年の事業セグメントは情報・通信システム，電力システム，社会・産業システム，電子装置・システム，建設機械，高機能材料，オートモティブシステム，コンポーネント・デバイス，デジタルメディア・民生機器，金融サービス，その他から構成されており，売上高は約9兆円であったが税引前純利益が約634億円，当期純利益は約1,070億円の損益（07年以降4期連続赤字）と，複合経営に困難を抱

252

えていた。

　日立製作所は2007年から社会イノベーション事業の強化を成長の軸に複数の事業をまとめる取り組みを始めた。16年になると製品別のカンパニー制から市場指向のビジネスユニット（BU）制に組織変更を行い，14のBUを設定した。そして各事業共通のIoTプラットフォームとして「ルマーダ」を構築し，蓄積されたデータに基づく顧客へのソリューション提供事業を強化した。20年の売上高は約8兆7,292億円と09年よりも少ないが，税引前利益は約8,444億円となり効率よく稼ぐようになった。また，事業セグメントもIT，エネルギー，インダストリー，モビリティ，ライフ，日立建機，日立金属，その他となっており，市場指向的なセグメント設定となっている。

　コングロマリット・ディスカウントを避けるため，日立製作所は社会イノベーション事業として複数の事業を結びつけた。さらに2016年からはルマーダを共通のプラットフォームとして事業を結びつけるようになった。顧客に密接しソリューションを提供するルマーダ事業の売上は20年に約1兆1,100億円に上り，日立製作所がB to B顧客をしっかりとつかまえて高い付加価値を提供し，それが成長につながっていることを示している。

Check Points！

①21世紀初頭における最大の変化は，外国機関投資家が日本株の保有を増加させ，ファンド資本主義（株主資本主義）が日本においても出現したことである。1990年代までの成長を支えた専門経営者による資源配分（チャンドラーが指摘した企業内部における成長部門への資源投資）が崩れ，金融市場を通した資源配分に取って代わった。

②複合企業の中には，内部での資源配分を市場よりも有効に行うことができず，市場価値を下げ，アクティビストの標的となったものがあった。そのような中で，経営者は長期的成長を実現する投資を抑制するようになった。

③日本の大企業すべてが経営困難に陥ったのではなく，グローバルなサプライチェーンの中で独自の優勢をもつ電子部品企業や，競争力のある製品やビジネスモデルで世界規模に事業展開を行う企業は大きく成長した。

参考文献

○年次報告書等

ソニー株式会社『有価証券報告書』（2001，2020年度）。

株式会社東芝『有価証券報告書』各年度版。

第Ⅲ部　グローバル化の中の日米企業

トヨタ自動車株式会社『有価証券報告書』(2020年度)。

株式会社日立製作所『有価証券報告書』各年度版。

株式会社ファーストリテイリング『有価証券報告書』各年度版。

株式会社ファーストリテイリング『アニュアルレポート』(2019年度)。

株式会社村田製作所『有価証券報告書』(2002, 2020年度)。

○書籍・論文

河野龍太郎 (2022)『成長の臨界——「飽和資本主義」はどこへ向かうのか』慶應義塾
　　大学出版会。

橘川武郎・久保文克［編著］(2010)『グローバル化と日本型企業システムの変容　1985
　　〜2008』(講座・日本経営史 6)ミネルヴァ書房。

橘川武郎・黒澤隆文・西村成弘［編］(2016)『グローバル経営史——国境を超える産業
　　ダイナミズム』名古屋大学出版会。

新宅純二郎・天野倫文［編］(2009)『ものづくりの国際経営——アジアの産業地理学』
　　有斐閣。

中村文亮 (2022)「日本企業のクロスボーダー M&A の特徴と課題」(『商経学叢』第69
　　巻第 2 号)。

延岡健太郎 (2023)『キーエンス　高付加価値経営の論理——顧客利益最大化のイノ
　　ベーション』日本経済新聞出版。

東原敏昭 (2023)『日立の壁——現場力で「大企業病」に立ち向かい,世界に打って出
　　た改革の記録』東洋経済新報社。

廣瀬幹好 (2023)『経済大国　日本の経営——豊かさのゆくえ』関西大学出版部。

深尾京司・中村尚史・中林真幸［編］(2018)『現代 2 ——安定成長期から構造改革期
　　(1973-2010)』(岩波講座・日本経済の歴史第 6 巻)岩波書店。

宮本又郎・阿部武司・宇田川勝・沢井実・橘川武郎 (2023)『日本経営史［第 3 版］
　　——江戸から令和へ・伝統と革新の系譜』有斐閣。

矢部洋三［編］(2016)『現代日本経済史年表　1868〜2015年』日本経済評論社。

山口栄一 (2016)『イノベーションはなぜ途絶えたか——科学立国日本の危機』ちくま
　　新書。

「よくわかる現代経営」編集委員会［編］(2023)『よくわかる現代経営［第 7 版］』ミ
　　ネルヴァ書房。

○新聞記事

「東芝　誤算と虚飾の 7 年　検証・会計不祥事」『日本経済新聞』2015年 9 月 9 日。

○ Web 資料

日本証券取引所グループ「2021年度株式分布状況調査の調査結果について」〈https://
　　www.jpx.co.jp/markets/statistics-equities/examination/01-archives-01.html〉
　　(2024年 3 月29日最終閲覧)

ファーストリテイリング生産パートナーリスト〈https://www.fastretailing.com/jp/

第 14 章　「失われた」成長

sustainability/labor/list.html〉（2023年12月11日最終閲覧）

文部科学省 科学技術・学術政策研究所「科学技術指標2022」〈https://www.nistep.
　go.jp/sti_indicator/2022/RM318_00.html〉（2024年 3 月29日最終閲覧）

人　名　索　引

あ 行

鮎川義介　70
アレン，P.（Paul G. Allen）　164
井植歳男　172, 175
池田勇人　133
市川誠次　75
一万田尚登　141, 142
井上馨　44
イメルト，J.（Jeffrey Immelt）　225, 226
ウィルソン，C.（Charles E. Wilson）　87, 94, 123
ウェルチ，J.（John Francis Welch, Jr.）　195 -198, 225
ヴォーゲル，E. F.（Ezra F. Vogel）　168
大河内正敏　70
小平浪平　73

か 行

ガースナー，R.（Louis V. Gerstner）　229
ガーデン，E.（Ed Garden）　226
カーネギー，A.（Andrew Carnegie）　23, 24
神谷正太郎　144
カルプ，L.（Henry Lawrence Culp, Jr.）　227
カロザース，W.（Wallace H. Carothers）　85
川西清兵衛　105
神原伊三郎　42
グレイ，J.（John S. Gray）　51
クロック，R.（Ray Kroc）　164, 165
ゲイツ，B.（Bill Gates）　164
ケネディ，J. F.（John F. Kennedy）　120
コーディナー，R.（Ralph J. Cordiner）　123, 181
ゴーン，C.（Carlos Ghosn Bichara）　204, 211
五代友厚　39

さ 行

ザッカーバーグ，M.（Mark E. Zuckerberg）234
渋沢栄一　39
ジョーンズ，R.（Reginald H. Jones）　162
ジョブズ，S.（Steve Jobs）　164, 231, 232
スウォープ，G.（Gerald Swope）　59, 87, 94
スレーター，S.（Samuel Slater）　13
スローン，A. P.（Alfred P. Sloan, Jr.）　57
曾我祐準　42, 43
ソレンセン，C. E.（Charles E. Sorensen）　51

た 行

チャンドラー Jr., A. D.（Alfred D. Chandler Jr.）　4-7, 21, 31, 44
デミング，W. E.（William E. Deming）　111
デューク，J. B.（James B. Duke）　27
デュポン，A. I.（Alfred I. du Pont）　54
デュポン，E. I.（Éleuthère Irénée du Pont）54
デュポン，P. S.（Pierre S. du Pont）　54, 56, 57
デュポン，T. C.（T. Coleman du Pont）　54
デュラント，W. C.（William C. Durant）　19, 56, 57
トムソン，J. E.（John E. Thomson）　18, 42

な 行

中島知久平　105
中野友禮　70
ニクソン，R.（Richard M. Nixon）　153
西山弥太郎　140, 141
ヌードセン，W.（William Knudsen）　92, 96
ノイス，R.（Robert N. Noyce）　200
野口遵　70, 75, 76

は 行

パトリシオ，M.（Miguel Patricio）　228
パルミサーノ，S.（Samuel J. Palmisano）　230
ヒース，B.（Bernardo Hees）　228

257

フォード，H.（Henry Ford）　19, 51, 52
藤岡市助　72
藤山常一　75
フラナリー，J.（John L. Flannery）　226, 227
フランダース，W. E.（Walter E. Flanders）
　　51
不破橘三　73
ペイジ，L.（Lawrence Edward "Larry"
　　Page）　233
ベゾス，J.（Jeff Bezos）　232
ボーチ，F.（Fred J. Borch）　162
堀越二郎　105
ボンザック，J. A.（James A. Bonsack）　27

ま　行

益田孝　44
マッカーサー，D.（Douglas MacArthur）　110
マルコムソン（Alexander Y. Malcomson）　51
三吉正一　72
ムーア，G.（Gordon E. Moore）　200

森蘯昶　70
モルガン，J. P.（John P. Morgan）　24

や　行

山口喜三郎　73
山辺丈夫　39, 40
ヤング，O. D.（Owen D. Young）　59
リーランド，H. M.（Henry M. Leland）　19

ら・わ　行

ルーズヴェルト，F. D.（Franklin D. Roos-
　　evelt）　86, 87
レーガン，R.（Ronald W. Reagan）　188
ローウェル，F. C.（Francis Cabot Lowell）
　　38
ロックフェラー，J. D.（John D. Rockefeller）
　　25, 26
ロデリック，D.（David M. Roderick）　194
ロメッティ，G.（Ginni Rometty）　230
ワトソン Jr.，T.（Thomas J. Watson Jr.）　122

事 項 索 引

あ 行

アクティビスト（ファンド）　6, 245, 226-228, 248

アジア通貨危機　207, 209, 214, 215

アップル　5, 164, 190, 199, 201, 220-224, 231, 232, 241, 250, 252

アポロ計画　120, 121

アマゾン　5, 221-224, 232

アメリカ原子力委員会（AEC）　119, 120, 124

アメリカ航空宇宙局（NASA）　120, 121

アメリカ通商法201条（セーフガード措置）　161

アメリカン・タバコ　27, 28, 36, 126

アメリカン生産システム　18

アルファベット　224

安定成長　168-171

いざなぎ景気　134

移動組立方式　51-53

イノベーション促進政策　189

インクリメンタル・イノベーション　175

インスタグラム　5, 234

インテル　164, 179, 190, 198-201, 212, 223

インフレーション（インフレ）119, 158

ウィンテル連合　201

ウェスタン・エレクトリック　35, 67

ウェスタン・ユニオン　15

ウェスチングハウス・エレクトリック　59, 120

ウェスチングハウス・グループ　247

ウェルフェア・キャピタリズム　58, 59, 86

「失われた10年」　7, 203, 205, 207, 210-212, 237

宇宙開発　120, 121

エレクトロニクス産業　245, 246

円高　171, 203, 207-209, 239

円高不況　214, 215

オイルショック　131, 151, 152, 155, 157, 159, 161, 168, 171, 172, 174, 175

大阪紡績　39, 40, 44

オープン・アーキテクチャ　199, 200

オフショアリング　201

温情主義的労使関係　59

か 行

海外生産　209

海外直接投資（FDI）　2, 20, 60, 153, 154, 160, 208, 239

外資に関する法律（外資法）　100, 135

科学技術政策　116, 135

化学産業　217

過度経済力集中排除法（集排法）　109

株主安定化　137

川崎製鉄　140-142

関税及び貿易に関する一般協定（GATT）　118, 133, 134

関税引き下げ　119

カンパニー制　216

管理会計　110

管理的調整　13, 22, 31, 41

キーエンス　240

機械工業振興臨時措置法　142

機関投資家　6, 189, 221, 222

企業家精神　142

企業グループ　137, 138

企業系列　138

企業集団　137

技術開発　32, 33, 68, 100, 101, 135

技術公開　107

技術導入　32, 67, 68, 70, 72, 73, 100, 107, 135, 136, 146, 170, 178, 179

機能性化学　217, 218

規模の経済　25, 140, 144, 156

巨大プロジェクト　114, 119-124, 136, 154

近代企業　4, 5, 18, 21, 31, 41, 44

グーグル　5, 190, 220-223, 225, 233, 234

クライスラー　159, 191, 192

クラウドサービス　230, 232-234

グラス＝スティーガル法　86
クラフト・ハインツ　228
グローバル・オペレーション戦略　209
グローバル・プロダクツ戦略　208
グローバル化　2, 3, 14, 20-22, 186, 191, 201,
　203, 210, 243
グローバル経済（第1次）　2, 7, 31, 35, 47, 60,
　83, 129, 131, 186
グローバル経済（第2次）　2, 7, 131, 186, 220,
　237
軍需会社法　102, 108
軍需生産　84, 87-96, 99
経営権　110
経済統制　101
経済民主化　108, 109
系列　138
ケインズ主義政策　188
ケインズ主義体制　83
研究開発　4, 49, 50, 64, 65, 70, 72-74, 84, 89, 90,
　116, 117, 123, 128, 135-137, 146, 154, 155,
　164, 171, 189, 206, 214, 222, 223, 225, 230,
　231, 244, 248, 249
原子力開発　119
原子力技術　120
現地生産　177, 178, 183, 207-210, 214, 238
減量経営　174
工業化　13-16, 38
工業所有権4法　33
航空機産業　94-96, 104-106, 109
航空機第一主義　99, 108
号口管理　111
工場事業場管理令　101
公職追放　109
高度経済成長　131-134
後方統合　25, 60, 71
コーポレート・ガバナンス　2, 3, 110, 243
互換機メーカー　200
互換性部品生産方式　18, 19, 51
国際資本取引　153
「国際収支の天井」　134
国民車構想　142
国民所得倍増計画　133
国家総動員法　101, 102

固定相場制　133, 153
コングロマリット　7, 114, 126-128, 194, 195,
　216
　──・ディスカウント　227, 229, 253
コンツェルン構造　76
コンビナート　133, 217
コンビニエンス・ストア　165, 204
コンピュータ　121, 138-140, 165, 179, 180, 190,
　199

さ　行

サービス化　229
財閥　38, 69, 70, 102-104
財閥解体　108, 109
サプライヤー　138, 143
　──・システム　143, 193
産業革命（第2次）　16, 20, 49, 63
「三種の神器」　133
事業セクター　163
事業部制（組織）　54, 56, 58, 76, 144, 162, 181,
　193, 216
資源配分　6
システム360　122, 124, 164, 180
システムLSI　198
資生堂　78
シックスシグマ　197
実用新案　33, 34, 100, 101, 109, 136, 137, 170
自動車産業　50-53, 70, 91-93, 142-144, 158
　-161, 175-178, 191-194, 209-211
芝浦製作所　67, 70, 72, 73
シャープ　213, 214
ジャストインタイム（JIT）　143
ジャパナイゼーション　191
「ジャパン・アズ・ナンバーワン」　3, 168, 174,
　179
重化学工業化　64, 65, 68-70
集権的職能部制（組織）　53-55, 73-74, 76, 144,
　193
集団就職　132
自由貿易体制　118
重要産業団体令　102
消費者資本主義　47-49, 54, 58, 59
情報処理技術　114, 121, 122

常務会　110
人口減少　238
新興コンツェルン　66, 70
「新三種の神器」　169
新自由主義政策　188
新日鉄　156, 172, 194
垂直統合戦略　25, 28, 60, 61
水平統合戦略　25
鈴木商店　45
スタートアップ企業　164, 197, 222
スター・トレック計画　191
スタグフレーション　151, 152
スタンダード・オイル　21, 24-26, 28, 60
スタンダード・オイル・トラスト　26
スプートニク・ショック　116, 120
スプリングフィールド兵器廠　18, 19
スマイルカーブ　232-234, 246, 250
住友財閥　69, 103, 104
スムート＝ホーレー法　84, 118
生産システム　143
生産手当制度　112
世界恐慌（大恐慌）　65, 84-86, 90, 95
世界最適生産　187, 191
世界同時不況　237
セカンドカー・ブーム　159
石油産業　24-26
セクター制　197
設備投資　84, 133, 134, 190, 243, 244
セブンイレブン　165
繊維産業　100
専業企業　213, 240, 246, 248, 249
銑鋼一貫工場　23, 71, 72, 140, 141
全国戦時労働委員会（NWLB）　89
全国労働関係法（ワグナー法）　86, 87
戦後労使関係　115
戦時生産局（WPB）　87, 94, 95
戦術の意思決定　6, 55, 57, 123
前進作業方式　106
全米科学財団（NSF）　116
全米自動車労組（UAW）　115, 161
前方統合　25, 61, 71, 73, 78
専門経営者　6, 21, 109, 137, 245, 248
戦略事業計画　162, 163, 183

戦略的意思決定　6, 56, 57, 92, 123, 162
総合化学企業　218
総合商社　44, 45, 128, 137, 141
総合電機（企業）　183, 213-216, 247
総合本社　57, 90
ソニー　172, 173, 178, 240, 243, 251, 252

た 行

第一次所得収支　239
耐久消費財　48, 84, 98, 169
大量生産・大量流通　14-16, 31, 36, 48, 98, 142, 175
台湾積体電路製造（TSMC）　201, 246
ダウ・デュポン　228, 229
多角化　54, 55, 58, 72-76, 93, 94, 116, 123, 124, 126, 138, 144, 146, 181, 183, 192, 195, 216
多国籍（企業）化　4, 114, 118, 128, 129, 178, 183
多品種少量生産　143, 174
チェーンストア制度　78
中央研究所　49, 61, 136, 146
超LSI技術研究組合　178, 180
直接投資　35, 36, 66, 75, 128, 194
テスラ　192, 222
鉄鋼産業　22-24, 70-72, 89-91, 140-142, 156 -158
デュポン　6, 21, 47, 49, 54-56, 58, 76, 87, 119, 128, 228
電機産業　72-74, 144-147, 161-163
電子機器受託生産サービス（EMS）　201, 232, 246
東京芝浦電気　67, 107-109, 178-183, 198, 214 -216, 246-248
東京電気　67, 70, 72, 73
統計的品質管理（SQC）　111
統合企業　22, 45, 50, 60, 72
「投資が投資を呼ぶ」　133
同質の競争　175, 176, 179
投資優先マトリックス　162, 163
統制会　102
東洋紡績　38, 40, 68, 172
都市化　48
特許　15, 16, 33, 36, 49, 50, 61, 64-67, 73, 74, 85,

100, 101, 109, 116, 117, 136, 137, 155, 164, 170, 189, 190, 206, 222, 223, 230, 231, 244, 245

ドットコム・バブル　190, 233

トップ・マネジメント　18, 21, 43, 76

トヨタ自動車　70, 111, 112, 142-144, 159, 172, 173, 177, 191-193, 209, 210, 240, 241

トヨタ生産方式　143, 161, 176-177, 194

トリガー価格制度　158

取締役会　110

ドル危機　153

な　行

内部化　5, 40, 45, 50, 68, 73, 74, 76, 78, 141, 156, 174, 183, 232

中島飛行機　104-107, 109, 142

流れ作業方式　106, 112

ナショナル・ショップ制度　146

ナンバーワン・ナンバーツー戦略　195, 196

2.1ゼネスト　110

ニクソンショック　7, 118, 151, 153, 168

日米半導体協定　212

日米貿易摩擦　177

日産自動車　70, 172, 173, 177, 211

日本GM　66, 144

日本科学技術連盟（日科技連）　111

日本経営者団体連盟（日経連）　110

日本製鉄　68, 70-72

日本窒素肥料　70, 74-77

日本的生産システム　176, 177, 191-193

日本的労使関係　177, 193

日本鉄道　41-43

日本電気　69, 70, 110, 178-180, 198, 246

日本フォード　66

ニュー・エコノミー　190, 205

ニュー・ディール　86, 87, 94, 127

ニューヨーク株式市場　15, 84

ネットワーク化　229

ノックダウン生産　66

は　行

パーソナル・コンピュータ（PC）　164, 183, 199, 211, 213-216, 230, 231, 246, 252

ハイテク企業　164

派遣労働　203

バブル経済　203, 204, 207

バリューチェーン（価値連鎖）　5, 6, 231-234, 250

パンチカード・システム（PCS）　112, 122, 140

半導体産業　178, 179, 198-201, 212, 246

反トラスト法　26, 28, 54, 127

東日本大震災　238, 239

非関連多角化　183, 194, 216

ビジネスユニット（BU）制　253

非正規雇用　174, 238

日立製作所　73, 74, 107, 178, 179, 198, 252, 253

ビッグ・スリー　159, 191-193

標準原価　112

標準作業　112

標準時間　112

ファーストリテイリング　240, 249, 250

ファストフード・レストラン　164

ファンド資本主義　220-222

フェイスブック　5, 221, 222, 234

フォード　19, 21, 47, 50-53, 61, 66, 106, 111, 119, 128, 142, 159, 191-193, 204, 223, 224

──・システム　106, 143

複合企業　220, 221, 225-229, 240

複合経営　247, 251

富士製鉄　140

プラザ合意　168, 171, 187, 203, 206-210, 239

フランチャイズ　164, 165, 204

フリンジ・ベネフィット　115

フルライン・ポリシー　57

フレックス　201

プロパテント政策　189, 206

分割組立方式　106

分権的事業部制（組織）　55-58, 92, 94, 122, 123, 138

分散組立工場方式　53

平炉メーカー　71, 141

ベトナム戦争　115, 118, 153

ベビーブーム　99, 114

ベルトコンベヤー　52

ペンシルバニア鉄道　16-18, 23, 42, 43

ベンチャーキャピタル（VC）　222

変動相場制　118, 153
貿易赤字　153, 154, 187, 238
貿易と為替の自由化　134
貿易摩擦　187
紡績業　38-41
ボストン製造会社　13, 38, 39
ホット・ストリップ・ミル　90, 91
ホワイトカラー　49
ボンサック・マシン　28
鴻海精密工業　201, 232, 246

ま　行

マイクロソフト　5, 164, 190, 199, 200, 222-224, 241
マイクロプロセッサ（MPU）　164, 174, 198, 200, 201, 212
マクドナルド　164, 165
松方デフレ　31
松下電器産業　144-147, 172
満州（国）　66, 99
マンハッタン計画　89, 94, 119, 124
三井財閥　44, 69, 103, 104
三井物産　37, 44, 45, 109
三菱財閥　69, 103-105
三菱重工　68, 104-107
三菱商事　45, 76, 109
民営化　203
村田製作所　240, 249, 252
モータリゼーション　142, 169
持株会社　24, 26, 56, 70, 90
森永製菓　77, 78

や　行

八幡製鉄所　71
輸出自主規制　157, 161, 177, 209
輸出主導型の経済成長　169, 171
「豊かな社会」　114
ユニオン・ショップ制度　89

ら　行

ライン・アンド・スタッフ制　18
リーマンショック　220, 221, 223, 226, 227, 237 -239, 243

利益剰余金　243, 245
利益なき成長　161, 162
リエンジニアリング　189, 191-194
リストラクチャリング　189, 191, 194-198, 213, 216, 226
流動性のジレンマ　118
零式艦上戦闘機（ゼロ戦）　105
レーガノミクス　188
レンドリース法（武器貸与法）　84
労働組合　86-90, 109, 110, 157, 158, 193
労働組合法　109
ロックイン現象　122

わ　行

ワークアウト　197
ワールドカー構想　159, 160

欧　文

AEC　→アメリカ原子力委員会
AI　230
DRAM（記憶素子）　178, 179, 198, 200, 212 -215
　——開発競争　175
EMS　→電子機器受託生産サービス
GAFA　221, 222
GAFAM　5
GATT　→関税及び貿易に関する一般協定
GE　21, 36, 49, 58, 61, 67, 72, 86, 87, 93, 94, 107, 120-126, 128, 161-163, 181, 183, 195-197, 216, 223-229
GHQ/SCAP　108, 109
GM　6, 47, 56-59, 61, 66, 87, 91-93, 96, 111, 115, 121, 128, 142, 158-161, 177, 191-193, 216, 224
IBM　112, 121, 122, 124, 126, 128, 162, 164, 179, 180, 199, 200, 223, 224, 229, 230, 246
IBM互換機　180
IC（集積回路）　174, 178-180, 213, 214
IMF　118, 133, 134
IT産業　189-201, 206
LSI（大規模集積回路）　174, 178-180, 198, 200, 213
M&A　25, 54, 55, 126, 127, 194, 196, 225, 228,

230, 234, 239, 240, 252
ME化　174
MPU　→マイクロプロセッサ
NUMMI　177, 192
PC　→パーソナル・コンピュータ
PPM（プロダクト・ポートフォリオ・マネジ
　　メント）　162
QCサークル　177, 193, 197
RCA　58, 59, 122, 127, 196

SBU（戦略事業単位）組織　162, 163, 183, 197
SNSサービス　234
TSMC　→台湾積体電路製造
T型フォード（T型車）　51, 52, 57
USスチール　20-24, 28, 87, 89-91, 93, 126, 141,
　　156-158, 194, 195
W・デューク・サンズ　27, 28
WPB　→戦時生産局

《著者紹介》

西村成弘（にしむら・しげひろ）

1973年　滋賀県生まれ。
2005年　京都大学大学院経済学研究科博士後期課程修了。京都大学博士（経済学）。
　　　　日本学術振興会特別研究員（PD），関西大学商学部准教授，ロンドン・スクール・オブ・エコノミクス（LSE）客員研究員，関西大学教授を経て，
現　在　神戸大学大学院経営学研究科教授。
著　書　*Organizing Global Technology Flows: Institutions, Actors, and Processes*，共編著，Routledge, 2013年。
　　　　『国際特許管理の日本的展開——GEと東芝の提携による生成と発展』有斐閣，2016年。
　　　　『グローバル経営史——国境を超える産業ダイナミズム』共編著，名古屋大学出版会，2016年。
　　　　『よくわかる現代経営［第7版］』共著，ミネルヴァ書房，2023年，ほか。
訳　書　F・アマトーリ＆A・コリー『ビジネス・ヒストリー——グローバル企業誕生への道程』共訳，ミネルヴァ書房，2014年。

Horitsu Bunka Sha

日米グローバル経営史
——企業経営と国際関係のダイナミズム

2024年10月30日　初版第1刷発行

著　者　　西村成弘
発行者　　畑　　光
発行所　　株式会社 法律文化社

〒603-8053
京都市北区上賀茂岩ヶ垣内町71
電話 075(791)7131　FAX 075(721)8400
https://www.hou-bun.com/

印刷：共同印刷工業㈱／製本：㈱吉田三誠堂製本所
装幀：白沢　正
ISBN 978-4-589-04365-8
© 2024 Shigehiro Nishimura　Printed in Japan

乱丁など不良本がありましたら，ご連絡下さい。送料小社負担にてお取り替えいたします。
本書についてのご意見・ご感想は，小社ウェブサイト，トップページの「読者カード」にてお聞かせ下さい。

JCOPY　〈出版者著作権管理機構　委託出版物〉

本書の無断複写は著作権法上での例外を除き禁じられています。複写される場合は，そのつど事前に，出版者著作権管理機構（電話 03-5244-5088，FAX 03-5244-5089, e-mail: info@jcopy.or.jp）の許諾を得て下さい。

具 滋承編著

経 営 学 の 入 門

A 5 判・290頁・2530円

企業形態，組織・労務管理，ガバナンス，経営戦略，財務・会計，マーケティング，生産管理，イノベーション，ブランド，消費者行動，環境，国際経営など，経営学を学び始めるために必要な基礎知識を網羅。経営学全体を俯瞰し理解する初学者必携の基礎テキスト。

佐久間信夫・井上善博・矢口義教編著
〔Basic Study Books〕

入 門 企 業 論

A 5 判・280頁・2970円

近年，企業を取り巻く経済・社会環境は大きく変化し，特に国際的な環境変化の影響が極めて大きくなっている。本書は，現代企業の現状と展開を理解するため，その組織的特性や企業行動，ガバナンスの他，社会的貢献など最新の情報と具体的事例とともに詳解する。

坂本和一著

ドラッカー再発見
―もう一つの読み方―

四六判・228頁・2750円

「マネジメント」の発明者として知られるP. F.ドラッカーの慧眼，洞察力，先見性を原理論・一般論としてだけでなく，現実の諸事例に照らして再確認する。ドラッカーのもう一つの，新しい読み方の追究。

石田光男著

仕事と賃金のルール
―「働き方改革」の社会的対話に向けて―

四六判・200頁・2970円

徹底した現場主義で，労使関係の実態を検証し続けてきた著者が，これまでの日英米の国際比較調査を跡づけながら，仕事と賃金のルールの特性を浮かび上がらせ，そこから照らし出される日本の労使関係のあり方を語る。

橘木俊詔著

日 本 の 経 済 学 史

四六判・300頁・2100円

ユニークな視点から問題提起を続けてきた著者が，日本における経済学の歩みを縦横無尽に語る85講話。輸入学問である経済学に日本人がいかに取りくんできたか，江戸時代から現在までの軌跡を探究・評価する。

所 康弘著

米州の貿易・開発と地域統合
―新自由主義とポスト新自由主義を巡る相克―

A 5 判・284頁・3300円

米州地域における投資・貿易・開発の展開と地域協力・統合の構築過程を実証的に考察。互恵的で公正な関係構築を阻害している投資協定・自由貿易のもつ問題，および権力・資本による市場・開発の占有力等の構造的問題を解明する。

―――― 法律文化社 ――――

表示価格は消費税10%を含んだ価格です